한국정신의학의 길을 연
맥라렌의 선교 편지

내한선교사편지번역총서 16

한국정신의학의 길을 연
맥라렌의 선교 편지

찰스 맥라렌 지음
박종철 옮김

역자 서문

　찰스 맥라렌 선교사님은 20세기 초 호주 선교부를 통해 한국에 파송된 유일한 서양 신경정신과 의사로서, 한국인의 영혼뿐 아니라 정신건강을 돌보신 탁월한 선교사였습니다. 그의 우리말 이름인 마라연(馬羅連)은 넓게 펼친 그물을 뜻하는데, 이는 깊은 신앙의 바다로 나아가 넓게 펼쳐진 사랑의 그물로 한국인의 영혼과 정신을 구원하는 데 헌신하신 선교사님의 사역을 떠오르게 합니다. 맥라렌 선교사님은 단순히 의료 사역을 수행하는 데 그치지 않고, 현대적인 정신병동 설립, 정신분석 이론의 비판적 수용, 기독교적 영성을 기반으로 한 정신의학의 도입 등 다양한 방식으로 한국 정신건강 분야의 발전에 크게 기여했습니다.

　호주 선교부가 건립한 진주 배돈병원에서의 의료 사역을 시작으로, 맥라렌 선교사님은 세브란스 연합의학전문학교(현 연세대학교 의과대학) 정신과학교실 초대 교수로 활동했습니다. 그는 현대적인 정신병동을 세브란스 병원 내에 설립하여, 당시 한국 사회에서 소외되었던 정신과 환자들의 치료와 복지 향상에 앞장서셨습니다. 그뿐만 아니라, 정신분석 이론을 비판적으로 수용하면서 동시에 융과 아들러 이론을 기독교적 관점에서 통합하여, 독창적인 기독교적 영성 정신치료를 개발했습니다. 특히, 그는 기독교 신앙과 영성이 정신건강에 미치는 긍정적 영향에 대해 탐구하고, 이를 한국인의 정신건강 치료 분야에 적용하려고 노력했습니다. 그의 깊은 신앙과 뛰어난 학문적 능력은 정신건강 치료 분야에 새로운 지평을 열었습니다.

맥라렌 선교사님은 의료 사역뿐 아니라 한국의 정치와 사회 문제에도 깊은 관심을 기울였습니다. 그는 신사참배가 단순한 종교적 행위가 아닌, 일본의 식민 지배에 대한 강제적인 동참을 의미한다는 것을 명확히 인지했습니다. 그는 신앙의 자유와 한국의 자주성을 위해 목소리를 높였으며, 신사참배를 거부하는 한국인들을 옹호했습니다. 그의 용기와 정의로운 행동은 많은 사람들에게 영감을 주었고, 한국 사회의 자주독립 의식을 고취하는 데 기여했습니다. 또한, 고아였던 첫째를 포함하여 헐벗고, 시각장애가 있던 여아 셋을 입양해 교육하고 양육하면서, 당시 한국 여성이 사회적으로 겪고 있던 차별 문제에도 목소리를 높였습니다. 이러한 맥라렌 선교사님의 행동과 발언들은 한국 사회의 여성 인권 향상에 적지 않은 영향을 끼쳤습니다.

본서는 호주 빅토리아 주립 도서관(State Library of Victoria)에 소장된 맥라렌 가문 기록물(Records of the McLaren Family)을 저본(底本)으로 삼았습니다. 맥라렌 선교사님의 삶과 업적에 관한 책과 논문들이 있지만, 그가 나눈 편지를 우리말로 번역하여 영어 원문과 함께 엮어 출판한 책은 본서가 유일합니다. 대부분 수기(手記)로 기록된 편지 원문을 전사(轉寫)한 후, 이를 우리말로 옮긴 이번 번역은 한국연구재단 인문사회연구소 지원사업의 일환으로 연세대학교 신과대학 부설 한국기독교문화연구소가 수행하고 있는 "내한 선교사 편지(1880~1942) 디지털 아카이브 구축" 과정에 포함되어 있습니다.

본 역서를 완성하는 데 도움을 주신 분들께 진심으로 감사드립니다. 먼저, 국내에 잘 알려지지 않은 편지들을 탐구하고 정리해 주신 한미경 박사님의 노고에 감사드리며, 부족한 원고를 끝까지 세심하게 읽어주시고 따뜻한 격려와 예리한 통찰로 제 글을 더욱 발전시켜 주신 허경진

교수님께 진심으로 감사드립니다. 바쁜 와중에도 원고를 꼼꼼히 검토해 주시고, 시의적인 조언으로 빛을 더해 주신 김혜경 목사님께도 진심 어린 감사를 전합니다. 또한, 저의 학문적 여정에 큰 도움과 영감을 주신 데에 더해, 늘 아낌없는 격려와 지원을 보내주신 권수영 지도 교수님께 진심으로 감사드립니다. 연세대학교 상담·코치 지원센터 센터장으로서 레지던트 수련 과정에 큰 도움을 주시고, 항상 따뜻한 관심으로 살펴 주신 유영권 교수님께도 깊은 감사의 마음을 전합니다. 이번 번역서가 하나님의 소명에 따라 한국인의 마음과 영혼 돌봄에 헌신하신 맥라렌 선교사님을 이해하고 연구하는 데 보탬이 되길 바랍니다.

2024년 8월 15일

옮긴이 박종철

일러두기

1. 호주 빅토리아 주립 도서관(State Library of Victoria)에 소장된 맥라렌 가문 기록물(Records of the McLaren Family)을 저본(底本)으로 삼았습니다.
2. 번역문과 원문을 함께 수록하였습니다.
3. 원문에서 식별하기 어려운 단어는 대괄호([ ]) 안에 표기하거나 [판독 불가], [illegible]로 대신하였습니다.
4. 맥라렌의 아내 제시(Jessie)와 딸 레이첼(Rachel)의 경우, 원문에서는 이름으로 기술되어 있는 경우가 많은데, 문맥을 고려하여 이를 "아내", 혹은 "딸아이"로 번역하였습니다.
5. 번역의 뜻을 분명히 하기 위해 원문에는 없는 한자를 번역문에는 병기하였습니다.
6. 원문에는 밑줄, 하이픈(-), 이음줄(—), 콤마(,) 등이 자주 사용되었으나, 번역문에서는 원문의 내용을 유지하는 한에서 이를 삭제하였습니다.
7. 저자는 편지에서 성경 말씀을 다수 인용하고 있는데, 출처가 분명한 구절은 각주로 표시하였습니다.

차례

번역문

원문

해제

1. 자료 소개

본 역서에 소개된 맥라렌의 서한들은 호주 빅토리아주 멜버른에 있는 빅토리아 주립 도서관(State Library of Victoria)에 소장된 자료들로, 맥라렌 가문 기록물(Records of the McLaren Family)에 속한 것입니다. 본서에는 1926년 2월 19일부터 1936년 12월 1일까지 맥라렌 선교사가 그의 누나 메리에게 보낸 10년간의 편지가 수록되어 있는데, 이는 맥라렌 선교사가 세브란스 연합의학전문학교에서 가르치며, 본격적으로 일제에 항거를 시작하는 시기의 기록입니다. 한국 최초의 신경정신과 의사이자 파송 선교사로 활동하면서 그가 한국에서 느낀 여러 감정과 경험을 살펴볼 수 있다는 점에서 중요한 가치를 지닙니다.

2. 편지의 저자

찰스 맥라렌(Charles Inglis McLaren, 1882~1957, 馬羅連, 馬羅建, 馬最秀)은 1911년 호주 장로교 의료선교사로 한국에 파송되어, 1942년 일제에 의해 강제로 추방될 때까지 진주 배돈병원과 서울 세브란스 연합의학전문학교 등 다양한 의료 및 선교 현장에서 열정적으로 헌신했습니다. 그는 한국의 복음화뿐 아니라, 일제로부터의 독립에도 깊은 관심을 기울였으며, 우리나라 최초로 서양식 신경정신과를 세브란스 연합의학전문학교에 창설하여, 후학 양성에도 크게 공헌했습니다. 맥라렌 선교사는 깊은 신앙심과 한국에 대한 애정을 바탕으로 한국의 상황을 여러 국가에 전파하는 데 중요한 역할을 했습니다. 그는 한국인 환자들에게 따뜻한 관심을 기울였으며, 이러한 마음으로 탁월한 의료선교사이자 실천적 사상가로서의 면모를 보였습니다. 그의 노력과 헌신은 한국 사회에 큰 영향을 미쳤으며, 한국 의료 및 선교 역사에 큰 기여를 한 인물로 기억됩니다.

1) 의료선교사가 되기까지

찰스 맥라렌은 1882년 8월 23일, 교육가였던 사무엘 맥라렌(Samuel Gilfillan McLaren, 1840~1914)과 마조리(Majory Millar McLaren nee Bruce, 1840~1932) 여사의 5남매 중 차남으로 일본 도쿄 츠키지(築地)에서 태어났습니다. 그의 아버지 사무엘 맥라렌은 스코틀랜드 연합장로교회 일본 주재 선교사이자 메이지학원 연합신학교 교수였습니다. 1886년에 가족은 일본을 떠나 호주로 이주하여 멜버른에 정착하였고, 사무엘 맥라렌은 1911년 은퇴할 때까지 호주 동부 멜버른에 위치한 장로교여자학교(Presbyterian Ladies College, PLC)의 교장으로 봉직했습니다. 찰스 맥라렌에게는 형 사무엘 브루스(Samuel Bruce, 1876~1916), 첫째 누나 마가렛(Margaret, 1878~미상), 둘째 누나 메리(Mary Lilias Matheson, 1880~1971), 그리고 여동생 마조리(Marjory, 1885~미상)가 있습니다. 맥라렌은 형 브루스를 매우 따랐는데, 그는 1916년 1차 세계대전 중 전사했습니다. 이는 맥라렌에게 큰 충격을 주었고, 차후 그가 참전하게 되는 결정적 계기가 되었습니다.

어린 시절 맥라렌은 호주의 브라이턴(Brighton) 초등학교와 스카치학교(Scotch College)에 다녔습니다. 그는 9살 때 여름 부흥회에서 존 맥닐(John MacNeil, 1854~1896) 목사의 설교를 듣고 회심하여 선교사가 되기로 서원했습니다. 14살이었던 1896년, 맥라렌은 호주 기독학생연합

(Australasian Student Christian Union, ASCU) 부흥회에 참석하게 되는데, 그때 존 모트(John R. Mott, 1865~1955)의 설교를 듣고 선교사가 되기로 결심하게 됩니다. 이후 20살에 멜버른대학교 의과대학에 입학하여 오몬드 기숙대학교에서 생활하고, 1906년에는 의대를 졸업했습니다. 왕립 멜버른병원(1907년)과 멜버른아동병원(1908년)에서 신경학과 정신의학 수련을 받은 후, 1910년에는 28살의 나이로 신경정신과 전공 의학박사 학위를 취득했습니다. 전문의 수련 과정에서 호주 학생자원운동(Student Volunteer Movement, SVM) 의장으로 선출되기도 하였으며, 호주와 뉴질랜드에서 순회 간사로 봉사하기도 했습니다.

2) 한국에서의 초기 의료선교 활동: 한국 최초의 신경정신과 전문의

맥라렌은 호주 학생자원운동에서 만난 제시(Jessie Reeve, 1895~1941)와 1911년 8월 22일 결혼했습니다. 그해 9월 빅토리아 장로교회의 한국 선교사로 임명된 맥라렌은 10월 30일 아내와 함께 부산을 통해 한국에 도착했는데, 당시 그의 나이 29세였습니다. 한국에 도착한 이후, 호주 선교부가 설립한 배돈병원이 있는 진주에 배속되어 사역을 시작했습니다. 1913년에는 세브란스 연합의학전문학교에서 첫 강의를 시작하게 되었으며, 이 학교는 오늘날 연세대학교 의과대학의 전신입니다. 그는 1914년 1차 세계 대전 발발 후, 1918년부터 1920년 4월까지 프랑스 최전방 부대에서 군의관으로 복무하기도 했습니다. 종전 후 다시 진주 배돈병원으로 돌아와 사역하다가 1923년 세브란스 연합의학전문학교에 신경정신의학 교실을 창설하고 전임교수가 되었습니다. 세브란스 연합의학전문학교에서 신경정신과 교수로 사역하면서 맥라렌은 한국에 정신의학 영역을 개척하였으며, 1930년에는 세브란스 정신병동을 설립했습니다.

3) 일제에 항거와 투옥, 그리고 추방

맥라렌은 의료선교 활동에 더해, 1930년부터는 기독교 신앙을 바탕으로 종교의 보편적 자유를 주장하며 일본 군국주의에 대한 비판적 저항 행동을 본격적으로 전개했습니다. 특히, 일제의 식민 통치를 비판하는 활동을 본격적으로 시작하였는데, 1935년 이후 일제에 의해 신사참배가 강제되자 종교적 자유와 신앙의 양심을 위해 싸우며 신사참배 반대 운동을 해나갔습니다. 이로 인해 1940년에는 7주간이나 투옥되기도 했습니다. 조울증으로 인해 어려움을 겪던 맥라렌은 1938년 10월 세브란스 연합의학전문학교를 사임하고, 1939년 6월엔 배돈병원으로 돌아와야만 했습니다. 태평양전쟁의 기운이 감돌던 1941년 3월, 아내 제시와 딸 레이첼은 먼저 호주로 돌아갔습니다. 같은 해 12월 일본의 진주만 공습이 발발하면서, 한국에 홀로 남아 있던 맥라렌은 적국 시민이라는 이유로 진주경찰서에 11주간 구금되었습니다. 그리고 그는 1942년 2월 석방되었지만, 5월까지 가택연금을 당해야만 했습니다. 같은 해 6월 2일, 맥라렌은 한국에 끝까지 남기를 원했지만, 일제에 의해 32년간 헌신적 선교를 벌인 한국을 뒤로한 채 호주로 추방되어야만 했습니다.

4) 호주에서의 말년

1942년 11월 16일 맥라렌은 호주에 도착했습니다. 귀국 후, 그는 종전(終戰)까지 여러 곳을 순회하며 강연과 저술을 지속하였고 『일본과의 평화를 위한 서문(Preface to Peace with Japan)』이라는 책을 남기기도 했습니다. 한편, 태평양전쟁 이후에는 여러 형편을 고려하여 한국으로 귀국하는 대신 호주에 남아 기독교적 양심에 따른 사회적 실천을 계속해 나갔습니다. 특히 1949년에는 호주의 인종차별정책인 백호주의(白濠主義, White Australian Policy)를 타파하기 위해 노력하며 의회 진출을 시도하였으나 낙선했습니다. 백호주의에 대한 맥라렌의 저항의식, 그리고 활동에 관해서는 본서에 수록된 1927년 7월 26일 메리 누나에게 보낸 편지에서 생생히 확인할 수 있습니다. 호주에 머물던 맥라렌은 제자였던 이봉은을 멜버른의과대학 정신과에서 공부할 수 있도록 주선하기도 했으며, 한국뿐 아니라 인도 선교에도 관심을 기울이며 지원하기도 했습니다. 맥라렌은 한국에서의 경험을 담은 여러 저술을 남기기도 했습니다. 그 가운데는 강연 내용을 엮은 책 『위대한 시도(The Great Experiment)』와 한국에서의 경험을 토대로 한 『일제 감옥에서의 11주(Eleven Weeks in a Japanese Cell)』, 그리고 신앙을 지키며 순교한 한국인 기독교인들에 관한 짧은 전기를 엮은 『믿음을 지킨 한국의 눈부신 광채들(They Kept the Faith: Shining Lights from Korea)』 등이 있습니다.[1] 저술 활동을 지속하던 가운데 1957년 10월 9일 수요일, 멜버른 근교 큐(Kew)에 있는 집에서 75세의 나이로 하나님의 부르심을 받았습니다. 그는 빅토리아주 박스힐(Box Hill) 공원묘지에 안장되었으며, 부인 제시 여사는 1968년 3월 28일 별세하여 남편 옆에 묻혔습니다.

3. 편지의 내용

본 역서에는 1926년 2월 19일부터 1936년 12월 1일까지 10년간 맥라렌이 호주에 사는 누나 메리에게 보낸 편지 63편이 번역되어 수록되어 있습니다.[2] 이를 연도별로 구분하면 1926년 5편, 1927년 10편, 1928년 6편, 1929년 3편, 1930년 3편, 1931년 5편, 1932년 8편, 1933년 8편,

---

1 민성길, 『말씀이 육신이 되어』, (서울:연세대학교 대학출판문화원, 2013). 180쪽.
2 1927년 8월 8일과 8월 30일에 작성된 첫 번째 편지는 각각 매형 찰리와 조카 마니에게 보내졌으며, 일부 편지에서 누나 메리와 다른 가족 구성원이 공동수신인으로 언급되기도 했음.

1934년 1편, 1935년 7편, 마지막으로 1936년 7편입니다.

이 편지들에서 맥라렌은 자신이 겪고 있는 조울증을 비롯한 정신적인 어려움에 대해 이야기하고 있습니다. 또한 한국에서의 선교 활동과 그 과정에서 직면한 난관, 일본의 식민 지배하에 있는 한국의 정치 상황, 그리고 호주 백호주의에 대한 비판 등 다양한 주제를 다루고 있습니다. 그 가운데서도 시시때때로 찾아오는 우울감을 하나님의 은총으로 이겨 낸 후 당시의 심정을 솔직하게 전한 1928년 1월 12일 편지, 심장이 좋지 않았던 아내 제시의 건강을 염려하며 소식을 전한 1926년 11월 11일 편지, 딸 레이첼이 병에 걸려 학교에 가지 못하게 된 안타까운 소식을 전한 1930년 6월 12일 편지 등에서 남편이자 아버지로서 가족들과 함께 척박한 환경을 이겨내야 했던 맥라렌의 심정을 엿볼 수 있습니다.

의료선교사였던 맥라렌은 1923년 서울 세브란스 신경정신의학교실 초대 교수가 되었으며, 1930년에는 주도적인 노력을 기울여 세브란스 병원에 정신병동을 개원하기도 했습니다. 당시 학교와 병원 상황을 전하는 1930년 10월 12일 편지와 비엔나에서 연수하며 정신분석, 아들러, 융의 정신치료 이론 등을 접하며 느낀 소회가 담긴 1929년 6월 9일 편지를 통해 우리는 신경정신과 의사이자 의료선교사로서 한국에서 사역한 맥라렌의 모습을 살펴볼 수 있습니다. 1931년 10월 4일 편지에는 맥라렌이 누나가 보내준 선물들에 감사의 말을 전하는 내용과 함께 그가 지난해 가난과 추위에 떠는 나병환자에게 스카프를 벗어준 이야기가 소개되어 있습니다. 누나 메리는 한국에서 의료선교로 헌신하던 동생 맥라렌에게 금전적 지원뿐 아니라 책을 비롯해 생활에 필요한 용품을 자주 보내주었습니다. 여러 편지들을 통해 맥라렌은 감사의 마음과 함께 누나의 가족에 대한 그리움과 안부를 전합니다. 여러 편지들에는 든든한 지원자이자 정신적 멘토였던 누나에게 전하는 솔직한 심정이 깊게 드리워져 있습니다.

1932년 편지들에서 맥라렌은 세상을 떠난 어머니를 애틋하게 그리워하며, 천국에 대한 소망을 담아내고 있습니다. 그 외에도 금강산에서 가족들과 휴가를 보낸 이야기, 홀로 말씀을 묵상하며 떠올린 여러 단상들, 그리고 자신을 괴롭히던 우울감과 싸워나가는 모습들이 솔직하게 드러나 있기도 합니다. 특히, 맥라렌이 휴가를 계획하고, 다녀온 이야기가 담긴 1933년부터 1936년까지의 편지에서 그가 누나뿐만 아니라 호주에 있는 가족들을 많이 그리워하며, 그들의 지원에 감사의 뜻을 전하는 모습을 보게 됩니다. 이를 통해 맥라렌과 그의 가족이 한국에서 겪은 어려움, 그리고 고향에 대한 그리움의 깊이를 이해할 수 있습니다.

4. 편지의 가치

본서에 수록된 편지들 속에서 우리는 1900년대 초, 호주에서 한국으로 파송되어 의료선교뿐만 아니라 일본의 신사참배 강요에도 항거했던 찰스 맥라렌 선교사의 인간적 면모를 엿볼 수 있습니다. 타국에 있던 누나와 사적으로 나눈 본서의 편지에서 우리는 맥라렌 가족들이 일제의 불법적 식민 지배를 어떻게 느꼈는지를 비롯해 여러모로 척박했던 한국에서 그들이 겪었던 크고 작은 어려움들, 그리고 호주에서 온 한 명의 선교사 가족이 한국의 복음화와 의료 및 교육 분야의 발전을 위해 32년간 이바지했던 내용을 구체적으로 확인할 수 있습니다. 하나님을 모르던 한국인에게 복음을 전하고자 했던 선교사, 한 명의 환자라도 더 그 깊은 고통에서 벗어나게 돕고자 했던 의사, 그리고 하나님 앞에 온전히 서고자 했던 신앙인 찰스 맥라렌. 본서의 편지들 속에서 우리는 치열하게 살아간 그의 삶의 단편들을 만나게 됩니다.

번역문

1926년

†

1926년 2월 19일
세브란스

사랑하는 메리 누나에게

호주에서 온 최근 편지는 항상 반가운 필체로 채워져 있었지만, 이번에는 그 내용이 저를 깊은 사색에 잠기게 했고, 만족스러움을 주지 못했습니다. 저와 누나 모두에게 공평하게 사실을 알려야 할 필요가 있습니다. 여기에는 크램브 부동산의 재평가와 같이 지금까지 알지 못했거나 중요성을 간과했던 사항들이 포함되어 있습니다. 변호사가 말했듯이, "모든 이해 관계자의 이익을 고려해야 한다"라는 누나의 기대는 정당하다고 생각합니다.

제가 계획을 세우거나 행동하는 과정에서 만약 누나와 동생 아이들의 이익을 고려하지 않았다면, 저는 형제도 아니요, 기독교인도 아닐 것입니다. 누나가 겪은 금전적 손실은 참으로 유감입니다. 누나가 매우 중요하게 여겨 제안했지만 제가 받아들이지 못한 것도 송구스럽습니다. 그 일은 제 부주의 때문이었습니다. 하지만 저는 실수를 만회하고, 누나에게 손해를 끼치지 않으면서 제게 더 수월한 대안을 밀러 씨에게 직접 제안하려던 참이었습니다. 이전 편지에서 언급했듯이, 누나와 상의하지 않은 것은 오해에서 비롯된 것이었습니다. 그 점을 누나가 이해해 주시길 바랍니다. (제 편지를 받으셨나요?) 누님은 제가 "거절"하려 했고, 누나의 제안을 누나의 권한을 넘는 간섭으로 여기는 것 같다고 언급하셨죠. 하지만 말씀드렸듯이 누나에 대한 저의 그와 같은 태도는 제 의도나 실제 마음과는 매우 거리가 멉니다.

이제 제가 실제로 어떻게 결정하고 행동했는지 말씀드리겠습니다. 밀러 씨가 제 재산에 대한 법적 권리를 문제 삼았을 때, 저는 캠벨 씨에게 법률적 의견을 구했습니다. 그리고 저는 부정하는 것은 유언 조항을 무효화하는 것이라고 주장했습니다. 그 당시 누나는 밀러 씨의 제 법적 권리 주장에 동의했을 뿐 아니라, 전체 부동산 자산의 현금화가 누나에게 유리하다는 입장을 견지하셨죠. 제가 한국으로 돌아온 직후 보낸 편지에서 누나는 "마조리와 나, 우리 모두의 수입은 아마도 상당히 줄어들 테지만, 그렇게 하는 것이 (즉, 전체 재산의 평가) 더 나을 것 같다"라고 언급했습니다. 나중에 누나는 밀러 씨에게 급히 편지를 써서 제가 저의 몫을 받게끔 부탁하셨습니다. 그리고 브루스 형의 몫은 나누고, 누나의 몫은 재투자하라고 요청했습니다. 밀러 씨에게 보낸 편지에서 누나는 "내 여동생과 나는 내 남동생이 브루스의 지분이나 몫 일부를 받게 되면 매우 기쁠 것입니다. 물론 우리는 그 부동산들을 낮은 시세에 서둘러 매물로 내놓는 것을 원하지 않습니다"라고 하셨습니다. 누님은 계속해서 "매각에 유리한 시기가 찾아온다면" 이미 판매된 것에 비례하여 분배 및 추가적인 분할을 제안했습니다. (제 생각에) 그 편지는 1922년에 작성된 것 같네요. 사본에는 날짜가 없습니다.

당시까지만 해도 저는 누나에게 조언한 후 누나로부터 전폭적인 동의와 공감을 받고 일을 진행하고 있다고 믿었습니다. 하지만 이것만이 전부는 아닙니다. 제가 밀러 씨에게 다음으로 제안한 것은 재산의 가치를 평가하여 6분의 1로 추정되는 분량을 팔아서, 제가 6분의 1을 받고, 그 이후로는 재산에 대한 어떠한 권리 주장도 포기하는 것이었습니다. 이 제안이 현실적으로 가능할지는 불투명했지만, 적어도 밀러 씨와 논의하는 동안에는 이자를 내고 돈을 빌리는 게 어떠냐는 누나의 제안을 잠시 보류할 만한 충분한 이유가 되었습니다. 누님은 제가 누나의 편지에 답장도 하지 않고 우리와 그 문제에 대해 논의도 하지 않았기 때문에 매우 "상처받았다"라고 표현했습니다. 하지만 이번 제안은 제가 구상한 유일하고 중요한 제안이었습니다. (저의 착각이 아니라면) 저는 누님의 의견을 전했습니다. 밀러 씨는 이 제안을 완전히 그리고 최종적으로 거절하지 않았습니다. 1926년 6월에 그는 "당신의 3월 3일 편지를 받았습니다. 만약 당신의 자매들이 그들의 금전적 몫에 대한 권리를 가지고 있다면, 당신이 제안한 것과 같은 합의는 그들이 종신 부동산권을 가지고 있다는 점에서 쉽게 이루어질 수 있을 것입니다. 나는 그렇게 하는 데 어려움이 있을까 걱정입니다. 그러나 그로 인해 어떠한 재산도 잃지 않는 한 당신의 바람을 충족시키고 싶습니다"라고 썼습니다. 이어서 그는 글래스고와 헬렌스버그에 있는 두 채의 집에 대한 재실사 보고서 작성을 지시할 것이라고 말했습니다. 밀러 씨에게 답신한 편지에서 저는 현금화와 관련한 제 요청을 분명히 취소한다고 말했고, 현금화는 전체 부동산의 현금화에 관한 요청이 아니라, 단지 제 몫에 관한 것이라고 밝혔습니다. (1926년 7월에) 저는 영국의 현재 상황에 대한 정보를 받아 현재 재산 매각이 수익성이 없을 뿐만 아니라, 실질적으로 불가능하다는 것을 알게 되었습니다. 이러한 상황으로 인해 불편한 것은 적어도 당분간 이 돈이 "묶여 있다"라는 상황을 받아들여야 한다는 것입니다. 만약 상황이 변하고, 누나의 소식을 듣게 되면 기쁘겠지만, 더 이상 현금화 가능성에 대해 걱정하지 않길 바랍니다.

제가 밀러 씨에게 보낸 다음 편지는 그의 1924년 6월 편지에 답신한 것으로 1924년 8월에 쓴 것입니다.

저는 "작은 집을 지을 만한 충분한 돈을 현지에서 빌렸습니다"라고 전하면서, "이 계약으로 인해 현금화가 필요한 긴급성은 사라졌습니다"
라고 말했습니다. 그리고 "밀러 씨의 보고서는 현재 현금화가 재정적으
로 바람직하지 않다"는 제 생각을 확인시켜 주었다고 썼습니다. 덧붙여
"정상적인 상황이라면 1926년에는 호주에 있을 예정입니다. 상황을 고
려해 적절한 시기가 되면 자매들과 상의하고 아마도 그때 재평가 문제
를 다시 논의할 수 있기를 바랍니다. 현재로서는, 7월에 드린 요청을
반복해야겠습니다. 이 문제에 더 이상 애쓰지 않으셔도 됩니다"라는
말을 추가했습니다.

그다음에 저는 밀러 씨로부터 그가 글래스고 부동산을 3천 파운드에
매각했다는 소식을 들었습니다. 누나가 재투자하면서 얼마나 큰 어려
움을 겪었는지 이제야 알게 되었네요.

제 입장을 명확히 설명하기 위해 제 견해를 밝히고자 합니다. 제가
냉담하고 이기적이라고 여기게 되는 게 누님에게는 분명히 유감스러운
일이라 생각하기에 이렇게 자세히 쓰고 있습니다. 누님이 제 편지를
읽고 그렇게 생각하지 않는다면, 저는 기쁠 것입니다.

이 편지를 찰스, 마조리, 그리고 테드에게도 공유해 주세요. 테드는
저에게 너무나 많은 친절을 베풀었기에 충분한 설명을 들을 권리가 있
습니다.

저는 밀러 씨에게 세 번째 편지를 써서 매각 문제를 잠시 보류해달라
고 부탁할 참입니다. 누나의 편지가 어떤 영향을 미쳤는지 모르지만,
누나의 편지로 인해 제가 "논의"를 계속할 의지를 갖게 되었다는 점은
인정하실 것입니다.

누나 생일이 며칠 전이었네요. 행복한 생일이었길 바랍니다. 호박은
안전하게 도착했겠지요? 제가 영수증을 가지고 있으니, 도착이 늦어지
면 문의해 보겠습니다. 딸애는 지난 16일에 세 번째 생일을 맞이했습니

다. 그 애는 지난 3년간 꽤 잘 지냈어요.

　아내는 좋은 날과 힘든 날을 반복하고 있습니다. 저는 곧 한 달 동안 일을 쉬려 합니다. 건강은 매우 좋지만, 잠시 일을 쉬게 되어 기쁩니다. 집을 비우는 것은 아니고, 잠시 일에서 벗어나고 싶습니다.

깊은 사랑을 담아
누나의 동생
찰리

1926년 7월 11일

세브란스, 서울

사랑하는 메리 누나에게

크램브 부지에 관한 제 얘기를 듣고 누나의 불안감이 해소되었다니 참 기쁘네요. 최근에 밀러 씨로부터 부동산 매각하는 일을 잠시 보류하겠다는 편지를 받았습니다.

호박이 무사히 도착했다는 소식을 듣고 안심했습니다. 오래전에 보낸 것이었고, 호박과 같은 것들은 항구에서 종종 사라지기도 하니까요. 누나가 줄기를 좋아한다니 기쁘네요. 가격과 누나가 보내준 것들 간의 차이가 저의 관심사입니다. 저는 오랫동안 누나에게 작은 선물을 보내고 싶었고, 이렇게 하는 것이 누나의 취향에도 맞고, 편리한 방법인 것을 알게 되었습니다.

애들레이드에서 찰스가 어떻게 일을 해결했는지 듣게 되어 좋았습니다. 그의 명성에 대해 들을 수 있는 매우 가치 있는 내용이었습니다.

저는 이번 달 휴가를 보내고 있습니다. 휴가를 보내니 참 좋네요. 며칠 전 저는 딸 레이첼을 데리고 우리가 이전에 나룻배로 건넜던 강에 다녀왔습니다. 나룻배가 파도에 흔들리기 시작하자 딸아이는 천진난만하게 놀라며 매우 즐거워했습니다. 그 애는 제게 "아빠, 보트에 무슨 문제가 있나요?"라고 물었고, 잠시 후에는 "아빠, 강에 무슨 문제가 있나요?"라고 물었습니다. 나중에 그녀는 모래 강둑에서 매우 즐겁게 노를 저으며 놀았습니다. 저는 그 애가 사촌들을 만날 수 있기를 바랍니다. 그래요, 아마도 그러한 만남이 그리 멀지 않았으면 좋겠습니다. 아직 구체적인 계획을 세우기에는 좀 이른 감도 있지만, 아내는 좋아졌고, 계속 나아지고 있습니다.

지난 15개월 동안 저는 상황 때문이 아니라, 저 자신으로 인해 힘든 시간을 보내고 있습니다. 아내의 병 치료를 위해 여러 사람이 지금까지 애쓰고 있지만 말이죠. 제가 아팠던 이후로 상황은 매우 어려웠고, 고통스러웠습니다. 제가 제 일을 제대로 하지 못했다는 것이 가장 큰 후회입니다. 효과적으로 일할 수 없었습니다. 정신이 제대로 움직이지 않았고, 환자 치료와 일은 악몽이 되었습니다. 지금 이렇게 쉬고 있으니, 마치 평범한 사람처럼 느껴지네요. 다시 돌아가 일을 할 수 있도록 충분한 에너지와 힘을 바라고 있습니다. 편지에서 마니가 태어날 때 겪었던 끔찍한 시간에 대해 언급하셨죠. 저도 지난해 그 정도로 힘든 시간을 보낸 것 같습니다. 콘래드의 『청춘(Youth)』 읽어보셨나요? 마지막 이야기인 「한계에 다다른 남자」는 정말 강렬했습니다. 제 상황이 그 남자의 상황만큼 어렵지는 않았지만, 저도 책임을 다할 수 없는 끔찍한 현실을 경험했습니다. 그의 경우는 시력 상실이었습니다. 제 경우는 정신적 에너지의 상실입니다. 저는 그것에 대해 길게 언급하지 않을 테니, 누나도 많은 말씀 안 하셔도 됩니다. 그리고 말씀드렸듯이, 이번 휴식 이후에는 회복된 상태로 돌아가고 싶습니다. 정신적 에너지 상실은 힘든 경험이었습니다.

스위트 박사는 현재 한국에 있습니다. 그녀는 서울에서 몇 주를 보낼 예정입니다. 그녀는 지난주를 잘 보냈고, 저를 만난 것을 기뻐했습니다. 그리고 놀랍게도 아내 제시를 그 이름대로 부를 뿐만 아니라, 저를 찰리라고 부르기도 했습니다. 그렇습니다, 자신이 생각했던 것보다 좋은 친구들을 더 많이 가까이 두고 있다는 건 정말 행복한 일입니다. 저는 다음 주에 그녀를 안내하는 데 많은 시간을 할애할 것 같습니다. 그녀는 호주를 떠나기 직전에 누나를 만났는데, 건강해 보였다고 하더군요. 아내는 누나가 스위트 박사와 온종일 진화론에 대해 논쟁적인 토론을 벌이며 매우 즐거워했던 장로교여자학교(P.L.C.)로 떠난 소풍날을 추억하고 있습니다. 누나는 아직도 그 주장을 견지하고 있나요? W.J. 브라이언 씨에 대해서는 어떻게 생각하시나요? "원숭이 재판" 이후, 한 미국 신문이 그에 대해 다음과 같이 언급했습니다. "우리는 오랫동안 그가 외치는 자의 소리인 것만 알고 있었지, 그 외침 뒤에 내용이 없다는 걸 몰랐다!"

모두에게 사랑을 전하며
누나의 사랑스런 동생,
찰리 맥라렌

1926년 11월 2일
배링턴 에비뉴 큐 2번지

사랑하는 메리 누나와 찰리에게

드디어 우리는 이곳에 도착했습니다. 누나의 사려 깊은 환영 전보에 감사드려요. 딸애는 사촌들이 보내준 전보를 받고 매우 기뻐했습니다. 전보에는 그게 특별히 그녀만을 위한 것이라고 적혀 있었습니다. 그녀는 앉은 채로 전보를 열어 신중히 확인하면서 뒤집어 보기도 하고, 오른쪽을 위로 올리기도 했는데, 그런 다음엔 전보를 접고는 우리에게는 보여주지 않았습니다. 그녀가 방을 비운 사이에 우리는 간신히 그 전보를 읽고는 봉투에 다시 넣어 두었습니다. 그리고 나중에 그녀가 우리와 정보를 공유하도록 했습니다.

친구들과 집으로 돌아가는 것은 멋진 일입니다.

우리는 놀랍도록 편안한 항해를 했습니다. 바람은 부드러웠고, 시원했으며, 배는 훌륭했습니다. 아마도 마음이 맞는 여행 동료들과 승무원들이 있었기 때문일 겁니다. 심지어 소요된 석탄의 양도 특히 만족스러웠습니다. (개인적으로 관심이 있는 사항은 아니었지만, 수석 항해사가 그것을 많은 만족스러운 것들 가운데 하나로 꼽는 걸 들었습니다.)

아직도 꽤 심한 발작이 있지만, 아내는 많이 좋아졌습니다. 오늘 엘리스 박사를 만났는데, 멜버른에 있는 심장 전문의와의 상담을 주선해 주었습니다.

저는 1년이 넘는 악몽 이후에 다시 좋아졌습니다. 한국에서 보낸 지난 몇 달 동안 훨씬 더 나아졌습니다. 저는 이번 항해를 통해 신체적으로도 건강해졌고, 삶의 기쁨도 회복했습니다. (삶의 기쁨을 불어로 이렇게 쓰는 게 맞나요? "joie de vivre") 행복하게도 우리는 딸애가 얌전하고, 여행도 잘하는 아이라는 환상을 품게 되었습니다. 문제는 이 생각을 어떻게 유지하느냐일 테지요.

사랑을 담아
누나의 동생,
찰리

1926년 11월 11일

사랑하는 메리 누님께,

누님의 편지에 감사드립니다. 아내 일과 관련해 전문가가 제시한 구체적인 내용을 더 빨리 알려드리지 못해 죄송합니다. 저는 이 좋은 소식을 전보로 전하려고 했지만, 우체국이 오후 6시에 문을 닫았기 때문에 나중에 누님께 전화해야 한다는 말을 들었습니다. 어쨌든 우리는 최고의 결과를 받았습니다. 초기 단계에서 진단과 치료가 확정되었고, 승인되었습니다.

턴불스 박사의 견해로는 (심장까지) 관상동맥이 부분적으로 막혀서, 매우 심각한 상태였지만, 아내는 위험한 고비를 넘기고 회복 중이기 때문에 지금으로서는 발작으로 인한 치명적인 위험은 없다고 합니다. 게다가 아내 스스로는 더 좋아져서 거의 완치될 수 있다는 기대도 하고 있습니다. 턴불스 박사는 특히 아내의 건강한 체격이 아니었다면, (그리고 저는 수개월 동안 계속된 데넌 부인의 훌륭한 보살핌도 추가해야 할 것입니다.) 치명적인 결과가 있었을 수도 있다고 말했습니다.

심전도 결과가 임상 소견을 뒷받침해 주었습니다.

누나에게 우리가 꽤 행복한 사람들이라고 말할 수는 없습니다. 우리는 힘든 곳에 있었고, 주님은 우리에게 복을 주셨습니다.

아내는 좀 더 자유롭게 다니지만, 여전히 천천히 걸어야 합니다. 저는 지금 멋진 시간을 보내고 있습니다. 오랜 친구들을 많이 만나고, 특히 여러 친절한 분들로부터 따뜻한 환영을 받으면서 말이죠. 시드니에서 조지 하퍼를 만났습니다. 그는 여전히 모든 일들에 비판적이지만, 매력적인 사람입니다.

존이 좋아졌으면 하는 바람입니다.

모두에게 사랑을 전하며

찰리

1926년 12월 16일

몬도 [?], 우드앤드

사랑하는 메리 누이에게

여기 우드앤드에서 어머니와 저는 매우 행복한 휴일을 보내고 있습니다. 하숙집은 편하고, 사람들은 어머니를 배려하며 특별히 대해 주네요. 어머니에게 싫지 않은 조합입니다! 덧붙여 말하자면, 집주인은 베버리지 씨입니다. 누나는 킬모어에 살던 그분들을 기억할 테지요. 제가 예전에 말을 타고 함께 외출하던 소년이 지금은 벌써 중년이 되었네요.

저는 몇 년 만에 최고의 휴가를 보내고 있습니다. 테니스와 골프를 하며 야외에서 많은 시간을 보내고 있습니다.

앤더슨 가족은 여전히 여기에 머물고 있는데, 매우 친절하고 다정합니다.

아내는 제가 떠나기 직전 좀 힘든 시간을 보낸 듯합니다. 살짝 유쾌하지만은 못한 시간을 보냈지만, 지금은 다시 괜찮아졌습니다. 여전히 여유 없는 가운데 일하고 있고, 가끔 잘 "쉬기도" 합니다. 그럼에도 우리는 더 좋아지기를 기대하고 있습니다.

누나 가족 모두가 와주신다니 정말 기쁩니다. 그나저나 저는 1월 8일부터 15일까지 밸러렛에서 열리는 학생 하계 모임에 참석할 예정입니다. 누님은 이동 중에 밸러렛에 들를 수 있을까요?

매형께 안부 전해주세요. 전화로 그의 목소리를 들어서 좋았습니다.

허디와 누님께 안부를 전합니다.
사랑스러운 동생,
찰리

1927년

✝

1927년 1월 23일 주일

세인트 레오나르드

사랑하는 메리 누나에게

누나 가족들과 다시 만날 수 있어 정말 반가웠습니다. 앞으로 매형에 대해 더 알게 되기를 기대하고 있습니다. 블랙우드로 돌아가는 여행은 매우 유익할 것 같네요.

사랑하는 메리 누나, 누나의 아이들은 정말 밝아 보이네요. 내면은 어떨지 아직은 잘 모르지만, 아이들이 너무나도 사랑스럽고, 눈에는 순수한 기쁨이 가득 차있네요. 정말 활기차고, 잘 생겼어요. 거의 눈을 뗄 수 없을 정도로요.

우리는 여기서 매우 즐겁게 지내고 있습니다. 마조리와 테드는 매우 친절하고, 저에게 훌륭한 휴가를 선사해 주고 있답니다. 이 집 아이들은 생동감이 넘치고 명랑합니다.

우리는 아내의 상태에 대해서 좀 더 알아가고 있습니다. 다른 두 명의 전문가로부터 의견을 구하고 있으며 다음 주에 시내로 가서 두 번째 전문가를 만날 예정입니다. 우리는 복잡한 문제를 해결하기 위해 대안을 찾고 있습니다. 아직 원하는 만큼 도달하지는 못했지만, 올바른 방향으로 문제를 해결해 나가고 있습니다.

제가 떠날 때 어머니의 상태는 많이 호전되셨지만, 포사이스 씨는 어머니께 며칠 더 쉬며 조심하시라고 당부했습니다.

저는 스스로 한국에서 그 긴 악몽 같은 시간을 견뎌낸 사람과는 사뭇 다른 사람이 된 것 같은 기분이 듭니다.

내 영혼아, 여호와를 송축하며, 그의 모든 은택을 잊지 말지어다.[1]

사랑을 담아
당신의 사랑스런 동생,
찰리

---

1   시편 103편 2절 (역자 주)

1927년 3월 7일
세인트 버나드 호스피스

사랑하는 메리 누님께

누나는 이런 곳에 와본 적이 있으실까요? 모든 방향으로 산맥이 펼쳐진 이곳은 정말 멋집니다. 마조리와 테드가 저를 그들의 휴가 여행에 초대했다는 소식은 아마 들으셨을 겁니다. 마조리가 몸이 별로 좋지 않았기 때문에 마조리와 테드는 여행 계획을 수정했습니다. 차로 이동하는 일정을 하루 줄여서 3일이 지나 이곳 준목적지에 도착했습니다. 우리는 일주일 동안 여기에 머물고, 남쪽 언덕에 있는 레스트 하우스에서 이틀 동안 머문 다음, 깁스랜드 산기슭으로 천천히 내려갈 생각입니다.

포사이트 씨가 이곳에서 휴식하기를 추천했습니다. 테드와 저는 아침 산책을 하고, 가까운 산에 올랐습니다! 그런 다음 우리는 오후에 마조리 및 (모임의 일원이기도 한) 다른 호주인과 함께 가벼운 산책과 정오 티타임을 했습니다. 오늘 저는 제 손으로 나무를 베는 일도 했습니다. 나무를 베고, 쪼개는 일이었습니다. 나무는 크지 않았지만, 일을 마치고 나니 손목이 뻐근하네요. 손이 다소 떨려 제 필체는 그 어느 때보다 더 나빠 보이는군요. 일찍 쉬러 들어와서 식사를 마치곤 많이 잤습니다.

언제쯤 일을 마칠지 계획이 있으신가요? 가족들은 모두 잘 지내죠? 선교사인 매형은 대외적 업무로 복귀했나요? 참 그리고, 매형과 누나는 스코틀랜드 사람에 관한 램의 글을 읽어보셨나요? 아직 읽지 않았다면 그의 글을 추천합니다. 오늘 우연히 그 글을 발견했어요. 그 글은 형언할 수 없는 어떤 인상을 줄 것입니다.

분기 위원회를 위해 모인 마을의 여러 성직자들을 만나는 자리에서 연설하기 위해 일주일 즈음 후엔, 마을로 돌아갈 예정입니다. 그다음 주에는 휴가를 보내고, (저 스스로 만족을 느끼고, 포사이스 씨를 달래기 위해서요.) 기대에 차 준비한 일을 시작하려고 합니다.

찰스 매형께는 안부를, 아이들에게는 사랑을 전하며.

사랑스런 동생,
찰리

[편지 위쪽에] 스콧 부인께서 급히 보내준 선물에 대해 딸애가 정말 고마워했다고 전해주시겠습니까? 그리고 고트 모스 박사에게도 안부 전해주시길 부탁드려요.

1927년 3월 29일
10번지 미첼 스트리트, 세인트 킬다 [스코틀랜드]

사랑하는 메리 누님께

누님의 편지와 친절한 초대에 감사드립니다. 누나의 예상이 빗나가지 않는다면, 우리는 (그의 아버지로부터 유전적인 영향을 받은 것으로 보이는) 조니의 그림을 보고 즉시 블랙우드로 향했을 겁니다. 하지만 저는 의사들의 지시에 따랐고, 지금은 일을 시작했습니다. 이제 일을 할 때가 된 것 같습니다. 이 후자의 견해는 누나가 (편지에서 꽤 길고) 설득력 있게 말한 것처럼 제 판단력이 더 선명해졌다는 증거가 될 것입니다. 저는 누님이 우려하는 바와 같이 그처럼 아둔하지 않다고 믿게 되었습니다.

보잘것없는 저 자신에 대한 진심 어린 긍정적인 평가를 확인하고자 한다면, 이번 주 『메신저(Messenger)』지를 꼼꼼히 읽어보시기를 바랍니다. 이 상황은 마치 어떤 상품을 좋아하게 될 거라던 사랑스러운 할머니를 떠올리게 합니다. 할머니는 "광고에서 너무 좋다고 하더라"라고 하셨죠.

저는 정말 건강합니다. 훌륭한 휴식을 취한 이후로 좋아졌습니다. 지금 하는 일은 부담스럽지 않고, 꽤 흥미롭네요. 그래서 저는 누나 가족과 다시 함께하고 싶지만, 지금 호주로 돌아가는 것이 그리 좋은 생각은 아닌 것 같아요.

아내에 관해 말씀드리면 그녀는 점차 좋아지고 있지만, 이따금 쇠약해지기도 합니다. 아내가 애들레이드로 가는 것은 현명한 선택이 아닐 것 같네요. 언젠가 누나가 한번 이곳에 와서 아내를 만나보는 것도 좋을 것 같아요.

누나 가족들은 모두 잘 지내지요? 어린 존이 학교를 너무 부담스러워하지 않았으면 좋겠네요. 마니와 맥, 그리고 찰리 매형에게 안부를 전해주세요.

당신의 사랑스런 동생,
찰리

1927년 4월 5일

맨스 세일[호주]

사랑하는 메리 누님께

누나의 편지에 답장하면서, 한국 도자기에 관한 누나의 질문을 깜박 잊고 있었습니다. 집에 도착하는 대로 아내에게 말해서 누나에게 편지하게 하겠습니다. (그러나 그렇게 안 될지도 모르겠네요!) 그렇게 되지 않는다면, 제가 누나에게 답해 드리겠습니다. 저는 아내가 누님 생각에 기꺼이 동의할 것이라고 생각합니다.

저는 빌 마샬과 함께 지내고 있습니다. 그는 매우 친하게 지낼 만한 사람입니다.

저는 마을을 떠나기 전 어느 날 아침, 장로교여자학교(P.L.C.)에 갔었습니다. 그곳 사람들은 저를 너무나도 멋지게 환영해 주었습니다. 전에도 제가 이렇게나 유쾌한 청중들에게 연설한 적이 있었는지 모르겠습니다.

저는 내일 베언즈데일(조지 브로디스 교구)로 이동합니다. 목요일에는 마프라로 갔다가, 금요일에는 집으로 돌아갈 예정입니다.

저는 일요일 아침에 스코틀랜드 교회에서 설교하고, 부활절 동안에는 연합 사경회(查經會)에 참석할 예정입니다.

저는 대학과 병원에서 일을 시작했습니다.

아내는 꾸준히 호전되고 있습니다. 사실 아내는 한국에서 지냈던 것에 비해 굉장히 좋아졌지만, 여전히 쉽게 피곤해하는 것 같습니다. 가엾게도, 매우 힘들어하네요. 제가 지금 바쁜 일정을 보내느라 아내와 충분한 시간을 보내지 못하는 점이 저의 마음을 어렵게 합니다.

하지만 여전히 우리에게는 감사하고 기쁜 일들이 많습니다. 점차 좋아지기를 바라고 있습니다.

마조리는 겨드랑이에 심한 염증이 생겨 힘겨워했지만, 지금은 괜찮아졌습니다.

어머니는 매우 쉽게 피로감을 느낀다고 불평하시면서, 의사를 해고하겠다고 위협하시기도 했습니다! 그래서 뜻대로 해드렸습니다. 매우 심각한 상태는 아니세요.

가족 모두에게 사랑을 전합니다,
사랑스런 당신의 동생
찰리 맥라렌

1927년 7월 6일
10번지 미첼 가, 세인트 킬다

사랑하는 메리 누님께

너무 오랫동안 편지를 쓰지 못해 송구합니다. 바쁜 일들이 많아 틈을 내기 어려웠어요. 딸아이에게 귀여운 시계를 보내주셔서 정말 감사합니다. 딸애는 시계를 받고 기뻐했지만, 우리는 한동안 그 시계를 엄마 귀중품 보관함에 두도록 설득해야만 했습니다. 딸아이는 지금 학교에 다니고 있습니다. 선생님들은 딸애가 자신만의 방식을 좋아하는 아이라고 하네요.

누님이 숙소와 예약 문제로 화가 난 것은 유감입니다. 우리가 (아키마루 호로) 출발하기 20일 전에 여기에 오실 수 있나요?

제가 발표하는 강연 표를 동봉합니다. 프랭크 패튼 씨를 비롯해 여러 사람이 이 강연을 위해 기도하고 있습니다. 강연에 참석하는 (의사와 그 외의 사람들) 분들에게 성경에서 여러 번 읽은 내용에 관해 과학과 철학적 관점에서 강연하려고 합니다.

의견을 주실 누님이 강연에 참석하지 못할 것 같아서 유감입니다. 제 생각에 매형은 꽤 감명받으시리라 생각합니다. 속기사를 구하게 되어 나중에 누나가 강연 원고의 대부분을 받게 되었으면 좋겠네요. 그리고 제 사역에 관해 이야기하자면 (제 생각에는) 7월 26일 일요일 오후 4시쯤 P.S.A. [멜버른에 있는] 웨슬리 교회에서 진행되는 라디오 방송에 출연하게 되었습니다.

아내는 6 사이즈 신발을 신습니다.

가족 재산 문제에 관해 말씀드리겠습니다. (제 생각에) 어머니는 생전에 이사회를 아버지의 재산 수탁 관리인으로 임명하고 싶어 하시는 것 같습니다. 이를 위해서 어머니는 우리 세 사람의 동의가 필요합니다. 저는 그 일이 아무런 어려움 없이 진행되리라 예상합니다. 또한 어머니가 돌아가신 후에도 이사회가 계속해서 재산 관리를 맡는 것에 대한 동의 여부도 논의해야 할 것입니다. 상속 재산 내역은 누님과 마조리의 몫에 해당하는 돈입니다. 합쳐서 600파운드와 브루스 형의 상속 재산 3분의 1에 해당하는 돈입니다. 제가 보기에 이사회가 관리하는 것이 더 안전하고, 손쉬운 방법일 것 같습니다. 테드 씨는 전적으로 신뢰할 수 있는 사람이고, 집을 더 나은 가격에 팔 수도 있을 것입니다. 반면에, 개인적으로 관리하게 되면 상속 재산의 위치가 불확실하다는 문제가 있습니다. 이 경우 전체 재산에서 약 120파운드의 비용이 들 수도 있습니다. 그중 큰 몫은 제가 부담하겠습니다.

추가 사항: 테드 씨와 이야기를 나누었습니다. 집 매각 문제는 어머니의 유언에 따라 이사회에 귀속되기 때문에 수수료는 알아서 처리할 것입니다. 테드 씨는 실제 유산 집행인(빅토리아의 자식들)을 대신하는 이사회가 너무 쉽게 돈을 벌게 된다고 생각할 수 있지만, 그렇게 함으로써 가족 마찰의 가능성을 모두 피하는 것이 더 현명한 결정이 될 것이라고 하네요. 저는 어느 쪽이든 전적으로 동의합니다. 저는 테드 씨가 관련된 모든 이들을 위해 사업적 안목으로 명예롭게 그 일을 처리해 줄 거라고 믿습니다. 가능한 한 빨리 누나의 최종 판단을 알려 주시기를 바랍니다. 그래야만 유산 집행인인 우리 세 남매가 내용 증명서를 작성할 수 있게 됩니다. 내용은 이사회가 어머니가 살아계실 동안 아버지 유산을

관리하는 데 동의한다는 것입니다.

아이들에게 사랑을 전하며, 매형에게도 형제의 안부를 전합니다.

누나의 동생

찰리

1927년 7월 26일

10번가 미첼 가, 세인트 킬다

사랑하는 메리 누나에게

누나의 편지를 받게 되어 매우 반가웠고, 무엇보다도 먼저 답장을 보내게 되어 기쁩니다.

우리가 20일 전에 누나 가족들을 볼 수 있을 만큼 빨리 움직일 수 있기를 바라고 있습니다.

오직 어머니가 살아 계실 때 유산 관리 권한을 양도해야만 한다는 누님의 결정에 따라, 저는 누나의 서명이 들어갈 공문서를 작성토록 하겠습니다.

『인테일(the Entail)』이라는 책은 그리 특별한 인상을 남기지는 않았습니다. 다만 (특히 후반부에서) 스코틀랜드인들의 생각 유형을 매우 재미있게 풍자한 그림이 있었는데, 절반 이상은 사실이라는 점에서 흥미로웠습니다.

아내는 한국 도자기 가게를 정말 좋아하고 한국에도 도자기 몇 개를 가지고 있습니다. 만약 YWCA 활동에 대한 열정이 도자기에 대한 애정보다 더 커진다면 한국에 가지고 있는 도자기를 팔 생각을 할지도 모르겠네요.

제 강의 개요를 동봉합니다. 강의 내용 전체를 인쇄물로 제작할 계획입니다. 청중들은 제 강의를 경청해서 듣더군요. 저는 그 모임이 꽤 주목할 만한 모임이 될 것으로 예상했습니다. 그래서 그 모임을 위해 여러 사람에게 기도를 부탁했었습니다. 그리고 실제로 기도가 효력이 있다는 것을 잘 보여주었습니다.

일요일에 누나가 저의 강연 내용을 모두 들으셨는지 궁금합니다. 뮤지컬과 다른 작품들이 3시부터 4시까지 진행되는 동안 저는 다소 유쾌하지 않은 시간을 보냈습니다. 저는 "백호주의"에 대해 언급할 예정이었고, 이 주제는 언론의 시선을 끌지 않을 수 없었습니다. 더 많은 내용을 말하려고 했지만, 시간이 다 되어 끊어야 했는데, 현재 상황에서는 제가 한 말만으로도 충분할 것 같습니다. 『아거스(Argus)』 신문은 강연에 대해 좋은 평가를 했더군요.

매형이 조언할 수 있는 문제에 대해 그에게 도움을 구해도 될까요? 우리는 새 난로를 들였고, 뜨거운 물을 끓이기 위해 커피 코일을 설치하려고 합니다. 코일의 모양은 도면과 같이 매우 단순하고, 측정해 보니 코일의 무게는 약 7파운드 정도입니다. 재료 비용은 15실링을 넘지 않지만, 챔버스와 시모어(Chambers & Seymour)에서는 코일이 부착된 제품에 대해 4파운드 10실링 정도의 가격을 책정하고 있습니다. 얼마가 적당할까요? 어디에 합리적인 가격으로 제작을 의뢰할 수 있을까요? 지금 우리에게는 시간이 촉박하고, 설치가 급하여서 가능한 한 빨리 회신해 주시면 고맙겠습니다. 커피 코일은 이런 모양입니다.

아내는 계속해서 좋아지고 있지만, 아직 어려움을 겪곤 합니다. 딸애는 잘 크고 있습니다.

아이들에게는 저의 깊은 사랑을, 매형에게는 형제의 안부를 부탁드립니다.

당신의 사랑스런 동생
찰리

1927년 8월 1일

캐스터턴

사랑하는 메리 누나에게

누나의 편지에 감사드립니다. 그리고 커피 코일에 대해 조언해 준 매형에게도 고마움을 전합니다.

P.A.S.에서 발표한 내용을 똑똑히 들을 수 없으셨다니 유감이네요. "백호주의"에 대한 저의 언급이 신문에 반드시 실릴 것이라는 점을 알고 있었기 때문에, 그 긴 프로그램이 시작하기 전에 다소 초조했었습니다. 사실 놀랍게도 발표 내용은 긍정적인 평가를 받았습니다. 『아거스』 신문에서는 (지난 토요일에 게재된 중국인 관련 기사 두 편에 대해 비판적인 언급을 했음에도 불구하고) 지난 수요일에 있었던 제 발표에 대해서는 매우 훌륭한 평가를 하더군요. 특히, 백호주의에 대한 언급에 대해 긍정적 논평을 냈습니다.

강의 요약문을 동봉했다고 생각했으나, 빠졌을지 몰라 이 편지에 첨부합니다. 전체 강의 내용은 추후 출판될 것으로 여겨지네요. 아직 휴가를 보낼 정확한 장소를 결정하지 못했습니다.

이번 휴가 내내 즐겁게 지냈습니다. "여호와께서 우리를 위하여 대사를 행하셨으니 우리는 기쁘도다."[2]

캠벨 씨는 어머니 생전에 수탁 재산 양도에 있어 자녀들의 허가 서명은 필요하지 않다고 하네요.

모두에게 사랑을 전하며
찰리

---

2 시편 126편 3절 (역자 주)

1927년 8월 8일
10번지 미첼 가, 세인트 킬다

[편지 윗면] 커피 코일에 관한 효과적 조언에 대해 감사드립니다. C.

친애하는 찰리에게

혹시 이런 상황에 도움을 줄 수 있을지 궁금합니다. 놀라지 않으셨으면 합니다. 심각한 일은 아닙니다. 저는 한 남자에게 관심이 있습니다. 그는 어떤 신체적인 원인이 아니라 "가혹한 운명의 돌팔매와 화살"[3]로 인해 꽤 심하게 넘어져 미래가 불투명한 환자의 모습으로 제게 찾아왔습니다.

만약 제가 그에게 어떤 일자리를 찾아 줄 수 있다면, 그것은 그에게 가장 큰 힘이 될 것입니다. 그는 보이드 카펜터 주교와 친척이며, 좋은 가문의 전직 해군 군인입니다. 그가 6살 때, 와이트섬에서 군함이 전복되면서 아버지를 잃었습니다. (그의 나이는 대략 55세 정도로 보입니다.) 아버지의 죽음으로 가족들은 경제적으로 어려움을 겪었고, 그는 장교로 복무하지 못하게 되었습니다. 대신, 기술자로 복무하면서 4차례의 전쟁에 참전했습니다.

저는 그의 삶의 여정을 자세히 들여다보며 그의 성격을 파악할 기회가 있었습니다. 그는 실로 정직하고, 침착하며, 성실한 기독교인입니다. 그의 능력과 그가 잘할 수 있는 것을 메모해 편지에 동봉합니다. 만약 친구 중에 그의 일자리를 알아봐 줄 수 있는 분이 있다면, (한국인들이 말하는 것처럼) "매우 큰 은혜"가 될 것입니다. 그에게는 큰 금액의

---

3 셰익스피어의 작품 중 『햄릿』에 나오는 대사 (역자 주)

급여보다는 안정적인 일자리가 더 필요합니다. 그가 호주에서 수년간 근무했던 영국 회사는 현지 지점을 폐쇄했고, 그 후 그는 실직 상태가 되었습니다.

우리의 시간은 흘러가고 있습니다. 친절한 친구들과 훌륭한 휴가를 보냈고, 건강뿐 아니라, 많은 행복을 되찾았습니다.

모두에게 사랑을 전하며
찰리

조지 크램브에게 음악 수업을 받는 것에 관해 마조리와 상의하려고 합니다. 그리고 메리가 제안한 25파운드에 찬성합니다.

1927년 8월 30일
증기선 아후 마루 호

나의 사랑하는 마니에게

여행 기념으로 그림 선물을 보내줘서 정말 고맙다. 매우 솜씨 있게 그리고, 색도 입혔더구나. 멜버른을 떠나기 전, 우리 가족은 너무 바빠서 편지 쓸 겨를이 없었단다.

아버지가 보내준 전보도 무사히 잘 받았단다. 감사했다고 전해 다오.

우리는 시드니에서 즐거운 여행을 했고, 그곳에서 친구들을 만났단다. 그 뒤, 브리즈번에 왔는데, 나는 그곳에서 내가 본 것 중 가장 화려한 꽃 전시회를 보았단다. 그리고 지금 우리는 다시 바다를 건너 배리어 리프에 다다르고 있다.

배에서 레이첼이 함께 놀 수 있는 소녀는 오직 한 명뿐이란다. 그녀의 이름은 셀라인데, 세 살이야. 그 애는 러시아인이고, 그녀의 어머니는 아이를 데리고 할머니를 만나기 위해 만주 하얼빈으로 가는 중이지. 아버지는 호주의 브로큰힐에서 일하고 있다더구나.

우리가 떠나기 전에 너희 모두 멜버른에 오지 못해서 아쉽구나. 모두를 다시 만났다면, 정말 좋았을 텐데 말이다. 마조리 이모가 그러는데 네가 장로교여자학교(P.L.C.)에 간다고 하더구나. 그곳은 네게 매우 흥미로울 것이고, 그곳 분들은 너를 매우 따뜻하게 환영할 것이라고 나는 확신한다. 그곳에서 할아버지 사진을 볼 수 있을 거야.

사랑하는 마니야, 나는 네 소식을 다시 듣게 되어 매우 기쁘단다. 그리고 우리가 다시 만날 때를 기대하마. 그때쯤이면, 아마도 너는 꽤 숙녀가 되어 있겠지?

많은 사랑을 담아

삼촌 찰리가

1927년 8월 30일
증기선 아후 마루 호

나의 사랑하는 누이 메리에게

우리는 여행을 잘 시작했고, 친절한 친구들과 좋은 날씨 덕에 좋은 시간을 보냈습니다.

우리는 이미 이 여행을 아주 멋지게 만들어 준 찬란한 석양을 마주했습니다. 시드니에서는 매우 바쁘게 보냈고, 브리즈번에서는 짧게 체류했는데, 그곳 친구들의 도움을 받고 다정한 시간을 보냈습니다.

프리다 보게는 이곳 퀸즐랜드에서 재배되고 있는 남미의 꽃 덩굴인 부겐빌리아가 있는 매우 특별한 전시회에 우리를 데리고 갔습니다. 저는 프리다에게 누나가 20년 전에 했던 말의 의미를 세상이 점차 알게 되었다는 사실로 인해 누나가 만족해 하고 있다고 말했습니다. 그녀는 웃으며, 그렇게 된 것이 정말 기쁘다며 동의했습니다! 같은 맥락에서 저도 꽤 학식 있는 사람으로 알려지게 되었습니다. 호주 심리학 및 철학 저널이 제가 출판을 위해 수정한 심신(心身)에 대한 강의 내용을 출판할 예정입니다. 저는 제 강의 내용이 그들이 출판하는 많은 논문처럼 이해할 수 없을 정도로 고차원적이거나 유용성 면에서 빗겨나 있지 않기를 바랍니다. 저는 차라리 의학 저널에 게재하고 싶었지만, (의학 저널이야말로 그 내용이 더 필요합니다.) 의학 저널에는 이미 훌륭한 초록을 게재했고, 현재는 게재에 크게 신경 쓰지 않습니다. 만약 누나가 8월 13일 호 호주 의학 저널을 구할 수 있다면, 한번 읽어보시길 바랍니다. 브루스 형이 죽은 8월 13일에 그의 생각이 의학 저널에 아주 특별한 방식으로 다시 살아나게 된 건 뜻깊은 우연입니다. 저는 누군가 그의 생각을 전하고,

이어갈 수 있는 해석자가 나타나길 바라며 기도했습니다. 제가 형의 사상의 해석자가 된 것은 바랐던 것보다 더 잘 된 일입니다. 존 맥팔랜드 경은 제가 브루스 형의 생각을 해석하는 방식에 대해 특히 만족감을 표시했고, 브루스 형의 연구에 대한 철학적 성찰은 매우 중요하다는 제 의견에 공감했습니다.

그는 브루스 형에 대해 매우 우호적이었고, 브루스 형의 생각은 사람들 대부분의 이해를 넘어서는 곳에 '자리'하고 있었다고 말했습니다.

우리 배에는 도쿄 와세다 대학 럭비팀이 함께 승선해 있었는데, 어제 담당 교수와 이야기를 나누었습니다. 그는 35세 정도의 젊은 남자였고, 아버지에 대해 매우 잘 알고 있었습니다. 그는 아버지에 대해 "일본인보다 일본어를 더 잘한다"라는 평판이 있었다고 말했습니다. 그는 아버지의 제자인 이부카 박사와 유에무라 박사를 알고 있었는데, 그 두 명은 저명한 일본 기독교인입니다. 그들은 제가 누구의 아들인지를 알고는 매우 뜨거운 환영을 표했습니다. 그 일로 저는 매우 기뻤답니다.

저희는 누나가 보여준 따뜻함과 사랑에 감사드립니다. 다시 한번 누나와 매형 찰스 데이비에게 고마움을 전합니다. 이 편지를 누나뿐 아니라, 매형도 보게 되길 바랍니다.

동생으로부터,
찰스 맥라렌

1928년

†

1928년 1월 12일
서울, 한국

나의 사랑하는 누이 메리에게

저는 누나의 편지를 받아 기뻤고, 읽으면서 즐거웠습니다. 누나는 정말 진화론에 대해 깊게 생각하고 있나봅니다. 저는 누나를 탓하지 않습니다. 저도 가끔은 진화론 논쟁에 도전해 보는 것을 싫어하지 않습니다. 중요한 문제에 관해 우선 이야기하고, 누나 가족과 우리 가족이 여전히 살아있고 건강한지와 같은 일상적 내용은 후술하도록 하겠습니다. 누나는 인류가 원숭이로부터 왔다는 주장은 전혀 믿을 수 없는 것이라고 말합니다. 인간은 원숭이로부터 왔을 수도 혹은 아닐 수도 있지만, 진화론을 압도적으로 믿을 수 없다는 것은 그것을 믿지 않을 이유가 전혀 없다는 것을 뜻하지는 않습니다. 우리는 진화론과 관련해 존재하는 증거에 대해 그리고 증거가 되는 것들 가운데 일부는 믿어야 합니다. 예를 들어, 사람들이 태어나고, 죽는다는 것은 너무나도 명백한 증거들로 입증되기 때문에, 그 사실들이 불합리해 보일지라도 믿지 않을 수 없습니다. 진화론에 대한 누나의 불신을 그처럼 엉성한 논거에 의지하지 않기를 바랍니다.

누나는 제가 읽고 있는 책 중 추천할 만한 책이 있으면 말해달라고 하셨지요. 사실 제게 성경과도 같은 이상심리학 책을 제외하고는, 따로 읽고 있는 책은 없습니다. 어쨌든 일반 사람들이 전혀 예상하지 못하겠지만, 그 책은 자신의 결점과 다른 사람들의 약점을 이해할 수 있게 해주기 때문에 매우 흥미롭고 유익합니다.

누님은 제가 잘 지내기를 바란다고 하셨습니다. 돌아온 지 약 6주 지난 후, 저는 어려움[우울증]을 겪었습니다. 그런 기분을 견디는 것은 정말 힘듭니다. 말 그대로 정신과 영혼의 고통을 경험했습니다. 하지만 저는 하나님의 은총으로 그러한 어려움을 이겨낼 수 있었습니다. 그렇게 할 수 있던 것은 오직 하나님의 은총 때문입니다. 행복하고 쓸모 있게 되기 위해 좋은 사람일 필요는 없다는 것을 깨달았습니다. 만약 좋은 사람이 되기 위해 기다려야 한다면, 그것은 너무나도 긴 기다림 될 것입니다. 저는 하나님의 놀라운 은혜와 사랑 안에서 행복하도록 초대되었다는 사실을 깨닫게 되었습니다. 더욱이 그의 은혜와 사랑에 대한 깨달음은 한 사람을 선한 길로 인도하는 가장 확실한 방법입니다. 이것이 제가 현재 추구하는 것이고, 이러한 깨달음은 저를 다시 움직일 수 있게 했습니다.

아내에게는 해야 할 너무나 많은 양의 일이 있었습니다. 그녀는 대부분의 일을 아주 잘 해냈습니다.

우리 딸은 좋은 아이고, 심한 응석받이로 자라지는 않았습니다. 그 애가 외동이라는 걸 고려하면 말이죠. 딸애는 우리와 풍부한 감정을 나누며, 삶과 운명을 헤쳐 나가고 있습니다. 그런 모습은 주변에 있는 우리를 꽤 놀라게 합니다.

누나의 가족도 잘 지내고 있지요? 매형이 제게 준 연필에 대해 다시 한번 감사를 표해 주세요. 제게 연필을 줘야 할 이유는 없었지만, 저는 그 연필을 매우 잘 쓰고 있습니다. 매번 그 연필을 바라보고 사용하면서 즐거움을 누리고 있습니다. 아이들에게 안부 전해주세요. 누나 아이들이 여기에 와서 눈도 보고, 딸아이가 가지고 노는 눈사람도 가지고 놀았으면 합니다. 스케이트도 배우고, 미끄럼틀을 타고 즐겁게 언덕 아래로 내려가는 것을 즐길 수 있었으면 좋겠습니다. 한국은 지금 겨울인데, 눈으로 덮여 있어 아름답습니다.

누나의 최근 소식과 멜버른으로 이사한 이야기에 대해 듣고 싶습니다. 최근에 어머니로부터 소식을 듣지 못하고 있습니다. 어머니는 지금 정기적으로 편지하기가 어려우신가 봅니다.

제 글의 출판 여부가 궁금합니다. 몇 주 안에 출판이 어떻게 진행되고 있는지 알게 되길 기대합니다.

이 편지는 누나의 생일쯤에 도착할 것 같습니다. 누나가 생일을 맞아 행복하길 바라고, 빨리 시간이 지나 다시 만나게 되길 소망합니다.

당신의 사랑스런 동생
찰리 맥라렌

1928년 3월 31일
북경

사랑하는 메리 누나에게

주소가 낭만적이죠, 그렇지 않나요? 듣기엔 꽤 낭만적으로 들리지만, 이곳은 놀라운 도시입니다. 제가 여기에 온 이유는 그다지 낭만적이지만은 않습니다. 왜냐하면, 제가 머무는 숙소 주소가 유니온 의과대학이기 때문입니다.

여기에 있는 게 저 자신에게 조금 부끄럽습니다. 권고 은퇴라는 최악의 상황에서 제가 확실히 벗어났다고 생각지는 않습니다. 솔직히 저는 제 일을 하고 싶지 않을 뿐만 아니라 할 수도 없었습니다. 제게 필요한 것은 휴식과 방향 전환입니다. (농담이 아닙니다.) 일에 대한 제 열정은 재충전되어야 합니다. 우울감으로 인해 온갖 부정적인 영향들을 받고 있지만, 저는 제 영혼을 보살피고 있습니다. 우울감이 사라질 때쯤이면 다시 일을 할 준비가 되어 있을 겁니다.

사실 여리고(Jericho) 성벽이 약간의 노력으로도 무너질 거라 생각했겠지만, 심지어 여리고 성조차 일곱 번이나 돌아야 했고, 무리를 규합하는 데는 세부적인 준비가 필요했습니다. 첫 번째 이유는 제 생각이 너무 안일했고 세밀한 계획과 준비가 부족했기 때문입니다.

두 번째 이유는 휴가의 후반기 동안 저의 정신적 에너지 기반을 소진했기 때문입니다. 무리한 후에는 항상 대가가 있습니다.

세 번째 이유로 에너지가 유연하게 흐르는 상황과 (미국인들은 그걸 "괜찮다"라고 부르죠.) 아무것도 하지 않아도 되는 상황에서 제 뇌세포와 마음은 편안함을 느끼지만, 결정해야 할 것들과 치료해야 할 환자, 그리고 강의가 많을 때 더할 수 없는 고통과 절망을 느낀다는 것을 알게 되었습니다.

몇 달간 지속된 저의 어려움이 사라진 후, 학기 중간을 이용해 충고와 조언을 얻기 위해 갑작스레 이곳에 왔습니다. 걱정할 일은 아닙니다. 가능한 한 빨리 돌아갈 것입니다. 아내를 오래 남겨두고 싶지 않기 때문입니다. 제가 아내를 두고 올 수 있었던 건 아내가 많이 좋아졌기 때문입니다. 지난 몇 달과 비교해 제가 훨씬 나아져서 다시 아내에게 돌아갈 수 있길 기대하고 있습니다.

북경까지는 기차로 총 48시간이 걸리네요. 일본에서는 삼등석으로 여행했고, 여기서는 이등석을 이용합니다. 선생님 표 할인으로 요금 총금액이 약 3파운드 3실링 정도이며, 이틀 중 일박에는 침대차가 포함되어 있습니다. 따라서 제가 북경에 가는 데 특별한 재정적인 문제는 없습니다. 물론 가족이 이렇게 여행하기는 힘들 테지요.

북경은 멋지고 매우 흥미로운 도시입니다. 제가 쇼핑을 좋아하지 않아서 다행입니다. 왜냐하면, 돈이 거의 남지 않지 않을 테니까요. 돌아오는 길에 천진에 들러 스터키 가족을 만나려고 합니다.

누님, 19세기에 있었던 논쟁을 아시나요? 왕립학회 회원인 키스(Keith)와 여러 지성인이나 철학자 사이에 벌어진 진화론에 관한 논쟁입니다. 키스는 해부학과 진화론 분야의 거물급 학자입니다. 저는 그의 주장이 설득력이 없다고 생각하며, 그의 철학적 논쟁 상대 역시 결국에는 헛다리를 짚었다고 생각합니다.

프랑스인이 쓴 『미국이 성장하는 시기(American Comes of Age)』라는 책이 있습니다. 미국에 가본 적은 없지만, 그 책은 제가 미국인에 대해 보고, 들은 것을 이해하는 데 도움이 되었습니다. 누나는 린드버그의 『우리(We)』라는 책을 읽었을 테지요. 그 책은 꾸밈없고, 매우 흥미로웠습니다.

　가족 모두에게 안부를 전해주세요.

　저는 항상 누님 소식을 듣는 걸 좋아합니다.

당신의 다정한 동생

찰스

1928년 5월 27일
세브란스병원, 서울

사랑하는 메리 누나에게,

지난번에 누나에게 보낸 편지에서 북경에서 사람들로부터 들은 이야기들을 충분히 설명했었지요. 누나가 지나치게 걱정하지 않았기를 바랍니다. 제가 이제 건강을 회복하고 있다는 소식을 전하게 되어 기쁩니다. 6개월 동안 힘든 시간을 보냈기 때문에, 완전히 나아질 때까지는 단언하지 않으려 합니다. 하지만 이제는 힘든 시간을 이겨낸 것처럼 느끼기 시작했습니다. 다른 비유를 들자면, 마치 조수가 멀리 나갔다가 이제 막 들어오기 시작한 것처럼 말이죠. 물론 나아지고 있다면 너무 서두르지 않겠다는 다짐을 지킬 것입니다. 아직 어려운 일을 할 수는 없지만, 제게 닥쳤던 끔찍한 악몽과도 같은 일들에 대해 상당히 다른 방식으로 생각할 수 있게 되었습니다.

저는 광산에서 3주간의 휴가를 마치고 방금 마을로 돌아왔습니다. 그곳은 제가 응급 상황으로 인해 갔던 곳입니다. 여기서 응급 상황이란 일반 의사가 아플 때를 말합니다. 제가 역할을 다할 수 없다는 것에 다소 의기소침했습니다. 왜냐하면, 그 일을 정직하게 수행할 수 없다고 인식했기 때문입니다. 하지만, 어떻게든 응급 상황을 이겨냈고, 많은 변화를 이루었습니다. 광산 커뮤니티는 아이들을 포함해 40여 명의 외국인이 있는 곳인데, 저는 그곳이 매우 마음에 들었습니다.

그곳에는 50년 이상 동양에 살았던 한 외국인 노인이 있었습니다. 그는 뱃사람이었고, 한때 N.Y.K.의 선장으로 근무하기도 했습니다. 그는 테미스토클레스와 매더슨 선장에 대해서도 알고 있었습니다. 제가 그 둘 사이의 연결고리를 찾을 수 있다는 걸 알게 되면서, 저를 높게 평가하더군요.

홈즈 부인과 아이들에 대한 재미있는 이야기가 담긴 누나의 편지에 감사드립니다.

모두에게 안부를 전해주세요.

찰리

아내에게 큰 변화는 없고, 여전히 심장 문제로 힘들어하고 있습니다. 레이첼은 아주 잘 지냅니다.

1928년 7월 1일
세브란스병원

사랑하는 메리 누나에게

누나의 5월 29일 편지에 감사드립니다. 저를 향한 누나의 애정 어린 염려에 깊은 감사를 드립니다. 매형의 짧은 "추신"에 적힌 "돛을 내리고, 항해사를 태울 준비를 하기 시작했다"라는 말은 저에게 큰 위안이 되었습니다.

저는 다시 좋아지고 있고, 삶에 흥미를 다시 품게 되어 매우 기쁩니다. 몸에 아픈 곳은 전혀 없었습니다. 소화불량이나 비슷한 종류의 통증도 없었습니다. 실망스럽거나 불만족스럽지도 않고, 단 한 가지 혼란만이 있었습니다. 왜냐하면, 바퀴는 돌지 않고, 안 도는 바퀴를 움직이게 할 기름이 없었기 때문입니다. 이제 바퀴는 다시 돌기 시작했고, 덕분에 기분이 한결 나아졌습니다.

저 자신을 분석하며 찾아낸 치명적인 근본 원인이 있습니다. 그것은 야망입니다. 누나는 제가 이 "야망"에 대해 어떻게 반응할지 알 것 같다고 말씀하셨습니다. 죄악의 근원 일곱 가지에 대한 초서(Chaucer)의 이야기를 아시는지 궁금합니다. 매우 흥미로운 분석이지만, 저는 모든 죄의 근원이 교만함이라 생각합니다. 누나의 편지를 읽은 후에 작은 옥스퍼드 사전에서 "야망"이란 단어를 찾아보았습니다. 사전에는 두 가지 의미가 나와 있더군요. 첫째는 분명한 파괴 욕구, 둘째는 되고 싶은 열망이나 하고 싶은 일. 저는 이 두 가지 모두 무죄라고 생각합니다. 야망 자체는 범죄가 아니니까요. "당신은 나를 살인이나 분별력 부족으로 비난할 수도 있겠지만, 우리 모두는 때때로 나약합니다."[4] 저는 누나가 조금은 과했다고 생각합니다. 기억에 남는 G.K. 체스터턴의 재미있는 인용구가 있습니다. "그 누구보다 미치광이는 자기 머리보다 더 큰 우주를 자신의 머릿속으로 끌어들이려는 사람이다." 제게 의미를 이해하려는 (야망이라는 단어보다 훨씬 더) 강렬한 의지가 있음을 인정합니다. 그처럼 강렬한 의지가 있음에도 저는 때때로 너무 적게 움직이고 실제적인 일을 하는 것을 적잖이 소홀히 했지만, 그것 자체가 저에게는 연습이자 재창조입니다. 또한, 저는 인류의 역사 가운데 가장 이론적인 것들이 가장 유용하고 실용적인 것으로 입증되었다는 사실을 성찰하면서 종종 위안으로 삼습니다. 사람들은 선박이 뉴턴 이론의 도움으로 항해하고, 오늘날 우리가 사는 세계는 맥스웰의 전자기 이론에 크게 의존한다고 말할 것입니다.

누님은 분명 지금까지 많은 것을 읽어보셨을 겁니다. 논쟁을 이어가면서 제 편지 내용 자체가 스스로를 자책하는 것처럼 보일지도 모르겠네요. 하지만 제가 괜찮은 상태일 때, 저는 단지 이러한 탐구 과정과 사유를 즐기는 것 같습니다. 그것이 야망일까요? 만약 그렇다면, 잘못된 야망일까요?

누나는 이를 "야망"이라고 하시겠죠. 저의 주기적인 혼란이 (아마도) 뇌세포의 칼슘 대사 문제라고 생각하니 저는 안심이 됩니다! 어쩌면 누나의 분석과 제 생각 둘 다 맞을지도 모르겠네요. 이 두 가지를 어떻게 서로 연결해서 표현할 수 있을까요? 저는 이 문제에 대한 해답을 저 자신을 위해, 다른 사람들을 위해, 그리고 하나님이 존재를 만드신 방식에 대한 순수한 관심에서 알고 싶어지네요.

우리는 이번 달에, 해변에 갈 계획이었습니다. 그러나 가족 전체의

---

4   저자가 인용한 구절로, 루이스 캐롤의 『이상한 나라의 앨리스』에 이와 비슷한 구절이 있음. (역자 주)

일정으로 인해 그 계획은 무산되었습니다. 필요한 모든 준비를 생각하는 게 부담만 되었고, 아내는 그것을 감당할 수 없었습니다. 하지만 딸애와 저는 일주일이나 열흘쯤 해변으로 떠나려고 합니다. 우리와 가까운 커스(Kerrs) 가족과 함께 머물 예정입니다. 아내는 우리 한국 큰딸과 함께 지내게 될 것 같아요. 저에게는 해수욕이 큰 도움이 될 것 같습니다. 그리고 가능하다면, 머리 외에 다른 신체 부분도 운동해야만 합니다. 그래서 산길을 좀 걸을 계획입니다.

아내의 세심한 관리 덕에 정원은 점점 더 아름다워지고 있습니다. 우리 집은 참으로 아름답습니다. 우리 집 규모는 크지 않지만, 집과 주변 환경이 거의 환상적입니다. 딸아이는 그네 타는 걸 즐거워합니다. 아홉 마리의 흰토끼와 고양이 한 마리 외에도 몇몇 애완동물을 더 들일 예정입니다. 하지만 이 나라에서는 아이들이 애완동물을 키울 때 조금 조심해야 합니다. 동물들이 질병을 옮기기 때문입니다. 그래서 우리는 강아지를 키워본 적이 없습니다.

저는 최근 연례 선교 회의에서 의장직을 맡아 회의 진행을 했습니다. 회의가 다소 지연되기는 했지만 질서정연하게 일을 잘 마쳤습니다.

누나와 모든 가족에게 깊은 사랑을 전합니다.
누나의 애정 어린 동생
찰리 맥라렌

머리를 쓰면 아직 좀 "어질어질"합니다. 그래서 일이 잘 풀리지 않는 기간 (단기간이길 바랍니다만)이 있을 수 있습니다. 그런 이유로 체력 보강을 위한 휴가를 받고 싶습니다.

1928년 7월 31일
세브란스병원

사랑하는 메리 누나에게

포사이스 박사의 편지를 동봉해서 보내준 누나의 편지에 감사드립니다.

지난 3개월 동안 불규칙한 일정을 보내고 있습니다. 휴가는 받았지만, 완전히 휴식을 취할 기회는 없었습니다. 저는 그것에 대해 불평하는 것이 아닙니다. 오히려 대부분의 사람들이 감당할 수 있는 것보다 비교할 수 없을 정도로 큰 안도감을 얻을 수 있도록 주변 상황을 변화시켜 주신 우리 주님의 섭리에 크게 감사하고 있습니다. 저는 동료들과 친구들의 특별한 배려에도 감사하고 있습니다. 간헐적으로 일할 수 있다는 것은 제게 오히려 다행입니다. 저는 내일부터 정규 업무를 재개하게 되는데, 일이 만족스럽게 진행되기를 바라고 있습니다. 모든 일이 쉽지는 않겠지만, 점차 다시 궤도에 오를 수 있기를 희망합니다.

포사이스 박사의 편지 내용은 현명하다고 느껴져 감명받았습니다. 물론 그는 "의사로서" 제게 안위를 위해 귀국할 것을 권유했습니다. 그는 두 가지 대안을 제시하여 불안감을 덜어주었습니다. 즉, 제 상태가 호전되지 않을 경우 곧 귀국하게 될 것이고, 호전된다면 현재의 걱정은 불필요하다는 것이었습니다. 그곳에서 치료를 계속하는 것이 제게는 절실히 필요합니다. 왜냐하면 이 문제를 해결하는 것은 (저 개인적인 경험을 통해 알듯이) 관련된 사람들의 행복뿐만 아니라, 살아가는 여건에도 영향을 미치기 때문입니다. 저는 삶과 정신 질환의 이해에 있어 도덕적 요인 및 영적 요인을 중요하게 생각합니다. 삶에 도덕적, 그리고 영적인 의미가 없다면, 그것은 터무니없는 소리입니다. 반면에, 제가 직접 경험으로 알게 된 것은 도덕적, 그리고 영적인 이상(異常)은 일반적으로 화학적 불균형에 의해 인과적으로 결정된다는 것입니다. 어떻게 이 난제를 풀고, 특히 고통받는 사람들을 도울 수 있을까요? 선교적인 이상과 직업적인 기회가 모두 제게 가능하다면 한국에 머물면서 효과적인 활동을 할 수 있길 바라고 있습니다. 하지만 상황이 나아지지 않는다면, 저는 이곳에 온 목적을 달성하지 못할 것입니다. 그러한 상황이라면 저는 분명히 저 자신을 정죄할 것이고, 타인에게는 짐과 부담이 될 것이며 결국 집으로 돌아가야 하겠지요.

저 자신에 관해 계속 쓸 생각은 없지만, 누나의 이해를 돕기 위해 첨언합니다. 제가 상태가 좋지 않을 때 느끼는 정신적 경험은 마치 극심한 위험에 처해 있음에도 몸이 움직이지 않는 마비성 악몽과 흡사합니다. 가장 적절한 과학적 설명은 "과잉된 정신적 마비"일 것입니다. 개인적으로 저는 이 같은 느낌이 대뇌피질세포 기능의 일부 비정상적인 작용에 의해 야기된다고 생각합니다. 이는 마치 신경통처럼 다른 세포의 이상으로 인해 통증과 약함이 생기는 것과 비슷합니다.

저는 약 2주간의 매우 즐거운 휴가를 해변에서 보낸 후 막 돌아왔습니다. 처음에 우리는 해변에 있는 오두막을 구하기로 계획했었습니다. 그러나 아내는 여행 준비의 부담으로 인해 함께 가는 것이 현명하지 않다고 느꼈습니다. 게다가 딸애 또한 열도 나고, 안색이 나빠졌습니다. 그래서 결국 우리는 친구 커스 씨의 집에서 짧게 머물기로 했습니다. 그의 집은 아름답고 편안한 공간으로 채워져 있었고, 목욕과 보트 외에도 골프와 테니스도 즐길 수 있었습니다. 저는 클럽을 빌려 아마추어 수준의 골프를 쳤지만 그래도 재미있는 시간을 보냈습니다. 아내는 꽤 잘 지냈지만, 여전히 잦은 심장발작을 겪고 있습니다. 심장발작에 대해 잘 모르는 사람들은 히스테리성 요소가 있을지도 모른다고 생각하는 경향이 있습니다. 그러나 아내는 이러한 발작에 놀라운 용기와 인내심으로 맞서며, 증상의 발현과 경과에 대해 객관적인 호기심의 태도로 대하고 있습니다.

딸아이는 다시 건강해졌습니다. 얼마 전까지 기분도 썩 좋지 않았고, 식욕도 없었습니다.

장모님께도 이 편지에 담긴 저희 소식을 전해드리면 좋을 것 같습니다. 누나가 장모님과 포사이드 박사에게도 이 편지를 보여주시면 감사하겠습니다.

누나의 가족에게 안부를 전합니다.
애정 어린 누나의 동생
찰스 맥라렌

1928년 10월 28일
세브란스병원, 서울

사랑하는 메리 누나에게

누님이 남매로서 친절히 보내준 편지와 제가 호주로 귀국한다고 했을 때, 너무나도 후한 도움을 주시겠다는 어머니 말씀을 전달해 주신 개스크 씨의 편지, 그리고 스트라스돈 씨의 편지 모두에 매우 감사드립니다.

주님은 저에게 은혜로우셨습니다. 주님은 여러 일들로 인해 몹시 곤란해하던 제게 친구들을 보내주셨습니다. 제가 지금은 얼마나 좋아졌는지 모릅니다. 스트레스와 피로는 사라졌고, 기분 좋게 일을 하며 행복하고 바쁘게 지내고 있습니다. 섣부른 감이 없지 않지만 제게도 현명함이 있다는 걸 말씀드려야겠습니다. 저는 상당한 양의 야외 활동과 운동을 하고 있고, 여러 사회적 모임에도 참여하고 있습니다. 정말 읽고 싶은 여러 과학과 철학 관련 서적들이 있지만, 스스로 조절하고 있습니다. 머리가 무거워지면, 더 이상 읽지 않습니다!

누나가 다소 반이성적이고 반지성적인 사고방식에 빠져있는 것 같다고 말하게 되어 유감입니다. 하지만 저는 아마도 오래된 말인 "그녀가 설교한 것을 그녀는 실천하지 않는다"라는 말을 생각하며 위안으로 삼습니다. 누나가 제게 단조로운 시골 일을 해보라고 했던 조언도 일리는 있습니다. 만약 매형이 저에게 어떤 지적인 요소도 필요 없고, 감독만 받으며 할 수 있는 과수원 일을 제안한다면 고려는 해보겠지만, 제가 시골 일을 해야 한다고 생각하지는 않습니다. 만약 제가 호주 시골에 간다면 저는 의사가 아니라 목사로서 가야 한다고 생각합니다. 하지만 지금은 나아졌기 때문에, 어떻게든 그런 일은 일어나지 않을 거라 여겨집니다. 저는 경험으로부터 꽤 많은 것을 배웠습니다.

누나의 진단은 모두 틀렸습니다. 그 일은 아주 간단합니다. 클라크부인은 그 일 대부분을 다음과 같이 요약했습니다. "당신은 고향이나 익숙한 환경에서는 존경받지만, 다른 환경에 처하면 자부심이 사그라지지요?" 제 생각에 또 다른 중요한 부분은 폐렴과 관련된 뇌세포에 대한 공격을 이겨내기 위해 오랜 시간을 보냈다는 것입니다. 무엇보다도 중요한 요인은 물 위를 걸었던 베드로에 대한 옛이야기가 사실이라고 제가 확신한다는 것이었습니다. 폭풍우가 몰아치는 이 위협적인 세계에서 기독교인이 되라고 제안하는 것은 엄청난 모험입니다. 저는 그러한 제안을 하려고 제 일로 돌아왔고, 그리고 겁을 먹었습니다. 제가 말한 것처럼 저는 경험을 통해 배웠습니다.

딸애는 저에 대해 꽤 훌륭한 해석을 하곤 합니다. 그 애는 매우 영민합니다. (제가 영민하다는 말은 아닙니다.) 하지만 책임감과 걱정이 과해지면, 치명적이게도 쉬이 판단력과 분별력을 잃습니다. 디키 스토웰이 말하곤 했던 불쌍한 거지에 대한 비유를 그 애를 생각하며 떠올리곤 합니다. "압니다. 알아요. 매우 힘든 일이지요. 하지만 우리는 함께 그 일을 해내야 합니다."

아내는 꽤 잘 지내고 있습니다. 가끔은 많은 일을 감당하기도 하지만, 어떨 때는 힘들고 어려워하기도 합니다. 그녀는 인도에서 열리는 세계학생기독교연맹(World Student Christian Federation) 회의에 한국 대표로 가장 친한 한국인 친구가 갈 수 있도록 주선했고, 모금 활동도 성공적으로 마쳤습니다. 이 일로 매우 기뻐하고 있습니다. 딸애는 학교에 다니고 있으며, 매우 착실한 학생으로 잘 지내고 있습니다.

마니와 맥, 그리고 존에게 안부 전해주세요. 그들을 알게 되어서 너무 좋았습니다. 요전에 저를 배웅했던 마니의 빛나는 눈을 항상 기억할 것입니다.

저는 매형에게 작은 책을 보낼 예정입니다. 제게 그 책은 매우 흥미로 웠습니다. 제목은 올리버 로지가 쓴 『현대 과학 사상(Modern Scientific Ideas)』입니다.

안녕히 지내시길. 누나의 사랑스런 동생, 투덜이 동생이 아니고요.

사랑을 담아
찰리

1929년

✝

1929년 6월 9일
비엔나

사랑하는 메리 누님께

이 멋진 도시 비엔나에서 누나에게 편지를 쓸 수 있다는 것은 참 흥미로운 일입니다. 오늘로 이곳에 머문 지 3주가 되었고, 다시 동쪽으로 향하기까지 약 그만큼의 시간이 남았습니다. 저는 여기에서 말할 수 없는 큰 특권과 배움을 누리고 있습니다. 제 일과 관련된 전문 분야뿐 아니라 문화, 그리고 삶과 관련된 더 넓은 분야에 관해서도 많은 것을 배웠습니다.

얼마 전 누나의 편지가 제가 떠난 직후에 도착했다는 이야기를 아내에게서 들었습니다. 아내는 편지 내용 일부를 말해주었지만, 온전히 읽으려면 한국으로 돌아갈 때까지 기다려야만 합니다. 비엔나에서 "새로운 발상"에 대한 반대를 조심하라는 누나의 조언을 이해합니다. 사실 제게는 꽤 많은 수확이 있었습니다. 선교사는 무엇보다 한 인종이나 한 국가의 관습적 관점에 얽매이지 않는 법을 배워야만 하며, 신앙과 도덕 문제에 있어 필수적인 것과 가변적인 것을 구별하는 법을 배워야 한다고 생각합니다. 사상적인 측면에서 저는 결코 청교도였던 적이 없었다는 것을 누나는 알 겁니다. 그런데 비엔나에서 저는 청교도주의를 점점 좋아하게 되었습니다. 또한, 저는 결코 완전한 개신교 신자인 적도 없었지만, 비엔나에서 저는 확실히 가톨릭 신자에 더 가깝습니다.

금주(禁酒)에 대해 저는 의구심이 있었습니다. 하지만 비엔나는 한 가지를 증명해 준다고 생각되네요. 즉, 사람들의 삶 속에 가톨릭의 좋은 포도주가 흐르고, 점잖은 사람들이 갈만한 좋은 술집들은 과음의 해악을 치료할 만하다는 사실을 말이죠. 비엔나에는 두 가지 긍정적인 면모 외에도 부정적인 면도 있습니다. (독일 맥주를 너무 많이 마셔서) 과도하게 뚱뚱한 중년 남성들의 비율과 알코올 중독으로 인해 정신병원을 찾는 사람들의 비율이 놀랄 만큼 높기도 합니다.

저는 비엔나 사람들의 친절함과 일반적으로 보이는 상냥함에 매우 놀랐습니다. 게다가, 이곳 사람들의 그러한 면모는 확실히 "타고난 정서"에 의한 것입니다. 매형에게 누나와 맥라렌 가(家) 사람들의 치료를 위해 비엔나에 보내 머물게 하라고 말해주세요. 이곳에서 온몸으로 그것들을 느껴봐야 합니다. (3주를 보낸 후, 제가 어떻게 일반화하는지 들어보세요.) 비엔나 사람들의 성격은 굉장히 매력적입니다. 하지만 그러한 모습이 다른 사람들에게는 불편함을 줄 수도 있다고 여겨집니다. 일부 강사들의 표현으로 미루어 볼 때, 성과 관련한 이곳 사람들의 도덕적 기준은 꽤 느슨하다고 생각합니다. 하지만 한편으로는, 사람들의 얼굴을 보면 그들이 교양 없거나 방탕해 보이지는 않습니다. 저와 같은 반에 있는 한 재밌는 영국인 청년은 이렇게 말했습니다. "비엔나에서는 사랑이 모든 걸 변명해 준다"고요. 물론, 사실이 그렇진 않겠지만, 본능 충족 혹은 동물적 욕구 충족을 위해 성이 잘못 사용되는 것보다, 애정으로 인한 성적인 실수는 그렇게 타락한 것만은 아닙니다. 그렇지 않나요?

강연과 교육, 그리고 시연들은 훌륭했습니다. 그것들은 제게 매우 귀중한 경험이 될 것입니다. 다만, 프로이트 이론에 대해서는 반감을 느낍니다. (프로이트주의자들은 이것이 제 콤플렉스라고 말하겠지만요.) 사실 저는 그들에게 콤플렉스가 있다고 생각합니다. 저는 콤플렉스의 본질에 관해 대단히 흥미로운 결론에 이르렀습니다. 즉, 그들은 끊임없이 성에 관해 이야기하지만, 성이 콤플렉스의 근원적 문제는 아니라는 점입니다. 그들은 유대인(또는 이교도)이고, 그들의 콤플렉스는 메시아 콤플렉스입니다. 저는 프로이트의 정신분석학과는 다른 사고의 흐름을 따라가고 있습니다. 독일에는 새로운 칸트주의 철학의 강력한 흐름이 있으며, 저명한 한 정신과 의사는 심리 철학 관련 연구논문을 발표했습니다. (이 새로운 사조를 믿지 못하는) 교수는 우리에게 그것을 경계하라고 주의를 주었지만, 저는 관심을 가지게 되었습니다. 번역본이 있으면 영어로, 없으면 독일어본으로 책을 주문해 관련 내용들을 살펴보고, 반드시 내용을 파악하고자 합니다.

저의 새로운 발상에 대해 많은 것을 이야기했네요. 제 안에서 점점 커져만 가는 하나의 진실에 관해 이야기하고자 합니다. 사도 요한은 이 진실에 기초해 신성에 관한 그의 중요한 통찰을 다음과 같이 표현했습니다. 즉, "사랑은 여기 있으니, 우리가 하나님을 사랑한 것이 아니요, 하나님이 우리를 사랑하사 우리 죄를 속하기 위하여 화목 제물로 그 아들을 보내셨음이라."[5] 이 놀라운 진실과 관련이 없는 다른 모든 것들은 너무 작고 덧없어 보입니다.

정말 온갖 생각에 관한 온갖 글을 쓰고 있네요. 가족들은 잘 지내나요? 요즘은 어머니로부터 소식을 자주 듣지 못합니다. 이 편지를 어머니, 마조리 그리고 테드도 읽도록 해주세요. 그리고 매형에게도 안부 전해주세요. 디키 스토웰 씨가 기사 작위 훈장(K.B.E.)을 받았다니 정말 기뻤고, 그에게 편지해 축하해 주었습니다. 가족 주치의인 레스 포사이스 씨에게도 안부 전해 주십시오. 제가 아팠을 때 그가 누나에게 보낸

---

5   요한일서 4장 10절 (역자 주)

현명하고 친절한 편지에 매우 감사했습니다. 저는 그 편지를 의사 애비슨 씨께 전달했는데, 그는 "당신의 친구는 분별력이 있고 신앙심이 있는 것 같네요"라고 말하더군요.

제가 북경에서 환자에게 내린 초기 진단이 완전히 정확하지 않았던 것 같습니다. 추가적인 지식과 경험을 바탕으로 진단명을 "조울 정신증"에서 "순환성 기분장애"로 수정하고자 합니다. 환자에게는 약간의 불안정성이 있지만, 의지를 다지고 노력을 기울인다면 아마도 재발을 피할 수 있을 것입니다. 치료법 자체는 매우 간단합니다. (하지만 바쁜 시기에 6개월 동안 휴가를 내는 일은 실제로 쉽지 않은 일입니다.) 또 다른 환자의 건강에 관해 성경에는 이렇게 적혀 있습니다. "예수께서 대답하시되 이 사람이나 그 부모의 죄로 인한 것이 아니라 그에게서 하나님이 하시는 일을 나타내고자 하심이라."[6] 제 경우에도 그러하길 기도합니다.

사랑을 담아
누나의 애정 어린 동생
찰스 맥라렌

추신 저는 호주 장로교 해외선교위원회 메신저(Messenger of the F.M.C., 이하 해외선교위원회로 표기함)에 기사를 투고해야 합니다. 누나는 이 편지의 개인적인 내용 일부도 사용 가능하다고 생각하시는지요?
C.

---

6   요한복음 9장 3절 (역자 주)

1929년 9월 29일

사랑하는 메리 누님께

누나가 보낸 장문의 편지에 감사드립니다. 누나 가족과 어머니, 그리고 마조리의 가족들에 대한 소식을 듣게 되어 좋았습니다. 마니가 학교에 아주 잘 적응하며, 잘 지내고 있다는 소식도 반갑네요. 그 애가 잡슨 부인의 지도 아래 있는 것이 누나에게도 만족스러운 일이겠지요. 시드니에 있는 남학교에 대한 누나의 언급은 그리 긍정적이지 않지만, 아이들의 타고난 지적 재능과 누나와 매형의 도움 덕분에 아이들이 잘 해낼 것이라 기대합니다. 멜버른에 그와 같은 집과 과수원이 있음에도, 누나가 호주에서 이리저리 오가야 하는 나그네 신세가 된 것은 유감입니다. 하지만 2년은 그리 길지 않고, 어쩌면 누나가 멜버른으로 돌아갈 수 있기를 바랄 수도 있겠지요?

매형 건강이 안 좋다니 정말 유감입니다. 멀리 떨어져 있어 진단과 치료는 무리일 듯싶네요. 의사가 "인플루엔자 이후의 우울증"이라고 했다고요? 제가 그를 봤을 때, 그는 너무 건강하고 행복해 보였던 기억이라서 그런 상황이 상상이 안 됩니다. 하지만 누나가 전쟁 전에 그가 얼마나 심각한 상태였고, 이후 얼마나 건강해지고 행복해졌는지 말해준 것을 기억합니다. 다만, 주기적으로 악화를 겪던 저와 비슷한 어려움을 매형도 겪는 건지 궁금합니다. 저의 경우 유일한 어려움은 제 마음이 작동하지 않는다는 것입니다. 매형의 경우는 신체적인 증상이 더 두드러져 그런 증상들로 인해 걱정하고 우울해하는 것 같습니다. 본질적인 문제는 신경세포와 뇌세포가 몸의 일부인 것을 제외하면 (그리고 그것은 가장 핵심적인 제외입니다.) 신체적인 문제가 아닙니다. 이 말을 하는 이유는 매형 증상의 심각성이나 고통을 가볍게 여기기 때문이 아닙니다. 저는 우울증이 얼마나 힘들 수 있는지 너무 잘 알고 있습니다. 물론 매형보다 육체적으로 덜 힘들었겠지만 말이죠.

(제 추측이 맞는다면) 필요한 것은 (감정적인 마음으로는 쉽지 않기 때문에) 머릿속으로 이것은 신체적으로 심각한 질병이 아니며, 일정한 시기가 지나면 회복할 수 있다는 생각을 붙잡는 것입니다. 만약 매형의 상태가 지속되고, 의사가 다른 어떤 치료 방법을 찾지 못한다면, 6개월 동안 휴가를 내고 다시 바다로 나가는 건 어떨까요?

이 편지를 읽은 후, 부디 제가 했던 많은 말과 조언의 상당 부분을 잊으시길 바랍니다. 사실 제 기분이 다시 안 좋아졌기 때문이에요. 신체적으로는 아무 문제가 없지만 저를 마비시키는 무기력의 악몽에 시달리고 있습니다. 비엔나에서 돌아온 이후로 줄곧 이런 상태지만, 더 이상 이야기하지 않겠습니다.

아내가 최근 6일 동안 스트리크닌을 단 하루만 투약했다는 소식을 전하게 되어 기쁩니다. 1년 중 약을 가장 적게 투약한 기간이었습니다.

딸애는 내내 매우 건강합니다. 그 애는 즐겁게 학교에 다니고 있으며, 외국인 아이들뿐 아니라, 여러 어린 한국인 친구들과도 즐겁게 잘 놉니다.

가족 모두에게 안부 전해주세요.

누나의 동생

찰리

같은 우편으로 어머니께 편지했지만, 제가 몸이 안 좋은 것에 대해 말씀 드리지 않았습니다. 어머니를 힘들게 하고 싶지 않아서요.

1929년 11월 3일
서울, 한국

사랑하는 메리 누나에게

약 2주 전에 누나에게 편지를 썼지만, 그리 기쁜 소식을 들려주지도 못했고, 매형에 대한 조언도 절반만 쓸만한 내용이었네요. 어쩌면 이번 편지가 더 유용하길 바랍니다.

지난 일요일, 저는 제가 예전에 읽으며 큰 도움을 받았던 책을 다시 읽었습니다. 책을 읽을 당시 건강했기 때문에, 문제 해결을 위한 도움이 필요한 상황은 아니었습니다. 제가 읽은 책은 비엔나의 저명한 의사이자 심리학자인 (제가 비엔나에 있는 동안 그가 강의는 했지만, 개인적으로 그를 만나지는 못했습니다.) 알프레트 아들러의 『개인 심리학(Individual Psychology)』입니다. 저자는 유대인이고, 매우 가치 있는 책입니다.

아들러는 저명함에 있어서 융, 그리고 프로이트와 어깨를 나란히 합니다. 프로이트와 아들러의 주된 차이점은 프로이트의 이론 상당 부분이 쓸모없거나 오히려 해롭지만, 아들러는 진리를 가르친다는 점입니다. 지난 일요일에 아들러는 제가 잘못 생각하고 있다는 걸 일깨워 주었습니다. (그의 견해에 따르면, 저는 자신에게 정신적 에너지가 없다고 생각하며 그에 따른 결과를 감당하지 않으려는 방식으로 스스로를 속이고 있었습니다.)

사실 저는 풍부한 에너지를 가지고 있지만, 그것을 자기변호에 사용하고 있다는 것입니다. 더 나아가 아들러는 초서와 같은 중세 시대의 사람들이 말한 것과 매우 비슷한 것을 말했습니다. 저는 이 말이 저같이 자신감 없고 굴욕감을 가진 사람에게 적용된다는 것을 알게 되었습니다. 아들러는 모든 치명적인 죄의 근원은 교만이고, 신경쇠약의 뿌리는 허영심이라고 덧붙였습니다.

그렇습니다. 저는 그의 말이 진실임을 깨달았습니다. 아내의 격려 덕분에 기분이 많이 좋아졌습니다. 정말 중요한 일이 일어났다고 생각합니다.

일주일 뒤인 11월 10일 일요일.

이 편지는 아직 부쳐지지 못한 채 있습니다. 제게는 누나의 시드니 주소가 없습니다.

그렇습니다, 꽤 중요하다고 생각합니다. 저는 이 일을 제 인생에서 일어난 다른 두 가지 정말 중요했던 일에 분류합니다. 첫 번째는 포탈링턴에서 아홉 살 때 어린 마음으로 그리스도를 고백하고 주님께 순종하기로 결심했던 일입니다. 두 번째로는 도일스퍼드에서 젊은 시절 주님의 영을 따라 주님의 백성들에게 주를 증거하기로 결심한 일입니다. 이번에도 사역에 대한 열정이 다시 생겼습니다. "갑옷 입은 자가 갑옷 벗는 자같이 자랑치 못할 것이라."[7] 비록 전투의 시작일지라도 적어도 그것을 끝까지 마치려는 각오로 전투에 임할 것 입니다.

아내는 이번 주에 집을 비웠습니다. 아내가 이제야 짧은 여행을 할 수 있을 정도로 건강해져서 매우 기쁩니다. 아내는 (미국인 여교사) 친구와 함께 한국의 흥미로운 옛 수도인 경주에 갔습니다. 마크레이드 씨 가족이 그들을 차로 맞이하여 안내해 줄 것입니다. 저는 요전에 아내에게 편지해서 함께 있을 때 우리가 그녀에게 고마워하지 않았다고 생각하지 말아 달라고 말했습니다. 그녀가 자리를 비웠지만, 알다시피 잘 지낼 것이라고도 말했습니다. 사람들에게 우리는 정말 잘 지내고 있으

---

7 열왕기상 20장 11절 (역자 주)

며, 농담 삼아 그녀가 빨리 돌아오지 않으면 그녀는 직장을 잃을 수도 있다고 말했습니다.

딸애의 작은 영혼은 매혹적인 새로운 관심사로 가득 차 있습니다. 하나는 정원에 만들어 준 (그 애가 몇 달 동안 고대했던) 철봉이고, 또 다른 관심사는 얼 일(Earl Eale)에 있는 여성 병원 방문입니다. 그곳에서 그 애는 아기들이 태어나는 모습을 보았고, 아기들을 돌보는 일을 경험했습니다.

모두에게 사랑을 담아

찰리 맥라렌

[편지 맨 위에] 노피어 양에게서 쪽지를 받았습니다. 누나가 그녀 마음을 놓이게 한 것 같네요. 그녀는 (전형적인 스코틀랜드인 만큼이나) 감정 표현을 잘 하지 않는 편이지만, 이번에는 좀 더 마음을 연듯 보입니다. "M 부인은 정말 멋진 분이에요. 그분을 알면 알수록 존경심과 애정이 커지네요. 아이들도 그분을 좋아합니다!"라고 그녀가 말하더군요.

1930년

†

1930년 6월 12일
서울

반송 부탁드립니다.

나의 사랑하는 메리 누님께

  지난 몇 달 동안 누나가 써서 보내준 세 통의 편지로 인해 참으로 즐거웠고, 감사하게 생각합니다. 아이들 사진도 정말 고맙습니다. 저는 사진을 보고 자랑스러웠습니다. 이유가 있습니다. 제 친구 중 한 명에게 "아이들이 참 잘생겼죠? 애들이 사랑스런 삼촌을 많이 닮았다고 생각하지 않나요?"라고 말하며 그 사진을 보여주었습니다. 그녀가 그 애들이 사랑스런 삼촌을 닮았다고 했는지 기억나지는 않지만, 그 애들은 분명히 사랑스럽습니다. 며칠 후, 사진을 보고 있던 다른 친구가 자진해서 말하길 "그 애들이 맥라렌 박사와 닮았어요"라고 했습니다. 제가 자랑스러워한 것은 당연합니다.

  누나가 어머니로서 아이들에 관해 전해준 모든 소식에 감사합니다. 아이들 소식에 관심이 가면서도, 그렇게 훌륭히 아이들을 키운 누나의 어머니다운 모습을 보게 되어 기쁘네요! 어쨌든 누나도 찰스 가(家)로부터 이어받은 어떤 본능적인 사랑이 있는 걸 거예요!

  저에게도 몇 가지 아버지로서 누나에게 전할 소식이 있습니다. 유행성 이하선염으로 한동안 학교를 비웠던 딸애 레이첼은 이제 수두

(Chicken Pox)에 걸려 다시 학교를 쉬고 있습니다. 그 병을 그 애는 수두 (chicken Pops)라고 부릅니다. "물집"은 현재 사라진 상태입니다. 그 애는 이 아름다운 정원에서 매우 행복한 시간을 보냅니다. 우리는 7월에 딸애가 맞게 될 첫 번째 여름 방학 때 바닷가로 떠날 생각입니다. 소래 바닷가에서 그 애가 바다를 즐기며 다른 아이들과 함께 놀며 누릴 시간이 기대되네요.

90번째 생일을 맞이한 어머니께 축하 전보를 보냈습니다. 무사히 도착했기를 바라며, 전보를 받고 어머니께서 기뻐하셨으면 좋겠네요. 숨이 가쁜 증상이 걱정되네요. 누나가 말했듯이 헤이그 부인이 겪는 증상 말입니다. 어머니를 보살피며 그녀는 진정 놀라운 헌신을 보였습니다. 헤이그 부인만 허락한다면, 부인의 어려움을 덜기 위해 비용을 아끼지 말아야 할 것입니다.

체스터턴의 책을 보내줘서 감사합니다. 가끔 조금은 받아들이기 어려운 부분도 있긴 하지만, 그의 글 중 일부는 매우 훌륭하다고 생각합니다. 훌륭한 점에 있어서 실제로 그의 글은 닮고 싶은 면모를 가지고 있습니다. 다시 말해, 삶과 문학의 일반적인 주제들에 대해 그랬던 것처럼, 그는 자연스러우면서도 솔직하게 중요한 기독교의 진리를 심리의학적 주제 속에 녹여냅니다.

언젠가 저서를 출판할 수 있기를 바라고 있습니다. 저는 소책자의 약 절반 분량을 마쳤지만, 현재로서는 보류한 채 두었습니다.

최근 6개월간 정말 행복하고 유익한 시간을 보냈습니다. 제가 경험했던 시간 중 가장 좋았던 6개월이었다고 생각합니다.

다만 현재는 좀 침체해 있는 상태라 불편하지만, 오래가지는 않을 것 같습니다.

모두에게 사랑을 전하며.

누나의 사랑스런 동생

찰스 맥라렌

아내는 바쁘게 지내며, 꽤 힘들어합니다.

1930년 8월 28일
서울, 한국

나의 사랑하는 메리 누님께

7월 29일 자 누나의 편지와 동봉된 마조리의 편지를 받게 되어 기뻤습니다. 우선, 제가 불경죄로 일본 비밀경호국 요원들에 의해 체포되기 전에 누나에게 분명하게 말씀드리고자 하는 것은, 제가 대한제국 황제를 만나지 않았다는 것입니다. 저는 현재 옛 동료인 T. P. 던힐 씨가 그랬던 것처럼 고위층 일에 관여하고 있지 않습니다. (얼마 전 제가 맡겼던 환자가 호전되고 있다는 만족스러운 소식을 그에게서 받았습니다.) 대한제국 황제가 죽어가고 있을 때, 한국인 중 일부는 외국인 의사를 부르길 원했습니다. 황제와 가까웠던 제 친구 민 씨는 제게 그 사실을 말해주었습니다. 그러나 일본인들은 황제를 진료하는 것을 허락하지 않았습니다. 그것이 제가 황제를 진료하는 일에 가장 근접했던 순간입니다.

누나가 떠돌아다니는 것이 유감이지만, 언젠가 매형은 부서장이라는 안정되고 높은 지위에 오를 것입니다.

누나가 생당근과 등을 두드리는 것으로 소녀의 눈병을 치료했다는 이야기는 흥미롭고 유익하네요. 저는 모든 형태의 민간요법을 꽤 믿는 편입니다. 그러한 요법은 놀라운 결과를 가져옵니다.

호주가 "불황"에 빠졌다는 소식을 들었습니다. 한국 역시 불경기입니다. 아마도 한국인들은 호주의 다양성을 충분히 이해하지 못하는 것 같습니다. 그럼에도 불황은 매우 괴로운 일입니다.

마조리가 누나와 모드 로이돈에게 보낸 편지에서 언급한 내용은 무엇인가요? 누나가 그녀를 꾸짖었나요? 그렇다 하더라도, 저는 깨진 관계가 나아지기를 바랍니다.

우리는 여름휴가를 가지 못했습니다. 개인적으로는 제가 기운이 없고, 움직이기 싫어서 못 가게 된 게 기뻤지만, 가지 못한 또다른 이유로 인해 안타까운 마음이었습니다. 딸애가 백일해에 걸렸었거든요. 그래서 우리는 저렴한 휴가를 보냈습니다. 우리가 사용하지 못한 오두막집 임대료가 60엔밖에 들지 않았거든요. 철도 요금 등에서 많은 돈을 절약했습니다.

새 학기가 약 열흘 후면 시작됩니다. 저는 몇 가지 새로운 아이디어를 얻었고, 그것들을 수업에 적용하여 학생들에게 전수해 보려고 합니다. 출판을 준비하는 일에 대해 다시 생각하고 있지만, 새로운 강의를 마친 후, 아마도 1년 정도 지나야 할 것 같습니다.

가족 모두를 향한 사랑을 담아,
누나의 사랑스런 동생
찰스 맥라렌

1930년 10월 12일
서울

사랑하는 누나 메리와 매형께

교통사고로 큰일을 겪지 않아서 천만다행입니다. 천국이야말로 최고의 장소라는 것에는 의심의 여지가 없고, '때'가 되면 그곳에서 큰 기쁨을 누리게 될 거로 생각합니다. 그럼에도 이번 사고는 그런 '때'와는 무관하고, 만약 사고가 있었다면, 우리의 다음 휴가는 기대하는 것보다 덜 흥미로운 경험이 될 뻔했네요. (물론 이런 상황에서 저의 휴가가 가장 중요한 요소는 아닐 테지만 말이죠.)

누나 말처럼 그렇게 사소한 일로 얼마나 큰 사고가 생길 수 있는지. 누나 가족이 드디어 틴스톨로 돌아갈 수 있다는 소식을 듣게 되어 기쁩니다.

아내는 지금 짧은 휴가를 보내고 있습니다. 그녀가 이만큼 자유를 누릴 수 있다는 게 정말 놀랍습니다. 아내의 심장 박동이 멈출까 매일 염려하며 지냈던 시절을 생각하면 말이죠. 아내는 위급한 상황에서도 적절히 그녀를 돌봐줄 수 있는 훌륭한 친구들과 함께 금강산에 올라갔습니다. 금강산은 한국의 경이로운 곳 중 하나로, 그 아름다움은 정말 말로 표현할 수 없을 정도로 사랑스러운 곳이라고 합니다. (들은 바로는) 호주의 단풍이 한창인 이 시기에 말이죠. 그곳에서의 경험은 아내에게 특별한 기쁨이 될 것입니다. 아내가 한국 식물에 대해 특별한 지식과 각별한 관심이 있기 때문입니다. 아내가 주말 동안만 집을 비우기 때문에 딸애와 저는 그 정도 기간은 견딜 수 있을 것 같습니다. 토요일 오후 시간을 보내기 위해 딸과 그녀의 어린 친구 네 명과 함께 작은 파티를 열었습니다. 카드 게임, 크로켓, 의자 뺏기 놀이, "교구의 사제" 놀이를 했고, 물론 간식도 즐겼습니다. 전체적으로 매우 성공적인 파티였습니다.

볼랜드 씨 가족은 어학 공부를 하는 두 달 동안 우리 집에 머무르고 있습니다. 작년부터 어린 로빈이 그들 가족과 함께 지내고 있고, 그들 가족도 그러한 상황에 큰 관심을 가지고 있는 것 같습니다. 딸애는 여전히 기침이 심하지만, 매우 건강한 편입니다. 그 애는 아기에게 모성적인 모든 관심을 쏟고 있습니다. 그 애는 쌍둥이를 포함해서 열두 명 정도의 아이를 바라는 것 같아요. 그 애는 아이를 그만 낳으려 하지 않을 것 같네요.

저는 아주 잘 지내고 있습니다. 제가 위태롭게 걸어가고 있다는 것을 알지만, 지난 1년을 겪으면서 제가 넘어지는 이유와 그리고 앞으로 나아갈 길에 대해 더 깊게 이해하게 되었습니다. 때때로 두렵기도 하지만, 점점 더 생명과 삶의 여정을 바라게 됩니다. 제 마음은 점점 더 주님께 사로잡히고 있으며, 제 소망은 우리 주님께서 계시하시고, 명령하신 사랑을 이해하고 실천하는 방향을 향하고 있습니다. 디키 스토웰이 (다른 맥락에서) 말했던 것처럼, "저도 압니다. 그것이 매우 어렵다는 것을. 하지만 우리는 함께 해결해야 합니다." 기독교적인 사랑 방식은 교회 원칙에 의해 인도되어야 하기 때문에 감상적이지 않다는 것 또한 분명합니다. 왜냐하면 기독교적 사랑 방식은 훈련과 밀접하게 관련되어 있기 때문입니다. 저는 솔직히 이러한 말이 마음에 듭니다. 사고 훈련, 수학 훈련 등 말이죠. 이에 더해, "성령의 열매는 사랑과 자기절제"라는 말도요.

학교와 병원에서의 제 일은 순조롭게 진행되고 있습니다. 신경해부학, 신경학, 정신의학을 가르치고 있어요. 심지어 해부학도 살아나는 것처럼 느끼고, 학생들이 만족과 흥미를 표하는 말을 듣곤 합니다. 지난번 휴가 때 멜버른 대학 해부학과에서 멋진 환등기 슬라이드 수백 개를 기증해 주었습니다. 저는 그들에게 많은 빚을 지고 있습니다.

다음 학기에는 정신의학 과목을 다시 가르칠 예정입니다. 준비를 위해 크리스마스 휴가 동안 평양에 가서 엥겔 박사와 함께 중요한 독일어 서적을 읽으려고 합니다. 그 후에는 출판을 위한 제 생각들을 좀 더 정교하게 다듬을 수 있을 것입니다. 정말 하고 싶은 말들이 몇 가지 있습니다.

제 조교를 북경에 6개월 동안 보내어 유명한 네덜란드 식물학자의 아들인 드 브리스 박사 밑에서 공부하게 할 계획입니다. 그는 그곳에서 책임을 맡고 있는 열정적인 신경학자입니다. 나중에는 그(Dr. Lee)를 비엔나와 미국으로 1년 동안 보낼 계획입니다. 그는 매우 소중한 동료이며, 그가 궁극적으로는 한국과 의학 분야에 중요한 기여를 할 수 있기를 바랍니다.

이 편지를 어머니와 마조리, 그리고 그녀의 가족과 공유해 주세요.

당신의 다정한 동생,
찰스 맥라렌

1931년

†

1931년 3월 29일
서울

추신 어머니께 세 장의 사진을 보냈습니다. 하나는 누나를 위해, 다른 하나는 마조리를 위해

나의 사랑하는 메리 누님께

누나의 2월 10일 자 편지가 도착했고, 매우 기뻤습니다. 우선 책을 보내주셔서 감사합니다. 누나의 편지를 받기 전까지는 제가 누구에게 신세를 졌는지 몰랐습니다. 이렇게 기쁜 선물을 주셔서 진심으로 감사 드립니다. 『대주교에게 다가온 죽음(Death comes to the Archbishop)』이 라는 책은 읽었지만, 소장하고 있지는 않았습니다. 아내와 저 모두 다 그 책에 매우 관심이 있었고, 우리의 책장에 그 책이 있게 되어 기쁩니 다. 핸콕의 『호주(Australia)』에 대한 『타임즈(Times)』지의 리뷰를 보고 그 책을 매우 읽고 싶었습니다. 저는 그 책이 매우 잘 된 작품이라고 생각합니다. 미국인들 사이에 사는 호주인으로서, 인용하고 설명할 목 적으로 그 책을 갖게 되어, 특히 기쁩니다. 큰 기쁨과 만족을 가져다준 선물에 대해 다시 한번 감사드립니다.

최근에 저는 자신에게 『우리 주위의 우주(The Universe Around Us)』와 『이 신비로운 우주(This mysterious Universe)』라는 진의 책 두 권을 선물 했습니다. 그 일 역시 저를 매우 즐겁게 했습니다. 그는 매혹적인 주제

에 대해 깊은 관심과 놀라운 명료성을 가지고 글을 썼습니다. 이 모든 것이 얼마나 놀랍습니까. 어떤 이들은 거대한 우주는 덧없는 우리 인간의 작은 희망과 계획에는 관심도 없을 것이라고 생각합니다. 제가 보기에 인간의 마음은 시인들의 깊은 이해를 통해 드러나는 것 같습니다. (시인들은 심지어 성운을 만든 이가 크기와 모양을 어떻게 형상화하는지에 대해서도 예언합니다.) 그들은 창조의 본질과 구조는 그것이 전개되는 목적과 조화를 이룬다고 말합니다. 제가 보기에 우리를 자녀로 삼으신 성령의 능력이 지적인 영역에서 이러한 지혜의 발현을 결정하는 것 같습니다. 만약 성령의 자녀 삼으심이 정신적 영역에서 가능하면, 성경과 교회가 항상 말하는 것과 같은 희생과 믿음, 겸손과 사랑이라는 더 높은 영역에서는 왜 안 되겠습니까.

믿음이 있는지에 대한 여부는 실험을 통해서만 밝혀질 수 있는 문제입니다. 어떠한 반대되는 논리적 추론이나 심지어 긍정적인 변명조차도 이 질문에 답할 수는 없습니다. 이 질문에 대한 답은 주님의 말씀 속에서 찾을 수 있다고 생각합니다. "주여 주여 하는 자마다 천국에 들어갈 것이 아니요"[8]라는 말씀 혹은 "사람이 하나님의 뜻을 행하려 하면 이 교훈이 하나님에게서 왔는지 내가 스스로 말함인지 알리라"[9]라는 말씀 속에서 말입니다.

제 말이 설교처럼 들리겠지만, 누님의 편지는 단지 소문이나 수다 같지 않기에 저는 누나의 편지를 좋아합니다. 제 "가설"에 대한 누나의 논평은 재미있었습니다. 사람에게 있어 가장 중요한 논쟁은 다른 사람과의 논쟁이 아니라, 자신의 마음과 영혼 가운데 일어나는 혼란스러움과의 논쟁입니다. 그러니 제가 글에서 저 자신의 물질주의와 씨름했다

---

8   마태복음 7장 21절 (역자 주)
9   요한복음 7장 17절 (역자 주)

면 이해해 주세요.

드디어 저는 오랫동안 누나가 제게 바랐던 일을 해냈습니다. 바로 딸애 사진을 찍었습니다. 사진이 꽤 괜찮습니다. 몇 장 보내드리겠습니다.

결혼에 관한 교황 회칙을 읽어보셨나요? 이곳 일본인이 발행하는 영문 신문에 그 내용 전체가 연재되고 있습니다. 저는 그것을 읽고 매우 기뻤습니다. 그 내용은 개신교 선교위원회 중 일부가 젊은 선교사들에게 피임약을 옹호하는 조언을 주는 것과는 매우 대조되는 논조입니다. 교황은 한 문장에서 가톨릭교회만이 "도덕적 파멸 속에 우뚝 서 있다"라고 주장합니다. 교황에 대해 신께 감사드린다고 말하고 싶군요. 다른 사람들의 충고가 어쩌면 반드시 도덕적인 파멸은 아닐 테지만, 높이거나 찬양받을 만한 것은 아닙니다. 체스터턴의 책 『새로운 예루살렘(New Jerusalem)』은 아직 도착하지 않았습니다. 저는 특별한 관심을 가지고 그 책이 오기를 기다리고 있습니다.

호주 소식은 그다지 고무적이지는 않지만, 호주의 회복이 보장될 수 있을 만큼의 충분한 활력과 공정이 있기를 바라 마지않습니다. 자질 없는 사람들이 많아 보입니다. 해외선교위원회는 어려운 상황에 처해 있습니다. 돈을 받는 데 어려움이 있고, 우리 사역을 유지하기 위해 그들이 마련한 돈을 보내는 데에도 큰 어려움이 있습니다. 우리는 수단을 강구하기 위해 온갖 노력을 기울이고 있습니다. 저는 지역 중국인 가게 주인이 800파운드어치의 호주 버터를 구입하는 것을 알게 되었습니다. 그는 해외선교위원회가 멜버른에서 버터값을 지급하길 바라며, 현지 통화로 여기 우리 회계 담당자에게 같은 금액을 지불하는 것에 동의했습니다.

누나와 마조리가 밀러 씨와 교회 사무소가 일을 처리하도록 도울 수 있는지 궁금합니다. 즉, 밀러 씨가 돈을 여기 선교부 회계 담당자에게 보내고, 교회 사무소가 호주 환율에 맞춰 그 돈을 멜버른에 있는 누님께 지불하도록 말입니다.

우리의 긴 겨울이 끝나서 기쁩니다. 오늘은 수난주간 주일이고, 다음 주일은 부활절이네요.

모두에게 많은 사랑을 담아
누나의 애정어린 동생
찰스 맥라렌

1931년 6월 15일
세브란스 의과대학, 서울, 한국

신경정신과
전문의 맥라렌
전문의 이(LEE)

사랑하는 메리 누님께

누님은 최근 저에게 훌륭한 편지를 잘 보내주셨고, 누나의 소식을 전해 듣고 제가 깊이 감사했다는 것을 아셨으면 합니다. 누나가 편지에서 상당한 정도의 정치적 소견을 밝힌 것에 관해 미안해하실 필요는 없습니다. 저는 그곳 소식뿐 아니라, 누나 이야기에도 관심이 있습니다. 번거롭지 않으시다면, 가끔 『아거스』 신문에서 몇 페이지를 더 오려서 보내주시면 감사하겠습니다.

호주화(貨)를 영국화 가치로 저에게 보내려는 누나의 후한 마음에 깊이 감동했습니다. 이미 마조리에게 말했듯이, 누나에게는 약탈과도 같은 그 같은 일에 제가 전적으로 호응함으로써 공범이 될 수는 없습니다. 하지만 만약 누님께서 그처럼 넓은 아량을 베푸신다면, 저희는 여분으로 생긴 돈으로 우리의 사역이나 관심이 있는 일을 돕는 데 사용하겠습니다. 진심으로 감사드려요. 하지만 앞으로는 송금을 상거래 방식으로 했으면 좋겠습니다. 그렇게 하면 제가 나중에 영국으로부터 송금받길 원할 때, 누나에게 좀 더 편하게 말씀드릴 수 있을 것입니다.

채무 문제의 부당성에 대해 언급한 누나의 글에 감명받았습니다. 개인적으로 저는 합의가 이루어져서 해외선교위원회가 소유한 돈에서 저희에게 송금하고, 빚은 지지 않았으면 합니다. 그 옛날 공자는 돈을 빌려 친구에게 넉넉한 환대를 베풀고자 했던 사람을 책망한 적이 있습니다. 우리 선교사들은 주님이 주신 것을 관리하는 청지기로서 빚을 져서는 안 됩니다. 만약 우리가 진정으로 베풀어야 할 것을 베푼다면, 주님께서 넉넉히 갚아주실 것을 저는 믿습니다.

이번 주에 선교회 연례 회의에 참석하러 마산으로 내려갑니다. 우리에게는 긴급히 논의해야 할 몇 가지 중요한 안건이 있습니다.

연례 보고서를 준비하면서 다소 지쳤습니다. 제가 작성하는 여느 연례 보고서와 같이 이번 보고서에서 제가 이룬 성과에 대해 그렇게 많이 언급하지는 않았지만, 제 생각을 공고히 하는 의미 있는 시간을 보냈습니다. 몇 가지 좋은 생각도 떠올랐습니다. 누나에게 보고서 사본 몇 부를 보내겠습니다. 힘들었지만, 이미 인쇄한 몇백 부를 배포하였습니다.

드디어 저는 정신과 환자들을 위한 병동을 얻게 되었습니다. 2천 엔이 있었지만, 추가적으로 1천 엔이 더 필요한 상황이었습니다. 매주 기도회를 하는 가운데, 저는 중보기도를 해주는 분들께 1천 엔이 필요하며 이를 위해 기도해 달라고 부탁했습니다. 그분들은 약간 웃었습니다. 하지만 다음번 만났을 때, 저는 1천 엔이 확보되었다고 말할 수 있었습니다. 그 돈은 참으로 가난하지만, 신앙심이 깊으신 동료 선교사로부터 약속받은 것이었습니다. 그분은 가난함에도 불구하고 "믿음 안에서 부유한" 사람처럼 보였습니다. 그분이 제게 본인의 의향을 밝힌 이후, 기도회에서 저는 그분께 제 요청에 대해 말했습니다. 저는 그분에게 헌금하기로 약속한 돈에 대해 어쩌면 자유롭지 못할 수도 있다고도 했습니다. 저는 그분에게 제가 아내를 얼마나 오랫동안 알고 지냈는지, 그리고 얼마나 진심이었는지 말했습니다. 물론 그때는 몰랐지만,

프랭크 패튼 씨가 중간에서 아내와 저를 연결해 주려고 했었고, 저는 아내와 사랑에 빠지게 되었습니다. 사랑하게 되면서 어떤 남자라도 느낄 큰 책임감을 느끼게 되었습니다. 만약 아내와 제가 잘 해내지 못했다면, 저는 프랭크 패튼 씨에게 뭐라고 말할 수 있었을까요?

결혼에 관한 교황의 회칙을 읽어보셨나요? 서울에서 신문을 발간하는 일본 신문사에서 그 회칙의 전문을 실었습니다. 제가 그 출간물과 관련되어 있었다는 것을 알게 되어 흥미로웠습니다. 영연방 기념 가든 파티에서 친한 프랑스 가톨릭 주교와 이야기를 나누었는데, 제가 교황의 회칙에 관심이 많다고 말하자, 그는 그 회칙을 신문사에 보낸 사람이 바로 자신이라고 말했습니다. 그가 계속해서 말하길 그 회칙을 출판하는 것과 관련해 생각하면서 특별히 저를 떠올렸고, 제가 그것을 보면 좋아할 것이라 생각했다고 합니다. 미국 연합 개신교 교회의 연구 결과를 본 적이 있으신가요? 제가 보기에 연구 결과는 상당한 정도의 놀라운 도덕적 쇠퇴를 보여주는 것만 같습니다. 연구 결과의 전체적인 경향성은 제가 보기에 교회가 선포해야 할 인간적 도덕적 기준 이상으로 더 가치 있어 보이지는 않습니다. 예전 이교도 도덕가들과 금욕주의자들 중 일부는 그러한 기준을 넘어서지 못했습니다. 그렇다고 제가 더 도덕적으로 우월하다고 말하려는 건 아닙니다. 자부심의 추락으로 이어질 수 있다는 엄중한 우려가 있기에, 동료 기독교인들을 비난하기보다는 저 스스로 겸손을 유지하는 것이 좋을 것 같습니다. 저의 도덕적 성취에 대해 겸허히 생각할 충분한 이유가 있습니다.

누나가 딸애 사진을 좋아해서 기쁩니다. 아마도 덜 "개구쟁이" 모습의 그 애 사진 하나를 더 찍을 수 있을 것 같습니다. 딸애가 엄마를 "꼭 빼닮았다"라는 누나의 말을 방금 보았습니다. 딸의 온화한 표정에서 사랑스런 누나 동생의 어린 모습도 볼 수 있을 거예요.

지난 토요일 오후, 우리는 순수 유대인 모임에 참석했습니다. 저와 아내, 딸, 그리고 서울에서 미국인 선교사로 활동하고 있는 러시아계 유대인 디터 씨, 그리고 그의 두 아들 루벤과 리처드만이 그곳에서 유일한 기독교인이었습니다. "믿음의 조상 아브라함"의 이 아이들과 저는 어디에 갔던 것이었을까요?

가족 모두에게 사랑의 안부를 전해주세요.

누나의 사랑스런 동생

(친필) 찰스 맥라렌

1931년 8월 9일
서울

나의 사랑하는 메리 누님께

첫 번째 소식은 매우 분명합니다. 오늘이 몹시 무더운 날이라는 것입니다. 하지만 8월 내내 우리는 잘 지내고 있고, 지난 며칠간 거의 무더운 날이 없었으니 불평할 이유가 없습니다.

다음 소식은 에이미 존슨이 지난주 서울에 도착했다는 소식입니다. 그녀의 비행기는 우리 집 근처를 지나갔습니다. 그녀는 도시를 빙빙 돈 후, 우아하게 공항에 착륙했습니다. 그녀의 매력적인 사진이 다음날 서울 신문에 실렸습니다. 단지 비행기의 물리적 경이로움과 관련해 우리 주님의 종말론적 말씀은 오늘날 거의 성취된 진실이 되었습니다. "인자의 징조가 하늘에서 보이겠고"[10]의 말씀과 "번개가 동편에서 나서 서편까지 번쩍임과 같이"[11]라는 말씀 말입니다. 머지않아 무선 기기와 텔레비전을 통해 보편적으로 듣고 보게 될 것입니다.

이번 주는 저에게 무엇보다도 의미 있는 한 주였습니다, 제가 수년간 씨름해 온 주제에 대해 새로운 빛이 비쳤기 때문입니다. 저는 그 빛의 실질적인 함의를 모두 이해하지는 못했지만, 이전에는 그런 관점에서 잘 이해하지 못했던 매우 단순하고 평범한 것을 알게 되었습니다. "가난한 자는 복이 있다"[12]라는 말은 어떤 의미일까요? 가난한 사람들이란 가진 것이 없는 사람들, 즉 아무것도 소유하지 않은 사람들이라는 걸

---

10 마태복음 24장 29절 (역자 주)
11 마태복음 26장 27절 (역자 주)
12 누가복음 6장 20절 (역자 주)

저는 깨달았습니다. 저는 우리가 실제로 그렇게 되어야 한다고 생각합니다. 정확하게 말하면, 우리는 실제로 물건을 소유하지 않습니다. 우리는 스스로를 하나님에 의해 창조된 피조물의 관리자로 인식해야 합니다. 물론 이 모든 내용은 잘 알려진 사실이고, 이미 여러 차례 언급된 내용입니다. 그럼에도 저는 이 사실은 매우 중요하며, "스스로를 기독교인이라 부르고 고백한" 우리에 의해 결코 제대로 수행되지 않았다고 생각합니다. 자아는 탐욕과 근심으로 우리의 마음을 어지럽히며, 우리로 하여금 마치 소유욕의 경련에 의해 물건을 움켜쥐게 하는 것처럼, 우리가 하나님 나라의 풍요로움을 온전히 받아들이는 것을 방해하는 것 같습니다. 제가 보기에 우리가 정말 좋은 관리자가 된다면, 유익한 가난 혹은 풍성한 부유함이든 간에 우리에게 필요한 모든 것은 주어질 것입니다. 이 편지가 편지라기보다는 설교처럼 들릴지 모르지만, 이것은 제 생각 속에 들어 있는 것입니다. 저는 물질적인 것을 경멸하지 않습니다. "너희 하늘 아버지께서 이 모든 것이 너희에게 있어야 할 줄을 아시느니라."[13]

만약 제가 돈과 경제적인 문제들을 바로잡을 수 있다면, 저는 그것이 진정 가치 있으리라 여깁니다. 제 글에서 언급했듯이 (제 글이 무사히 도착했으면 좋겠습니다.) 신경쇠약의 가장 큰 원인은 프로이트가 말한 성(性)이 아니라 생계 문제입니다.

돈 얘기가 나와서 드리는 말씀인데, 누나와 마조리가 보낸 25파운드가 이번 주에 도착했습니다. 저는 아내에게 ―제가 누나에게 한 말처럼 ― 호주와 영국의 환율 차이로 발생할 차액을 개인적인 일에 사용하지 말자고 제안했습니다. 남은 돈을 사용하기 전에 기부자들한테서 먼저

---

13 마태복음 6장 32절 (역자 주)

듣는 것이 좋겠다고 아내가 제안하더군요. 아마도 기부자들은 제게 그 돈을 쓰라고 할지도 모르겠네요. 만약 누나가 그곳에서 그 돈을 사용할 만한 용처가 없다면, 그 돈을 받을 만한 누군가에게 돌려주는 것이 좋을 듯하다고 말했습니다. 저는 이 말에 다소 무례하게 답했습니다. 기부금은 이제 제게 주어졌고, 제가 적절하다고 생각하는 곳에 그 돈을 사용하겠다고 말입니다! 이렇게 원래의 본성이 드러나기도 합니다. 만약 누군가가 참된 청지기의 마음을 갖고 있다면, 사적인 것과 공적인 것 간의 간극의 파괴는 더 이상 의미가 없어집니다.

누나의 정치 관련 소식을 관심 깊게 지켜보고 있습니다. (구세군 사관의 호의로) 『시드니 불리틴(Sydney Bulletin)』과 『주간 타임즈(Weekly Times)』를 읽고 있다고 누나에게 말한 기억이 나네요.

저는 제 글 사본을 여러 곳에 보냈습니다. 어떤 반응이 있는지 아직 확인할 시간이 없었습니다만, 주요한 기사를 싣는 『일본 크로니클(Japan Chronicle)』에서 성난 논조로 다룬 내용이 있었습니다. 『일본 크로니클』 기사는 제가 성공적인 한국 통제를 보며 느낀 만족감에 대해 말한 부분과 동과 서의 "생물학적 단일성"에 대해 언급한 부분만 골라 언급했더군요. 그들은 제 언급에 대해 "매우 중요한 정의(justice)와 정책 문제"에 기초한 개념이라고 말했습니다. 저는 편집자로부터 메모를 받았습니다. 누나와 가족들을 위해 사본을 구해보겠습니다.

우리는 모두 잘 있습니다. 모두에게 사랑을 담아서
누나의 사랑스런 동생
찰리 맥라렌

1931년 10월 4일
서울

사랑하는 메리 누나에게

누나가 쓴 편지는 엘리스 양이 그곳을 떠나면서 가져온 소포에 동봉되어 도착했습니다. 저는 진정 사랑이 넘치는 가족을 두어 무척 행복합니다. 가족들은 제가 해준 것보다 항상 저를 위해 훨씬 더 많은 것을 해주었습니다. 누나, 어머니, 그리고 마조리 모두가 딸 레이첼을 이처럼 기억해 주신 것은 매우 친절하고 따뜻한 일입니다. 마타우 사람 중 한 분이 보내주신 소포가 도착한다는 소식을 들은 딸아이의 간절한 기다림을 누나도 지켜봤어야 했는데 말입니다. 네, 옷은 잘 맞습니다. 누나는 (당연하게) 특별히 잘 맞는지 알려달라고 하셨죠. 딸애는 아주 큰 아이이기 때문에 옷들이 잘 맞습니다. 그러나 한 가지만은 "그렇지 않네요." 그 애 머리가 커서, 모자가 잘 맞지 않아 찰리 채플린처럼 보입니다. 옷들은 매우 훌륭하고, 잘 어울립니다. 딸아이가 매우 좋아합니다. 부츠는 특별히 좋습니다. 마조리의 푸른 코트는 매우 잘 어울리고, 어머니의 브로치는 매우 매력적이네요. 정말 감사합니다.

저는 수술 후 휴가를 마치고 직장으로 돌아왔습니다. 다리는 다행히 완전히 회복되었지만, 머리는 아직 회복에 필요한 에너지가 충분하지 않은 것 같습니다. 아마도 아직 머리까지 충분히 회복되지 않았나 봅니다. 만약 딸에게 보내준 선물에 관해 어머니와 마조리에게 편지하는 것이 늦어진다면, 제가 두 분께 감사하는 마음이 부족해서가 아니라, 회복이 덜 되었기 때문이라는 점을 양해해 주시기를 바랍니다. 이 편지를 포함해 현재 편지를 쓰기 위해 제가 꽤 노력하고 있다는 것을 그분들과 공유해 주세요. 한동안, 이 편지는 쓸 수 있을 것 같습니다.

누가 제게 장갑과 스카프를 보냈나요? 우아하고 유용하네요, 정말 감사합니다. 저는 작년에 착용했던 스카프를 겨울이 끝날 무렵에 떠나 보냈습니다. 가난과 추위에 떠는 한 나환자가 있었는데, 저보다 그에게 그 스카프가 더 필요했기 때문입니다. 어떻게 저는 항상 이처럼 풍부하게 제공받을 수 있을까요? 제게 이러한 선물을 보내주신 모두에게 정말 감사드립니다.

저는 신문에서 굉장히 놀라운 두개골 발견에 대한 기사를 읽었습니다. 하지만 콜린 맥켄즈 경이나 그의 판단에 대해 저는 극히 적은 신뢰를 하고 있습니다. 제가 보기에 그는 "혼자 걷는 매우 이상한 고양이"처럼 보였습니다. 우드 존스가 그에게 했던 모든 비판은 당연했다고 여겨지네요.

누나는 "레이첼이 혹시 사시(斜視)니?"라고 물으셨죠? 그 사진에서 그 애는 확실히 그렇게 보이고, 카메라가 거짓말을 할 수 없다고 하지만, 제가 그걸 본 것은 이번이 처음이니 그 일에 대해 너무 걱정하지 마세요.

사랑을 전하며
찰리

1931년 12월 20일
서울

사랑하는 메리 누나에게

누님께 보내지 못한 편지가 한 달 정도 제 책상 위에 있었습니다. 송구합니다. 그동안 꽤 바빴습니다. 누나는 우울감과 초조함이 닥쳤을 때 어떻게 해야 할지 조언해 주셨습니다. 솔직히 말해 그 조언은 엉뚱한 것 같습니다. 하지만 많은 사람들이 돈을 지불하면서 때로는 누나의 것처럼 엉뚱한 조언을 따르는 것에 비해 저는 더 나은 입장에 있습니다! 적어도 저는 돈을 지불할 필요가 없었고, 따르지 않았기 때문입니다.

약 2주 동안 저는 힘든 시간을 보냈습니다. 가장 열심히 일한 학기를 보낸 직후부터입니다. 저는 (아내의 강요에 못 이겨서 칼슘과 비타민 D) 약을 복용했고, 그와 같은 현명하고 적절한 치료법을 다른 사람들에게 추천합니다. 신뢰하는 두 사람에게 가서, 제 마음이 마비되었다고 말했는데, 그것의 영적인 원인이 두려움과 불신앙이라 생각했습니다. 저는 그들에게 기도를 요청했었습니다. 그들은 저를 위해 기도하겠다고 말했고, 그렇게 해주었습니다. 그리고 약 일주일 만에 영적 초조함과 정신적 마비는 떠나갔습니다.

아내는 칼슘과 비타민 D를 먹도록 한 것 외에도 제게 애정이 담긴 영적 조언을 해주었습니다. 그 조언이 정신적 매듭을 푸는 데 꽤 많은 도움이 됐습니다.

검사실에서 제 혈액 내 칼슘 함량이 절반으로 줄었다고 보고했는데, 그 결과가 믿을 만한 것인지 모르겠습니다. 칼슘 함량이 올라가기 전에 우울에서 벗어났기 때문입니다. 칼슘 부족은 제 영혼의 고통 및 정신적 마비와 큰 관련이 없다고 생각합니다.

호주 의학 저널에 게재된 우드 존슨의 「생물학의 새로운 전망(A new outlook in Biology)」을 읽어보셨나요? 그 글은 제가 몇 년 동안 읽은 것 중 가장 흥미롭고 자극을 주는 것이었습니다. 만약 누님이 그 글을 읽지 않았다면, 서점에서 한 부 구해 읽어보시길 바랍니다. 누나는 그 글에 완전히 만족할 겁니다. 저는 "책을 사랑하는 사람들의 모임"에서 그 글을 함께 읽어볼 생각입니다. 몇 주 전, 세브란스에서 일하는 젊은 남자 두 명과 함께 글을 읽으며 흥미로운 저녁을 보냈습니다. 그중 한 명은 매우 지적이며, 철학과 과학에 관심이 있는 청년이었습니다. (저는 작년에 그를 북경으로 유학 보냈습니다. 답장에서 그는 자기 연구와 그곳에서 읽고 있는 책에 대해 말해주었습니다. 그는 독특한 영어로 "저는 특히 저녁에 형이상학적인 삶을 진정 즐깁니다"라고 썼습니다.) 그래서 저는 그를 저녁 식사에 초대했고, 우리는 저녁 식사 후에 그 글을 읽으며 "특히 저녁에 형이상학적인 삶"을 좀 가졌습니다.

다른 한 사람은 우리 해부학과의 한국 교수로, 단순히 옛날 학생 시절에 배웠던 죽은 뼈만 들여다보는 해부학만을 가르치지 않습니다. 그는 매우 실험적인 생물학자입니다. 함께 논문을 읽으면서 그는 제 생물학 지식으로는 이해하기 어려웠던 글 속의 많은 부분을 명확히 설명해 주었습니다.

종이가 다 되었습니다. 마조리에게 편지를 써야겠네요.

사랑을 담아
찰리

1932년

†

1932년 3월 19일
서울

사랑하는 메리 누나에게

어머니께서 마지막 잠에 드신 후 나흘이 지나는 동안 누님은 많은 연락을 받았을 거예요. 어머니의 마지막 영결식을 위해 지금, 이 순간 제가 직접 그곳에 있었으면 얼마나 좋았을까요. 하지만 마음으로 저는 그곳에 함께 있었습니다. 이곳 분들은 정말 따뜻이 대해 주었습니다. 제 조교는 저에게 휴가를 권유했지만, 불가피한 약속이 있어 휴가를 내지는 못했습니다. 오늘 오후가 돼서야 시간적 여유나 안정을 찾을 수 있었습니다. 그래서 그동안은 편지하지 못했습니다. 방금 마조리에게 편지를 써서 전보를 받은 사실과 제 생각의 일부를 전했습니다.

어젯밤 가족 기도 시간에 딸애와 함께 시편 23편을 읽었습니다. 코버그에서 살던 때에 어머니께서 이 시편 말씀을 제게 가르쳐 주셨던 일이 생각나네요. 어제저녁 딸아이와 함께 시편 말씀을 다시 살펴보니 내용이 모두 어머니의 삶과 너무도 잘 어울리더군요. 특히, 마지막 구절인 "그리고 내가 여호와의 집에 영원히 거하리로다"[14]라는 말씀은 더욱 그러했습니다. 삶과 죽음에 대한 경험이 깊어질수록 더욱 확신하게 되는 건 우리의 신앙이 어리석은 환상이 아니라, 참으로 하나님의 놀라운

---

14 시편 23편 6절 (역자 주)

진리라는 것입니다. 하나님은 죽은 자의 하나님이 아니라, 산 자의 하나님이시며 모든 존재는 주님을 위해 살아가고 있습니다. 어머니가 얼마나 시편 말씀을 좋아하셨는지. 어렸을 때 저는 시편 말씀을 잘 이해할 수 없었습니다. 이제야 비로소 어떻게 하나님을 믿을 수 있으며, 믿어야 하는지 깨닫기 시작한 것 같습니다. 어머니가 좋아하셨던 이 말씀 기억하시나요? "끝으로 형제들아 무엇에든지 참되며 무엇에든지 경건하며 무엇에든지 옳으며 무엇에든지 정결하며 무엇에든지 사랑받을 만하며 무엇에든지 칭찬받을 만하며 무슨 덕이 있든지 무슨 기림이 있든지 이것들을 생각하라."[15] 어머니께서는 장로교여자학교 학생들 주소록에 이 특유의 인용 구절을 써두곤 하였죠. 점점 더 깨닫게 되는 것은 영과 영적인 것들이야말로 영원하고, 본질적이며, 창조적인 것들이라는 사실입니다. 부모님은 우리에게 영적인 것에 대해 가르쳐 주셨습니다. 부모님, 당신들께 뿐만 아니라 우리에게도 사라지지 않는 영적인 것, 즉 영은 형체와 육체를 구체화합니다. 차안(此岸)인 이곳에서는 육의 몸을 입고 있지만, 나중에는 제가 (사도 바울과 함께) 하늘의 몸을 입게 되리라 믿습니다.

프랑스에서 만난 한 장교(중국 선교사)와 나눈 대화가 기억납니다. 그는 우리 주님께서 부활하신 후, 십자가에 못 박히시기 전 미처 마치지 못했던 문제를 얼마나 간단히 연결해 말씀하셨는지 지적했죠. "요한의 아들 시몬아, 네가 나를 사랑하느냐?"[16] 이미 돌아가신 분들과 함께 어머니의 영혼은 (이 세상에서 어머니가 베푸셨던 순수하고 변함없는 사랑에 의해) 더 광대하고 거룩한 삶에 참된 기쁨으로 동참하게 될 것입니다. "장가도 아니 가고 시집도 아니 가는" 그 "장차 있을 세상"에서 어머니와

---

15 빌립보서 4장 8절 (역자 주)
16 요한복음 21장 15절 (역자 주)

아버지는 부부간의 깊고 축복받은 유대보다 더 깊은 유대를 맺게 될 것입니다. 두 분은 잘 어울리는 커플이셨고, 깊이 연결된 한 쌍의 부부셨죠. "어린 매기(little Maggie)"에 대한 어머니의 그리움이 얼마나 깊었던지. 그리고 첫째 형을 향한 어머니의 사랑은 얼마나 끝이 없었는지. 브루스 형에게 인생이 힘들다는 게 얼마나 어머니를 안타깝게 했었는지. 어머니는 "가여운 아이"라고 자주 말하곤 하셨죠. "왜 형은 때때로 그처럼 불행해 했을까요?" 하나님에 대한 깊은 믿음 안에서 좌절하지 않고 편안하게 형의 영혼이 거하는 것을 보는 것은 얼마나 큰 기쁨일까요? 그건 인간이 이 땅에서 탐구해 온 그 어떤 것보다도 더 심오한 문제인 것 같습니다. 구속받은 자가 구속해 주신 분을 만나 "우리가 알려진 것만큼 그분을 알 수 있게"[17] 되는 것은 얼마나 큰 기쁨입니까! 그리고 구속받은 자들 가운데 또 다른 축복받은 사람들이 있습니다. 어머니께서는 바울 사도를 만나는 것이 우리 구세주 주님을 만나는 것 다음으로 가장 큰 기쁨이 될 거라고 말씀하신 적이 있었죠. 저는 먼저 가신 분들의 우리를 향한 따뜻한 눈길과 관심에 대해서도 생각하곤 합니다. 제가 전보에서 이 말씀을 언급했었습니다. "이러므로 우리에게 구름같이 둘러싼 허다한 증인들이 있으니, 모든 무거운 것과 얽매이기 쉬운 죄를 벗어 버리고 인내로써 우리 앞에 당한 경주를 하며."[18]

어머니는 평온한 마음으로 하나님의 부름을 기다리셨습니다. 어머니께서 당신의 언니처럼 깊은 잠에 빠지듯 죽음을 맞이하고 싶다고 말씀하신 것이 기억나네요. 그리고 그렇게 되었지요. 저는 어머니가 자매였던 아이사 이모의 죽음에 관해 쓴 편지도 기억합니다. 어머니는 그 편지에서 『천로역정』 마지막에 나오는 베드퍼드 땜장이의 멋진 말을

---

17 고린도전서 13장 12절 (역자 주)
18 히브리서 12장 1절 (역자 주)

인용하셨죠. "내가 그들을 따라 (거룩한 성을) 살펴보니 성은 해처럼 빛나고… 거리는 금으로… 그 안에 왕관을 쓴 많은 사람과… 찬양을 부르는 하프가 있었으니, 내가 보았을 때 나는 그들 가운데 나도 있기를 바랐습니다."

곧 다시 편지하겠습니다. 의심할 여지 없이 업무적인 어려움이 있겠지만, 기다릴 수 있으며 멜버른에 있는 누나의 도움으로 잘 처리되리라 믿습니다. 제 몫을 다하지 못해 죄송해요, 누나.

많은 사랑을 담아
당신의 동생
찰스 맥라렌

1932년 3월 28일
서울

사랑하는 누나와 마조리에게

토요일에 누나의 전보가 도착했으며, 바로 답장드립니다. 가족 물품 처리와 관련된 애틋하면서도 번거로운 일들에 저의 역할을 담당하지 못해 송구하네요. 재무 담당자들이 헤이그 양을 몇 달 더 고용해 주어서 기쁩니다. 그녀에게는 일부 업무를 처리할 만한 충분한 여력이 있고, 그녀가 휴식과 계획 수립을 위한 시간을 갖는 것은 당연히 옳다고 여겨집니다.

물품 판매 수익은 거의 없을 것 같습니다. 누나와 마조리는 아마도 집에서 여러 기물들을 사용할 수 있을 것입니다. 부피가 큰 물건들을 먼 곳까지 운반할 필요는 없을 듯 보입니다. 만약 집에 제 휴가 때까지 물품들을 둘 공간이 있다면, 안락의자 두 개와 소파(체스터필드), 그리고 3/4 침대를 가져가고 싶습니다. 어머니가 사용하시던 작은 의자도 저희가 가져가고 싶습니다. (제 휴가 때까지 누나 집에 공간적 여유가 있다면 말이죠. 저희가 가져가고자 하는 책이나 그림들 같은 것들도 마찬가지입니다.) 그래요, 책들. 저는 좋은 주석서들에 점점 관심이 많아지고 있습니다. (제 생각에 누나가 선호하는 해설자 성경은 제 취향은 아닙니다.) 일본에 관한 책들도 필요하고, 아내에게는 언어에 관한 책들도 필요합니다. 누나와 마조리가 특별히 원하는 것을 고른 후, 나머지 것들을 제가 볼 수 있을 때까지 보관해 줄 수 있을까요? 어머니 책들은 팔기보다 목사님이나 다른 사람들에게 나눠주는 것이 좋다고 여겨지네요.

손님들도 오고, 날씨가 추울 때도 있어서 여분의 담요, 시트, 깔개

등의 물품들이 필요합니다. (어쩌면) 응접실의 전기 히터와 (날라줄 사람이 있고, 운반할 만하다면) 잔디 깎는 기계도 필요해 보입니다.

물론 가족사진(초상화) 및 기념품들은 보관해야겠죠. 제가 특별히 원하는 것이 있더라도, 서로 공정하고 만족스럽게 나눌 수 있다고 믿어 의심치 않습니다. 제가 신뢰하는 누나와 마조리가 저의 이익을 대변해 재무 담당자와 상의하여 일을 처리해 주시기를 바랍니다. (동의서를 동봉합니다.)

저는 일본 그림첩들이 보관되었으면 좋겠고, 그것 중 일부를 가져가고 싶습니다. 장식품들과 칠기 그릇들은 흥미롭긴 하지만 한국보다 호주에 있는 것이 나을 것 같습니다.

카펫들이 너무 낡지 않았다면, 그중 하나는 제게 유용할 것 같습니다.

헤이그 양이 사용할 수 있는 것들이 있다면 아낌없이 제공해 주세요.

재무 담당자들이 판매하게 된다면, 제가 언급한 물건들을 저 대신 구매해 주시기를 바랍니다.

어머니 별세 소식을 들은 후, 누나와 마조리에게 각각 편지를 보냈습니다. 아마 그 편지를 받게 될 거예요. 곧 누나에게 다시 편지할 생각이고, 이 편지는 2월 말에 어머니가 돌아가셨다는 소식을 듣고 받은 편지에 대한 답장입니다.

사랑을 담아
찰리 맥라렌

1932년 4월 10일
서울

사랑하는 메리 누나에게

하루나 이틀 안에 누나와 마조리로부터 어머니의 별세 소식과 장례식 준비에 관한 내용이 담긴 편지를 받게 되겠네요. 지난주에 포사이스 씨로부터 편지를 받았습니다. 내용으로 봐서 그는 제가 어머니 별세 소식에 마음의 준비를 하도록 편지를 쓴 것 같습니다. 그는 정말 따뜻한 분이라 느꼈고, 저는 곧 그에게 답장할 생각입니다. 제가 누나에게 받은 마지막 편지는 2월 26일 자였습니다. 편지 내용은 헤이그 양의 행동으로 인해 발생한 어려움과 "해결 방법을 찾기 위해" 고민하고 있다는 내용이었습니다. 어쩌면, 그 어려움은 우리 인간이 생각할 수 있는 방법이 아닌 다른 방식으로 해결되었네요.

이전 편지에서 제 재정 상황은 꽤 괜찮다고 썼던 것 같습니다. 그리고 해결해야 할 일도 휴가 때까지는 반드시 처리해야 할 필요는 없다고 생각했었습니다. 필요하다면 휴가 때 어머니께 상의드리려고 했었죠. 하지만 지금은 상황이 달라졌습니다. 누나는 어머니가 제게 500파운드를 보냈다고 말씀하셨지만, 그건 사실이 아닙니다. 아마도 어머니께서 가끔 하시던 실수 중 하나였던 것 같아요. 수년에 걸쳐 어머니는 저희 살림살이를 도와주셨습니다. 그리고 휴가 중이었을 때도 꽤 많은 금전적 도움을 어머니께로부터 받았던 것 같습니다. 하지만 최근에는 단지 지난해 어머니로부터 50파운드(보내는 데 65파운드 정도 드셨다고 합니다)와 브루스 형의 유산 상속금 중 일부를 받은 게 전부입니다. 누나와 마조리가 밀러 씨에게 브루스 형의 유산 상속금 중 누나 몫을 제게 보내주라고 요청할 계획인 걸 알게 되었습니다. 진심으로 감사한 제안이지만, 저는 이미 현재 개인적인 지출에 필요한 것보다 더 많은 돈이 있습니다. 그러니 제게 도움을 줘야겠다는 부담을 갖지 말아주세요. 물론 그 돈을 현명하게 사용할 수 있는 방법은 있습니다. 저는 후버와 후버보다 더 위대한 분의 가르침에 따라 축재(蓄財)를 피하려고 합니다. 저는 제가 이상하다고 생각하지 않으며, 무분별하거나 즉흥적이지 않고자 할 뿐입니다. 하지만 금전과 필수품에 관해 상당한 안정감과 자신감을 갖게 되었습니다. 저는 하나님 나라에 자신과 모든 것을 헌신하는 사람이라면 필수적인 필요는 충족되리라는 것이 "자연의 교훈"이라 믿습니다.

저희가 알아본 바로는 엘리스 양이 가디건 스웨터값을 지불할 의무는 없었습니다. 정말 감사합니다. 이 박사에게 스웨터를 줄 수 있어서 정말 기뻤습니다. 교회 사무실에서 그 스웨터값을 지불케 해주면 고맙겠습니다.

아내의 건강은 호전되었고, 아내뿐 아니라 저와 딸애 모두 휴가에서 돌아온 아내 친구 모네타 트록셀 양을 다시 만나게 되어 기뻐하고 있습니다. 모네타 양은 한때 제 환자였는데, 그 당시 우리 집에서 한동안 모네타 양을 돌본 적이 있습니다. 그녀는 우리에게 다정하고 친근한 친구가 되어줌으로써 보답했습니다.

오늘은 주일입니다. 병원에 가지 않았고, 매우 편안한 하루를 보냈습니다. 저는 요한복음의 후반부에 나오는 말씀을 많이 읽고 묵상했습니다. 성령만이 오직 진리의 영이라는 사실을 분명하고 확고하게 깨닫게 되었습니다. 진리를 소중히 여기도록 가르치신 어머니, 저희는 어머니께 무엇보다도 큰 은혜를 입었다고 생각합니다. 주님께서 "너희가 내 계명을 지키면, 내 영, 곧 진리의 영을 얻을 것이요"[19]라고 말씀하시면서 주신 약속은 얼마나 놀랍도록 명료한지 모릅니다. 저는 오늘 하루

종일 그 말씀이 갖는 함의에 대해 많은 생각을 해봤습니다.

매튜 씨에게 두 편의 글을 보냈습니다. 만약 글이 게재되지 않으면, 그에게 보여달라고 하시길 바랍니다. 한 편은 "나의 믿음"에 관한 것이었고(꽤 흥미롭습니다!), 다른 한 편은 제 일본 친구들에게 보내는 "공개편지"였습니다. 일본에 있는 내-외국인이 소유한 어떤 신문사도 제 글을 게재하지 않으려 한다는 점은 매우 주목할 일입니다. 외국인이 소유한 신문사들은 제 글을 전적으로 찬성한다고 제게 전해줬는데도 말이죠.

이 편지를 마조리와 공유해 주세요.

사랑을 담아
당신의 애정 어린 동생
찰스 맥라렌

---

19 요한복음 14장 15~17절 (역자 주)

1932년 4월 19일[20]
서울

사랑하는 메리 누나에게

어머니께서 돌아가셨다는 소식을 담은 편지를 막 읽었습니다. 가족의 사랑이 얼마나 아름다운지 다시 한번 느꼈습니다. 누나의 따뜻한 편지는 저에게 큰 의미가 있었습니다. 우리의 사랑스런 엄마. 누나의 편지를 읽으면서 어머니의 사랑과 보살핌, 그리고 저에 대한 수년간의 염려, 여러 생각과 감정이 저의 가슴을 채웠습니다.

편지에는 마지막 순간까지 겪으셨던 고통의 흔적이 고스란히 담겨 있었습니다. 하지만 이어지는 내용에서 어머니 얼굴에 맴돌던 평화로움과 아름다움에 관해 쓰여 있더군요. 커 양은 다음과 같은 고마운 말이 담긴 편지를 제게 보냈습니다. "거룩한 평온함이 어머니 얼굴에 남아있었습니다. 그리고 입가에는 밝은 빛이 감돌았습니다." 포사이드 씨는 편지에서 어머니를 친구로 여겼으며, 떠나시던 날 오후에도 어머니는 유쾌하셨고 밝은 모습을 보이셨다고 쓰셨더군요.

마지막 순간까지 어머니를 따뜻하게 잘 돌봐드렸다니 감사하네요. 매형이 얼마나 도움이 되었는지 잘 알 수 있었어요. 매형의 수고와 보내준 편지에 저의 고마운 마음을 전하고 싶습니다. 헤이그 양은 어머니를 위해 많은 애정을 쏟아주었더군요. 그리고 꽃과 편지로 어머니에 대한 사랑과 존경심을 보여준 다른 친구분들께도 감사드리고 싶습니다.

어머니에 대한 딸애 기억이 거의 없다는 게 좀 슬픕니다. 조카들과 마조리에게는 많은 추억이 남아 있겠지요. 하지만 어머니의 죽음은 아이

---

20 이 편지는 4월 19일에 작성되었지만, 정리 과정에서 1932년 9월로 표시되었음. (역자 주)

들에게 우리가 어렸을 때는 몰랐던 방식으로 가족의 죽음이 어떤 의미인지 처음으로 알게 하는 계기가 되겠지요. 얼마 전에 보내준 아이들 사진을 보고 정말 큰 기쁨을 얻었습니다.

누나, 이런 때 (누나가 본 대로) 제게 "최고의 아들이었다"라고 얘기해 줘서 정말 큰 위로가 되었습니다. 그리고 아버지께서 저에 대해 "성령님"의 인도하심이 있다는 이야기는 너무도 감동적이어서 감히 되풀이하기조차 망설여지네요. 부모님의 믿음과 사랑, 그리고 기도는 분명 아들인 제게 큰 은혜를 가져다줄 것입니다.

제가 원하는 가구 몇 점에 대해 이미 썼지만, 누나와 마조리가 밥그릇 세트에 관심을 두고 각각 하나씩 가져가게 되어 정말 기쁩니다.

제가 편지한 마조리는, 누나와 그 애 모두 어머니께 저에게 돈을 좀 보내줄 것을 부탁드렸는데, 송금하는 작은 일조차 어머니를 피곤케 할지 몰라 걱정했다고 하더군요. 하지만 저는 충분한 돈이 있습니다. 제가 금전에 대해 걱정하는 유일한 부분은 종종 돈이 들어가야 한다고 여겨지는 일을 책임져야 할 때뿐입니다. 누나와 마조리가 너무나도 후하게 보살펴 주는 덕에, 저는 잘 지내고 있습니다.

이 편지가 부족하게 느껴지더라도, 이해해 주세요. 어머니의 죽음 때문도 아니요, 제가 겪었던 어떤 문제나 불안, 책임감, 건강 문제 때문도 아닙니다. 갑자기 (약 일주일 전부터) 정신적 마비 증세가 찾아와서 그렇습니다. 이는 제가 삶에서 겪는 유일한 어려움인 것 같네요. 이 상태는 힘들지만 몇 주 또는 몇 달 안에 지나가리라는 걸 잘 알고 있습니다. 지난 1년 동안 이런 상태를 두 번 겪었습니다.

많은 사랑을 담아
누나의 다정한 동생
찰스 맥라렌

1932년 5월 15일
서울

사랑하는 메리 누나에게

보내준 편지에 진심으로 감사드립니다. 유산 상속과 관련해 무슨 일이 일어나고 있는지, 어떻게 해야 하는지 알려 주셔서 감사해요. 일과 관련된 내용을 다루기 전에 먼저 개인적인 이야기를 드리려 합니다. 특히, 지금과 같은 상황에서 늘 제게 다정한 애정을 보내줘서 정말 큰 위로가 되었습니다. 어머니와 가족, 옛일들과 앞으로 다가올 날들에 대해 마주 앉아 이야기할 수 있으면 좋겠는데 말이죠. "어머니가 돌아가신 마지막 저녁 외에도, 달콤하고 행복한 추억이 남아있다"라는 말을 듣고 정말 반가운 마음이 들었습니다. 그리고 어머니께서 숨을 거두시기 얼마 전에 "18개월만 더 살면 사랑하는 아들을 다시 볼 수 있겠네"라고 말씀하셨다는 누나의 얘기는 저를 감심(感心)케 했습니다. 누나와 마조리는 제게 지난 몇 년은 "힘들고 슬픈" 시간이었다고 말씀하셨었죠. 그렇지 않아요, 누나. 저는 그리 슬프지만은 않답니다. 누나와 마조리가 제게 말했듯이, 6년 전 병을 앓으신 후 어머니의 몸은 완전히 회복되지 못했습니다. 92세라는 연로한 나이와 뇌 혈액 순환 장애에도 불구하고, 우리를 그처럼 사랑하셨고, 온전한 삶의 본보기를 보여주셨던 어머니의 진정한 자아는 여전히 빛나고 있습니다. 그것이야말로 어머니의 선함과 순수함, 그리고 사랑을 증명하는 것입니다. 저에 대한 어머니의 사랑은 깊었으며, 이상하리만큼 애틋했습니다. 매기가 하늘나라로 갔을 때, 저는 아이였기 때문에 어머니의 특별한 염려와 보살핌을 받은 것 같습니다.

유산과 관련된 업무적인 내용을 다루기 전에 우선 누나와 마조리에게 100파운드를 보내준 것에 대해 감사드리고 싶습니다. 그 돈이 유산 일부라는 설명이 있지만, 어머니는 그 당시 저에게 그런 금액을 보내겠다고 약속한 적이 없으셨습니다. 예전에 어머니께서 너그러운 마음으로 종종 돈을 보내주신 것은 사실입니다. 보내주신 돈은 제가 특별히 돈이 필요했던 시기에 요긴했습니다. 월급이 조금 줄어서 수입도 줄었고, 해외선교위원회는 재정적 어려움으로 인해 제게 집을 제공하지 못했던 때였습니다. 그들이 지급하던 집세도 받지 못하는 상황이었기 때문입니다. 또한, 어쩌면 제 형편에 맞지 않을 수도 있고, 적절하지 않을 수도 있지만, 저는 세브란스병원이 겪고 있는 경제적 어려움을 돕기 위해 2만 3천 엔을 지원하기로 약속했던 시기였습니다. 당시 세브란스병원이 외국인과 한국인 모두에게 가능한 도움을 부탁했기 때문입니다. 한국인 직원들은 급여의 10%를 내놓았습니다. 저는 월급으로는 할 수 없었지만, 집에 저축해 놓았던 돈을 떠올리고 올해 1천 엔을 지원하기로 약속했습니다. 그 약속을 할 때, 큰 이유는 없었지만, 기꺼운 마음으로 기부를 한 것에 대해 더 뿌듯함을 느낍니다. 제 잘못이라고는 생각하지 않지만, 가끔 일을 제대로 할 수 없는 어려운 시기를 겪는 것이나, "제 몫을 다하지 못하고 있다"라는 생각이 드는 건 불행한 일입니다. 그런 생각으로 인해 기부를 결정한 것은 아니지만, 일 외 다른 방식으로 도움을 줄 수 있어 마음은 조금 가벼워지네요. 유감스럽게도 지난 한 달은 개인적으로 매우 고통스러웠고, 일과 환자들의 치료에도 큰 성과가 없었다고 말하게 되어 유감입니다. 앞에 열거한 여러 이유로 인해 예상치 않았던 여분의 돈이 저에게 얼마나 큰 도움이 되었는지 이해하실 수 있을 거예요. 물론 마조리에게도 편지를 쓸 테지만, 앞에 말씀드린 상세한 설명도 그 애에게 전해주시겠어요?

조교 일을 맡기려는 학생의 대학원 공부 기간이 얼마나 걸리는지 물어보셨죠? 지금 생각에는 비엔나에서 비교적 짧은 연수를 받고, 나중에 경성제국대학에서 대학원 과정을 밟는 것이 가장 현실적인 방안 같습니다. 이렇게 하면 학생은 필요한 교육과 학위 모두를 얻을 수 있을 겁니다. 제가 보낸 문의 편지에 대한 유럽 측의 답변을 기다리고 있습니다.

누나는 리브 부인이 우리의 휴가를 앞당길 수 있는지 궁금해하고 있으며, 추운 계절이 아내의 심장에 좋지 않을 수 있다는 그녀의 생각도 전해주셨죠. 아내가 겨울을 힘들어하는 것은 사실이지만, 예전보다 훨씬 더 강해졌습니다. 그래서 아내의 건강상 이유로 휴가를 앞당길 필요는 없다고 여겨지네요. 정식 휴가 기간은 1933년 9월부터예요. 사실 저희는 인도를 경유해 돌아오는 길에 장인어른과 한동안 함께 시간을 보내려고 합니다. 그렇게 하는 것은 굉장한 즐거움과 기쁨일 뿐만 아니라, 저희가 해야 할 의무라고 생각합니다. 오랜 세월 떨어져 지낸 아버지와 딸이 서로를 만나는 것은 중요할 뿐 아니라, (특히 부모님이 돌아가신 지금) 딸애 레이첼이 다른 조부모님을 만나 추억을 만들 기회를 얻었으면 합니다.

1932년 7월 17일

금강산 유점사(楡岾寺)에서

사랑하는 메리 누나에게

오늘은 주일 오후입니다. 우리는 금강산의 한가운데서 아주 멋진 여름휴가를 보내고 있습니다. 이 여행에는 우리 가족 세 명과 최근 시카고 대학교 대학원 과정을 마치고 돌아와 서울의 규모가 큰 여학교에서 가르치고 있는 모네타 트록셀 선교사 선생님, 그리고 (며칠간) 함께하는 또 다른 사람은 한국에 있는 동안 가장 가깝게 지내는 커 씨 가족 중 18살이 된 도널드 군입니다. 도널드 군은 여름 방학 동안 부모님을 잠시 방문하기 위해 왔고, 캘리포니아 스탠퍼드 대학교 1학년을 막 마쳤습니다.

금강산은 경치가 아름답고, 웅장하며 역사적으로도 매우 특별한 곳입니다. 한국 불교의 중심지이자, 인도에서 온 최초의 불교 포교사들이 한국에 상륙한 곳이기도 합니다. 전하는 바에 따르면, 서기 5세기경이었다고 하네요. 아마도 실제 시기는 이보다 2~3세기 더 늦었을지도 모르지만, 어쨌든 이 산에 있는 사찰들은 오랜 역사를 자랑합니다. 깊게 숨겨진 계곡과 거의 접근하기 어려운 산꼭대기까지 모든 곳에 불교 사찰이 있습니다. 이곳에 있는 사찰은 가장 크고 오래된 곳으로 수많은 흥미롭고 환상적인 전설들이 전해 내려오고 있습니다.

우리는 (미국 친구들은 이걸 하이킹이라고 부르는) 산행에 주로 시간을 할애했습니다. 하루 종일 야외에서 꽤 힘든 거리를 걸으며 고된 하루를 보냈습니다. 아내는 내내 훌륭하게 견뎠습니다. 더 이상 심장마비를 겪지 않을 거라고는 말하지 못하겠지만, 아내는 놀라울 정도로 회복되었습니다. (제 생각에는 답답하고 더운 환경과 돌발 상황 등은 여전히 아내에게 영향을 주겠지만 말이죠.) 딸애 레이첼은 스스로 진정한 등산가임을 증명했습니다. 바위를 뛰어넘고, 온갖 종류의 바위를 오르내리며, 날이 저무는데도 처음과 마찬가지로 민첩하고 활동적이네요. 그래서 우리 모두를 지치게 합니다.

2주 전 이곳에 왔을 때는 체력적으로 전혀 걱정 없었지만, 정신적으로 매우 '정체'되어 있었습니다. 그리고 저 자신의 영혼과 분리된 것만 같은 끔찍한 느낌이 들었습니다. 다행히 산속 공기와 원시적 산행은 제 영혼을 회복하는 데 도움이 되는 것 같네요. 몇 주 더 지나서 다시 제 일과 과제들을 감당할 수 있기를 기대하고 있습니다.

이곳 금강산에서 경치와 역사 외에도 아내가 발견한 또 다른 매력은 꽃과 식물입니다. 트록셀 양은 생물학을 "전공"한 이과 졸업생입니다. 그녀와 아내는 채집한 표본과 식물도감을 이용해 채집물을 확인하거나 식별하는 일로 매우 바쁘게 지내고 있습니다.

요즘 딸아이와 전보다 더 많은 시간을 보내고 있고, 아이에게 흥미로운 경험과 관심 어린 눈길을 줄 수 있어서 기쁘네요. 산에 와서 제가 특별히 딸애를 즐겁게 한 것은 헤엄과 부유(浮游)를 가르쳐준 일입니다. 그 애는 물에 있는 걸 너무 좋아해서 하루에 두 번씩 저를 차가운 물속에 데려가려고 고집을 부리네요. 물론 계곡물은 해수에 비해 수영이 어렵죠. 딸애가 바다에 가면 어려움 없이 부유하고, 몇 번 가볍게 헤엄은 칠 수 있을 거 같습니다. 그 애는 다정하고 사랑스러운 아이면서, 사려가 깊고 남을 생각하는 마음도 가지고 있습니다. 식욕은 있지만, 음식이나 과자에 대한 식탐은 그다지 없는 것 같아요. (딸애보다 훨씬 나이가 많았을 때도 식탐이 심했던 저의 모습을 부끄럽게 떠올리게 되네요.) 이번 휴가에서 한 가지 아쉬운 점은 딸애 친구들이 없다는 것입니다. 서울로 돌아가는 길에 원산 해변에서 며칠 머물면서 그 아쉬움을 달래주려고 합니다.

원산은 한국에 있는 많은 선교사와 외국인 가족들이 여름휴가를 보내는 인기 여름 휴양지입니다. 아! 맞아요, 여름에 있었던 일을 이야기하면서 빼놓을 수 없는 사건은 6월 하순에 있었던 연례 선교 집회에 열흘간 참석한 일입니다. 올해는 진주에서 열렸습니다. 딸애는 진주를 떠나야 할 때가 되자 눈물을 흘렸습니다. 우리 여성 선교사 중에 그 애가 매우 좋아하는 매우 사랑스러운 "이모들"이 있었거든요. 클락 양, 엘리스 양, 던 양, 그리고 레가트 양이 그분들이죠. 특히, 딸애는 6개월 된 어린 더글라스 볼랜드를 간호하고 2살 된 로빈을 돌보면서 무척 기뻐했습니다. 그 애는 강한 모성애를 가지고 있더군요. 딸애는 커서 되고 싶은 세 가지가 있다고 말했습니다. "엄마, 교사, 선교사"라고요.

우리 가족 이야기만 너무 해버렸네요. 누나가 관심이 있을 것 같아 그랬지만, 누나의 소식도 관심이 가고 궁금합니다. 답장해야 할 누나의 마지막 편지를 아직 받지 못했습니다. 조니가 아프다니 안타까운 마음이 큽니다. 지금쯤이면 회복되었기를 바라요. 누나 과수원의 생활 환경과 먹는 음식이 거의 이상적이어서 변화에 크게 신경 쓰지 않아도 될 것 같습니다. 조니의 경과에 대해 걱정도 되고 궁금하네요. 소식을 기다리겠습니다.

산에 온 후, 그리고 제 마음을 마비시키고 괴롭히던 끔찍한 불안이 사라지고 나서 과거와 미래, 그리고 어머니에 대해 더 편하게 생각하게 되었습니다. 특히, 고향 가족들과 함께 보냈던 많은 여름휴가를 떠올리게 되었습니다. 저 역시 누나와 마조리, 그리고 누나 가족들을 다시 만나고 싶은 마음이 점점 커지고 있습니다. 우리 가족은 아마도 인도를 경유한 후, 돌아올 것 같습니다. 리브 씨가 푸나에서 잠시 함께 지내자고 초대해 주셨습니다. 그 여행은 아내에게 큰 기쁨과 만족을 줄 것이며, 딸애에게는 새로운 세상을 경험하며 호기심과 상상력을 키울 수 있는 큰 배움의 시간이 될 것입니다. 저에게도 삶과 인류에 대한 경험을 넓힐 수 있는 흔치 않은 특별한 기회가 될 것 같습니다. 제가 딸애에게 바라는 것 중 하나는 그 애가 국제적이면서도 다문화적인 관점을 갖게 되는 것입니다. 부모로부터 물려받은 기질과 자라는 환경, 그리고 이곳에서의 배움들로 인해 그 애는 분명 그러한 감성과 관점을 가지게 될 겁니다.

최근 진행되고 있는 일의 진척 상황에 대한 소식을 전혀 받지 못했습니다. 서울로 돌아가면 편지가 쌓여 있을 것 같습니다. 모든 일이 예상했던 대로 순조롭게 진행되는듯 보이네요. 상당 부분은 테드 씨의 지식과 도움 덕분이라고 생각합니다. 가여운 헤이그 양의 상황이 조금 더 나아졌으면 좋겠습니다.

오늘날과 같은 경기 불황 시대에 우리가 재정적 문제로부터 자유로워졌다는 건 정말 놀라운 일이라고 생각합니다. 개인적으로 저에게는 한 가지 정말 곤란한 재정적 어려움이 있습니다. 저에게 매우 시급한 문제이며, 절대 떨쳐낼 수 없는 어려움입니다. 말하자면, 주님께서 돈에 대해 자주 그리고 명확하게 언급하신 원칙을 실제로 적용하는 문제입니다. 광신적인 신자가 되고 싶지는 않습니다. 다만, 세상적인 것에 관해서 살아있는 기독교 신앙과 실천을 이루고 싶습니다. 이 부분에 관한 이야기는 다음번 편지에 더 자세히 쓰겠습니다. 왜냐하면 이에 관해 저는 더 숙고해야 하고, 보통 생각이 떠오를 때만 글을 쓸 수 있기 때문입니다.

매형과 조카들에게 제 사랑을 전해주세요.

이 편지는 마조리와 누나를 위해 쓴 것이니, 그 애와 공유해 주세요.

사랑과 애정을 담아.
누나의 동생
찰리 맥라렌

1932년 10월 23일
서울

사랑하는 메리 누나에게

누나의 충고와 조언이 담긴 편지를 근래에 받았습니다. 누나는 성경을 잘 아시니, 성경에서 수아 사람 빌닷이 "아무것도 모르는" 사람들에 관해 한 말을 기억하실 겁니다. 제가 누나에게 그렇다고 말하는 건 아닙니다. 다만, 그 글귀가 떠올라서 언급한 것입니다. 어쨌든 저는 지금 매우 건강하고 금강산에서 돌아왔을 때와는 다르게 좋아졌습니다. 하지만, 이 같은 사실이 매우 적절한 시기에 보낸 우리 가족 휴가에 대해 했던 누나의 훈계가 옳다는 것을 뒷받침하지는 않습니다. 저는 여전히 우리 가족 휴가가 매우 적절한 시기에 이루어졌고, 제게도 많은 도움이 되었다고 생각합니다. 그 휴가가 제 영혼의 근본적인 문제를 해결해 주지는 못했지만, 그 당시에 (내적인 갈등으로 인해) 감당할 수 없었던 업무 부담에서 벗어나 휴식을 취하게 해주었습니다. 휴가는 제게 신체적 도움뿐 아니라, 음식과 운동 등 움직이며 즐길만한 활동의 기회를 주었습니다. 휴가가 끝날 무렵 저는 본능적으로 다른 모든 문제의 근본 원인이 되는 영혼의 문제와 혼란스러움을 기꺼이 마주할 수 있는 자유를 얻게 된 듯 느꼈다고 말씀드린 바 있습니다. 돌아온 후 약 한 달 동안은 그 어느 때보다 힘들었습니다. 그러다 해결의 실마리가 생겼습니다. 서울을 경유하던 중국내지선교회(C.I.M.) 후배 선교사로부터 도움을 받았습니다. 저는 그 선교사를 멜버른에서 처음 알게 되었습니다. 이름은 잭 로빈슨입니다. 저는 그에게 제가 "넋이 나간 것 같다"라고 말했었죠. 그가 많은 말은 하지 않았지만, "넋이 나갔다"라는 건 영적 어려움일 수 있다고 주저 없이 말하더군요. 그는 제게 현실에 가까운 삶을 사는 사람이라는 인상도 남겼습니다. 그와 그의 아내는 어린 세 명의 아들들과 헤어지는 고통을 겪고 있었습니다. 아이들은 연태(烟台)에 있는 학교에 다녀야 했고, 부모는 중국 내륙으로 돌아가야 했기 때문입니다. 그는 "밧줄로 절기 제물을 제단 뿔에 맬지어다"[21]라는 성경 구절을 인용하고는 이런 말을 덧붙였습니다. "힘들지만, 주님은 합당하십니다." 그가 기꺼이 희생하고자 하는 대상은 자식들이 아니라 자신이라는 걸 보여주었습니다. 나중에 편지에서 아이들이 너무 어려서 의식적이고 자발적인 선택을 할 수 없었기 때문에 이런 식으로 아이들을 학교에 보내야 하는 것이 부모에게는 특별히 어려운 일이었다고 하더군요. 그건 그렇고, 아내는 어려움에 처한 사람들을 보호하고 돌보는 역할을 하고 있습니다. 그녀는 성탄절 두 달 동안 로빈슨 씨의 세 아들 모두를 이곳에 데려올 예정입니다. 제가 인생에서 경험한 바로는 사람들이 보통 꾸준히 원하면 결국에는 얻게 되고, 더 강하게 갈망한다면 더 많이 얻게 된다는 것입니다. 아내는 늘 쌍둥이를 원했었고, 이번 성탄절에는 (상당히 큰) 세쌍둥이를 얻게 되겠네요.

신문에서 보셨겠지만, 만주 국경 너머에서 (한국 선교부 소속) 미국 선교사 한 분이 총에 맞아 사망했습니다. 그분의 이름은 헨더슨입니다. 정말 훌륭하고, 좋은 사람이었죠. 참으로 슬픈 일이지만, 그 순교의 영광으로 인해 이곳 한국 기독교인들에게 새로운 힘이 임하리라 굳게 믿습니다. 한국의 개신교 선교는 그 상당한 기간과 규모를 고려할 때, 다른 지역에서 불가피하게 입었던 극도의 희생과 비교하면 신기하리만큼 거의 피해를 당하지 않았습니다.

---

21 시편 118편 17절 (역자 주)

물리적 폭력이 될 거로 생각하지는 않지만, 그 사건으로 인해 (암살은 그들이 주저하지 않는 무기이긴 합니다만 말이죠.) (이미 상당 부분 정부의 지배권을 장악하고 있는) 군국주의 세력과 기독교 교회 사이의 문제가 매우 첨예해질 가능성이 있습니다. 민족주의적 숭배에 대한 더 엄격한 요구 사항을 준수하라는 압력이 점점 더 커지고 있습니다. 저는 우리가 우리 가운데 있는 이러한 갈등을 직면하고, 이를 받아들일 준비가 되어 있기를 바라며 기도합니다. 저는 스스로 일본을 사랑하는 사람이라고 여기기 때문에, 그대로 둔다면 일본의 몰락을 가져올 정책에 동조할 생각이 없습니다. 그러나 저는 일본 기독교인들의 모든 충실한 사역과 희생이 헛되이 사라질 것이라고는 생각하지 않습니다. 제가 이전 편지에서 인용했던 것 같네요. 만약 아브라함의 믿음으로 의인 10명을 위해 주님께서 소돔을 구원하실 수 있다면, 일본에 있는 많은 신앙인들로 인해 그렇게 될 것입니다. 물론, 희생 없이는 일본이 구원받지 못하겠지만 말입니다.

어거스틴의 말을 빌리자면, 사이토 총리는 "타고난 그리스도인"으로서 훌륭한 신사이며, 따뜻하고 대범한 인물이라 생각합니다. 우리 한국 선교사들과 (한국인들은) 그에게 많은 빚을 지고 있습니다. 저는 우리가 기도로 그를 도와야 한다고 생각합니다. 물론 그는 거의 불가능할 정도로 어려운 상황에 처해 있습니다. 그는 용감한 노인이며, 국가가 위기에 처한 이 시대에 진정한 애국자입니다.

많은 사랑을 담아
당신의 동생
찰스 맥라렌

마조리, 그리고 매제와 이 편지를 공유해 주세요.

1932년 11월 27일 주일

사랑하는 메리 누나에게

아시다시피 제 글은 항상 후회스럽습니다. 지금과 같은 상황에서도 더 나아지지 않네요. 저는 부산행 열차 안 편안한 식당차에 앉아 있습니다. 이 아름다운 일요일 오후에 저는 매켄지 부인을 치료하고자 부산에 가는 길입니다. 지난 목요일 부산진에 내려갔을 때, 매켄지 부인이 발진티푸스로 의심되는 병으로 인해 상당히 아파한다는 걸 알게 되었습니다. 검사를 위해 그녀의 혈액 표본을 세브란스병원으로 가져왔고, 초기 진단은 마쳤습니다. 다행히도 이 경우의 (발진티푸스는) 경미한 것 같고, 매켄지 부인은 잘 회복될 것 같네요.

이번 여정을 통해 오늘날 일본이 처한 상황을 다시 한번 생각하게 되었습니다. 제가 타고 있는 풀먼 차량의 한 켠에는 꽃으로 장식된 작고 슬픔이 담긴 상자가 있습니다. 그 앞에는 음식과 과일이 놓여있는데, 만주 전쟁에서 전사한 군인의 유해가 고향으로 돌아가는 것이었죠. 방금 북쪽으로 향하는 기차를 지나쳤습니다. 기차 창문을 통해 나부끼는 욱일기를 보았습니다. 욱일기를 들고 있던 건 만주국으로 가는 군인들이었습니다. 열차에 탄 일본인들은 그 기차를 보고 열렬히 맞이했고, 당국에 의해 기차역에 집결한 수백의 한국 학생들은 강요된 환영의 인사를 어색하게 보냈습니다.

당연히 우리와 일본 전체가 제네바 회의 진행 상황을 큰 관심과 기대를 갖고 지켜보고 있습니다. 일본이 전 세계의 공감은 얻지 못할 테지만, 일본인들은 훌륭하고, 애정을 줄 만한 자질을 많이 가진 민족입니다. 현재의 사이토 총리는 (어거스틴의 표현을 빌리자면) "타고난 기독교인"

이라고 저는 생각합니다. 그는 선의와 넓은 동정심을 가진 사람이며, 바다가 더 멋지게 만들어 준 훌륭한 신사 중 한 명입니다. 그는 고령임에도 불구하고 이런 엄청난 부담과 책임을 떠맡은 진정한 애국자이기도 합니다. 제 생각에 우리에게 필요한 기도, 특히 일본인을 위해 해야 할 기도는 주님께서 그들의 충성심을 바로잡아 주시고, 그들의 국가적 이상을 숭배하는 신성모독과 우상숭배에서 그들을 구원해달라는 기도일 것입니다. 저는 종종 궁금했는데요, 어떻게 그렇게 오랫동안 일본 민족주의와 기독교 교회 사이에 공개적인 갈등이 없었는지 말이죠. 현재의 일본이 신성 불가침한 것으로 여기는 것들 중 일부는 적어도 저의 기독교적 양심에 따르면 신성모독입니다. 그리고 이 두 개념 사이에 타협의 중간 길은 없다고 생각합니다. 저는 전함이나 경제적 압박은 일본을 강제하거나 개종시킬 만큼 충분히 강력하거나 훌륭한 방법이라고 생각하지 않습니다. 저는 기독교 교회가 그 일을 할 수 있다고 생각합니다. 진리를 증거하는 증인의 어쩔 수 없는 사랑의 희생이 세상을 변화시키기 시작했으니까요. 다른 방법으로는 변화를 완성할 수 없을 것 같습니다.

최근 보내준 편지에 감사드립니다. 답변을 위해 편지를 참고해야 하는 일과 관련된 내용은 나중에 답해드리겠습니다. 그동안 누나와 마조리(물론 매형과 테드 씨도 포함된다는 걸 알고 있어요)가 제게 이익이 되는 일과 관련해 보여준 배려와 아량에 감사드립니다.

제가 여전히 아주 잘 지내고 있다는 소식을 전하게 되어 기쁩니다. 조교가 없는 동안 매우 바쁜 시간을 보내야 했지만, 막중한 업무와 책임의 압박 속에서도 잘 견뎌내고 있습니다. 다행히 이 박사가 건강하게 업무에 복귀하여 다시 일을 시작했습니다.

제가 쓴 "일본 친구들에게 보내는 공개편지"에 관심이 많으셨다고 하셨죠? 매튜 씨에게 사본을 보내기로 약속했고, 보냈다고 생각했습니다. 하지만 그는 아직 그 글을 받지 못했다고 하네요. 가능하다면, 제가 누나에게 보낸 사본을 매튜 씨에게 보여줄 수 있을까요?

많은 사랑을 담아
당신의 동생
찰리 맥라렌

1933년

✝

1933년 1월 3일
세브란스

사랑하는 메리 누나에게

 일본인들은 새해에 며칠 동안 휴가를 보내는데, 매우 훌륭한 관습이라 생각합니다. 오늘은 그런 휴일 중 하나이며, 우리 병원은 가이사 (Caesar)의 것은 가이사에게 기꺼이 돌려주는 마음으로 오후 환자 진료를 하지 않았습니다. 평온함이 있기를 기대하지만, 우리 집에는 주님이 보내주신 딸아이 외에도 세 명의 어린아이들이 놀고 있어 다소 소란스러울 수밖에 없네요. 저는 텅 빈 건물의 고요함과 정적을 즐기며, 사무실에 앉아 이 편지를 쓰고 있습니다. 제가 있는 사무실은 꽤 멋지고, 작은 대기실도 딸려 있습니다. 최근 몇 달 동안 훨씬 더 환하고 깔끔하게 변한 이 건물에 입주하게 된 일은 우리 의사들뿐 아니라, 환자에게도 좋은 일이라 확신합니다. 우리에게 이런 변화를 가져다준 것은 바로 불황이었습니다, 역설적이게도 말이죠.

 제가 전에 감사 인사를 드렸나요? 재정적인 도움을 준 것에 대해 마조리에게 두 번 고맙다고 했는지, 아니면 깜빡하고 한 번만 감사 인사를 전했는지 기억이 나지 않네요. 어쨌든 날이 갈수록 저희에게 실질적인 이익이 되는 도움을 준 것에 대해 다시 한번 고마움을 표시하는 건 필요할 것 같네요. 재정적인 문제에 있어 편안한 길에 들어서니 왠지 낯선 느낌이 드는군요. 게다가 저는 금전과 관련해 마음의 안도감도 누리고 있습니다. 이 마음의 안도감은 저축한 돈보다 더 근본적인 무언가에 의지하고 있기 때문일 겁니다. 하나님이 베푸시는 은총은 그의 뜻을 행하려 하고, 그를 신뢰하는 사람들을 위한 것이라 더욱 확신하게 되었습니다. 다만, 저 자신의 쾌락과 안위를 위해 너무 많은 것을 소유하는 불찰에 빠지지 않기를 바랄 뿐입니다.

올해가 안식년이라는 생각만 해도 벌써 마음이 설레네요. 누나를 다시 만날 날이 얼마나 기대되는지 모릅니다. 딸애가 사촌들과 함께 친구 사귀는 모습을 보면 얼마나 기쁠까요. 아직 새로운 사진을 찍지 않은 걸 잊지 말라는 누나의 핀잔을 들었지만, 현재 딸애가 감기에 걸려서 당장 사진을 찍기는 어려울 것 같습니다.

최근에 『라세터의 마지막 탐험(Lasseter's Last Ride)』과 『내륙의 선교사 플린(Flynn of the Inland)』을 흥미롭게 읽었습니다. 플린은 큰일을 해냈습니다. 그는 교회와 국가 모두를 위해 훌륭한 건축가임을 증명했습니다.

제가 관할하는 정신병동 4개 병실에는 6명의 환자가 있고, 그들의 치료비도 도움을 받고 있습니다. 6명의 환자를 4개의 방에 나누는 것은 안 될 일입니다. 적어도 정신과적 치료에서의 셈은 그런데, 상황이 바쁘게 돌아가네요. 외국인 정신과 환자로부터 청혼을 받았습니다. 그녀는 점점 나아지고 있습니다. 어제 그녀가 남편에게 설명하기를 그녀가 남편에게 청혼했을 때, 완전히 정신이 나간 상태는 아니었으니 결혼 약속을 지키는 것이 자신의 의무라고 생각한다고 설명하더군요. 누나는 이러한 논리에 대해 어떻게 생각하시나요?

제네바에서 일어난 일들은 계속해서 주목받고 있습니다. 모두가 크리스마스와 연말 휴가 동안, 이 상황을 숙고해 보는 것은 좋은 일이라고 생각합니다. 일본의 태도는 한마디로 켈워시 사령관을 "박해 콤플렉스"

를 가진 사람으로 묘사하는 것에서 드러납니다. 다른 사람들 눈에는 그렇게 보이지 않지만, 개인이든 국가든 불안은 위협으로 치유될 수 없습니다.

누나와 누나 가족에게 많은 사랑을 담아
누나의 다정한 동생
찰리 맥라렌

1933년 2월 19일
서울

사랑하는 메리 누나에게

이 편지는 누나에게 보내는 생일 편지지만, 2월 13일에 도착하도록 하려면 약 한 달 전에 써야 했을 것 같네요. 생일 축하해요. 저는 지금의 제 나이보다 더 젊어지고 싶지 않습니다. 전 제가 나이가 들수록 더 현명하고 행복해지길 바랍니다. 한번은 아버지께서 나이가 들면서 더 굳건한 신앙인이 되었다고 말씀하신 적이 있습니다. 어떤 사람들은 이런 걸 편견이 깊어졌다고 말하지만, 제겐 그렇게 느껴지지 않네요. 긴 인생이 막바지에 이르렀을 때 할아버지가 하신 말씀에 대해 아버지가 이야기 해준 적이 있나요? (물론 그 시간이 누나에게 다가오고 있다는 뜻은 아니에요, 그런 일은 없기를 바라죠!) 할아버지는 매우 차분하게 "껍데기가 부서지는 곳에 그대로 놔두라"[22]라고 말씀하셨다더군요.

딸애 나이가 이제 두 자릿수가 되었습니다. 16일이면 10살이 됩니다. 생일이 일요일인 아이들(과 해당 주에 생일이 있는 아이들)은 주일 학교 시간에 앞으로 나와서 자신들의 나이만큼의 동전을 쟁반에 넣습니다. 그리고 다른 아이들은 "생일 축하합니다… 사랑하는 누구야, 누구야"라고 노래를 불러줍니다. 매우 예쁘고 즐거운 행사이며, 축하받는 아이가 자신의 사랑하는 자녀일 때 부모의 마음은 정말 뭉클해집니다. 딸애와 저는 아주 좋은 친구입니다. 저는 그 애가 사랑스럽습니다. 그 애와

---

22 윌리엄 버틀러 예이츠(William Butler Yeats)의 시 「A Prayer For My Daughter」에 나오는 구절로 인생에서 피할 수 없는 어려움이나 고난을 받아들이고 그것을 극복해야 한다는 의미를 담고 있음. (역자 주)

사촌들 사이에 약속된 만남과 함께하며 채워갈 행복의 시간을 저는 매우 기대하고 있습니다.

어젯밤에 흥미로운 꿈을 꿨습니다. 내용은 이렇습니다. 꿈에서 일본 전쟁장관인 아라키가 저를 메이지 신궁에 절하게 만들려고 하더군요. 이 꿈은 해석이 필요 없습니다. 필요한 건 일본의 기독교인들과 다른 나라에 있는 기독교인들이 전쟁의 신 마르스나 다른 어떤 거짓 신도 숭배하지 않도록(또는 타협하지 않도록) 기도하는 것입니다. 더욱이 저는 일본에 새로운 사고방식을 가져다주기 위해 전함이나 폭탄보다 더 역동적인 무언가가 필요하다고 확신합니다. 아라키와 그가 속한 집단은 자신들이 말한 것은 행동으로 옮기고, 강압보다는 말살을 선택하는 광신도들입니다. 하지만 따르는 이들에게 칼을 내려놓으라 말씀하시고, 십자가에서 로마 제국(그리고 궁극적으로는 모든 제국주의와 군국주의)에 맞서 이기신 그분 앞에 누가 능히 설 수 있겠습니까?

모두에게 사랑을 담아
찰리 맥라렌

추신 최근에 콜리나 맥라렌 당고모로부터 편지를 받았습니다. 당고모는 콤리 출신으로 홍콩 민간 병원에서 간호사 일을 하고 있습니다. 그녀는 한국을 경유할 때 몇 번 우리를 만났으며, 두 번 우리 집에 머물렀습니다. 홍콩을 지나는 많은 선교회 회원들에게 그녀는 정말 넉넉하고 친절하게 대해 주었습니다. 곧 그녀는 호주로 "휴가"를 갈 예정입니다. 그렇게 하는 특별한 이유는 지난 6년 동안 호주에서 재기를 시도하며, 다소 힘든 시간을 보내고 있는 여동생 메리와 연락하고 그녀를 돕기 위해서입니다. 당고모는 제가 아는 가장 관대하고 따뜻한 마음을 가진 사람 중 한 명입니다. 우리와 마찬가지로 그녀 또한 영적인 갈망이 있고, 한때는 선교사로 중국에 가는 것을 생각하기도 했습니다. 그녀는 다소 충동적이고, 엉뚱하며, 저와는 전혀 다른 성격이라 할만합니다. (모든 사람이 저와 비슷한 성격이면, 세상은 정말 이상해질 것이고, 저는 그런 세상에서 살고 싶지 않습니다!) 저는 누나와 마조리의 주소를 알려 주었습니다. 회원들이 홍콩에 있는 동안 그들에게 큰 친절을 베풀어 준 그녀에게 호주 장로교 여성선교연합(P.W.M.U.)은 빚을 졌다고 생각합니다. 그녀에게 가능한 도움을 주시고, 이 편지도 마조리에게 보여주세요.

1933년 3월 14일

세브란스

사랑하는 메리 누나와 마조리에게

이번 우편으로 해외선교위원회(F.M.C.)에 제가 취한 조치에 관한 편지를 보냈습니다. (유감스럽게도) 이 조치로 인해 휴가가 18개월 연기될 것 같네요. 제가 매튜 씨에게 보낸 편지 사본에 그 이유가 설명되어 있습니다.

반복되는 무력감으로 인해 저는 업무의 연속성을 유지하기 위한 준비가 절실히 필요한 상황에 이르렀습니다. (제가 아플 때) 제 업무를 넘겨줄 수 있을 만큼 자격을 갖춘 사람이 있다면, 엄청난 도움이 될 것입니다. 이 점에서 이 박사는 매우 훌륭한 동료이며, 이미 저에게 큰 도움을 주어 진정한 친구임을 보여주었습니다. 저는 그와 매우 솔직하게 이야기를 나눴습니다. 그는 저와 함께 세브란스에 남고 싶어 하지만, 이 일이 평생의 일이 되려면 대학원 과정을 마쳐야 하고, 학위도 있어야 합니다. 2년간의 학비는 약 4천 800엔입니다. 학교는 1천 400엔을 지원할 것이고, 이 박사 본인은 그의 집을 팔아 1천 엔을 마련할 예정입니다. 저는 나머지 금액인 2천 400엔(2년 동안 매달 100엔)을 마련해야 합니다.

이 박사와 학교는 그의 자격 취득 후, 다음과 같은 합의를 하게 됩니다. 제가 아플 때 휴가를 요청할 권리가 인정되며, 이 박사는 저의 부재 시 대신할 준비가 되어 있어야 합니다. (어떻게든 앞으로 제가 2년을 버틸 수 있다면) 이 합의는 저 자신과 학교, 그리고 이 박사 모두에게 이익이 될 것입니다. 저는 지체할 수 없었습니다. 휴가 후에 이러한 일을 조정하는 것은 결코 더 쉽지 않을 테니까요.

누나와 조카들 그리고 리브 여사께 실망감을 안겨드려서 정말 죄송합니다. 누구보다도 리브 부인께 이 결정을 말씀드리기가 어렵네요. 아내는 어려운 상황에서 가장 실현 가능한 계획이라며 동의했습니다. 아내가 리브 부인에게 편지를 쓸 거예요.

정말 행복한 5개월을 보냈습니다. 하지만 몇 주 전부터 정신적으로 힘들고 어려움도 겪고 있습니다. 하지만 곧 지나가겠죠. 이 부족한 편지를 제 현 상황 때문이라 양해해 주시고, 모두를 가능한 한 빨리 만나보고 싶어 하는 저의 애정과 마음을 믿어주시길 바랍니다.

당신의 애정 어린 동생
찰리 맥라렌

추신 리브 부인에게도 편지를 썼습니다. 저는 편지에 애비슨 박사에게 보낸 저의 편지 사본을 동봉하였고, 누나에게 보여주십사 부탁했습니다.

1933년 5월 24일
서울

사랑하는 메리 누나에게

방금 휴가를 연기한다는 제 편지를 받고 바로 쓴 누나 편지가 도착했습니다. 강한 어조가 묻어있더군요. 저는 (내용 일부를) 진지하게 받아들입니다. 장모님 집에 가능한 한 빨리 돌아가야 할 긴급한 일이 있다는 부분도요. 이 박사는 지금 약 6주 동안 자리를 비운 상태입니다. 그가 없는 동안 부서의 업무가 잘 진행되고 있어서 고무적입니다. 그가 떠나기 직전, 파견 결정이 내려졌을 때만 해도 어떻게 일을 처리할 수 있을지 막막한 상황이었습니다. 그가 떠나기 직전에 저는 정상으로 다시 돌아왔고, 지금까지 아무런 문제 없이 일은 순조롭게 진행되고 있습니다. 그의 공부가 끝나기를 바랐던 이유 중 하나는 (일할 준비가 되도록 휴가가 저를 회복시켜 줄 것으로 모두들 생각하는 것과는 달리) 실제로 휴가 이후의 시간이 가장 걱정되었기 때문입니다. 휴가에서 돌아왔을 때, 제 자리를 쉽게 넘겨줄 사람이 없다면 그 복귀가 정당하지 않게 보일 것이라고 느꼈기 때문입니다.

현재 상황을 고려해 볼 때, 이제 그런 걱정을 하지 않고 있으며, 이 박사가 학과 과정의 절반만 마치고, 제가 휴가에서 돌아온 후 나머지를 끝낼 수 있도록 계획하고 있습니다.

아직은 장담할 수 없지만, 제가 할 일은 1년 후 (이는 우리 정기 휴가가 기간보다 단지 6개월 늦어지는 걸 의미합니다.) 이 박사를 다시 불러와 제가 휴가에서 돌아온 후, 모든 과정을 완료하게 하는 것입니다.

저는 지금 병원에 가야 합니다. 그래서 더 이상 쓰거나 자세한 이야기

를 할 수가 없네요. 누나가 말한 내용 중 일부는 타당합니다. 일부 오해
가 있는 부분은 휴가 동안 만나서 해결하면 좋겠습니다.

사랑을 담아
찰리

누나의 사랑과 애정에 진심으로 감사드려요.
이 편지를 장모님께도 보여주세요.

1933년 7월 16일
세브란스

사랑하는 메리 누나에게

세월이 덧없이 흘러간다(Tempus fugit)는 말은 현재와 과거 모두에게 해당하는 것 같습니다. 선교위원회 회의 이후로는 편지를 쓰지 않은 것 같습니다. 개인적인 일에 관해 말하자면, 마틴 박사가 3월까지의 체류는 허락하지만, 무기한 휴직은 승인하지 않는다는 증명서를 제게 보내주었습니다. 위원회는 필요에 따라 나중에 재검토할 수 있다는 조건하에 그때까지 체류할 것을 권고했지만, 저는 불필요한 지체 없이 떠나려고 합니다. 일본에 가서 이 박사와 그의 지도 교수를 만나 제가 휴가를 떠나 있는 동안 이 박사가 1년간 임상 연구를 위해 한국에 있은 후, 제가 돌아오면 다시 일본에 돌아갈 수 있도록 할 계획입니다. 이 계획은 이 박사가 끊임없이 연구를 계속할 수 있다는 측면에서 저뿐만 아니라, 그에게도 실제적인 이점이 있다고 생각합니다. 한편, 이 박사는 학업을 잘 진행하고 있고, 저와 함께 일하는 열정이 넘치는 젊은 조교는 제게 많은 도움을 주고 있습니다. 그는 2년 동안 계속 근무하겠다는 의사를 밝혀 저에게 큰 만족감을 주었습니다.

우리는 우호적이고 즐거운 분위기 속에서 본부 회의를 했습니다. 본국의 교회가 용기를 내어 우리를 지지해 주고 응원해 준 것에 대해 감사하게 여깁니다. 본부 회의가 끝난 후 우리는 금강산에 있는 별장으로 갔습니다. 아내와 딸아이, 그리고 저는 일주일을 함께 보냈고, 저는 다시 시내로 돌아와서 10일간 머물렀습니다. 아내와 딸애는 중국에서 온 트록셀 양, 그리고 아내의 친구 두 명과 합류했습니다. 저는 혼자 지내고 있으며, 하인들의 보살핌을 잘 받고 있습니다. 하인의 심리는 매우 흥미롭고 감동적입니다. 아내가 없을 때, 저는 제가 꼭 원하는 대로 하겠다고 말했지만, 공허한 꿈이 되었죠. 저는 조 씨 할머니에게 (간단한 메뉴 이름을 말하며) "아니, 이것도 저것도 괜찮습니다. 필요 없습니다. 이것과 저것만 주세요"라고 말했습니다. 할머니는 알았다고 말하지만, 다음 식사 시간이 되면 세, 네 가지 코스 음식이 나오고, 그건 3명이 먹을 수 있는 양이었습니다. 이는 그녀가 남은 음식을 먹기 위해 그런 것이 아니었습니다. 한 번은 (갓 결혼한 C.I.M.) 한 쌍의 부부와 지내기도 했습니다. 그 부부는 제공받은 융숭한 대접에 매우 만족해했습니다.

딸애는 정말 사랑스러운 아이입니다. 오늘 그 애로부터 정말 재미있는 편지를 받았어요. (유머는 대부분 어린아이의 무의식으로부터 나온 것이어서 더 마음을 끕니다.) 딸애와 산에 있으면서, 저는 그 애에게 기본적인 물리학과 철학을 알려 줄 기회를 가졌습니다! 세상은 원자로 이루어졌고, 원자가 전기라고 설명해 주었어요. 다시 생각의 고리는 브루스 형의 철학적 명제로 이어져서 "세상은 생각으로 이루어져 있다"라고 설명해 주었습니다. 마을로 돌아온 후 저는 그 애에게 편지를 썼는데, 편지에서 저는 "세상은 무엇으로 만들어졌나요?"라고 물었습니다. 답장에서 그 애는 이렇게 끝을 맺더군요. "세상은 레이첼의 사랑으로 만들어졌어요"라고요. 그 애는 '사랑(Sarang)'이 (love를 뜻하는 한국어) 가장 중요하다고 믿습니다. 그 애는 말했습니다. "당연하죠, 사랑이 없었다면 농부들은 농작물을 팔지 않았을 테고, 우리는 살 수 없을 거예요." 세계 경제 회의에서 이 점을 조금 더 이해하지 못한 것이 아쉽네요. 만약 위원들이 이 진리를 이해했다면, 상황이 좀 더 나아지지 않았을까 하는 아쉬움이 남습니다.

최근에 두 편의 논문을 완성했습니다. 하나는 중국 의학 저널에 투고할 '정신병과 신체의 질병 발병률'에 관한 논문이고[최근에 이 박사가 일본 의학 저널에 이 논문을 일본어로 번역하고 싶다는 소식을 들었습니다], 다른 하나는 '기독교 신앙의 의학적 그리고 과학적 함의'에 관한 논문입니다. 이 논문은 제게 매우 흥미로운 연구였습니다. 저는 이 논문을 톰 던힐 씨에게 보냈고, 의학 저널에 우선 투고해 보고, 받아주지 않는다면 (이 논문은 그들이 일반적으로 출간하는 글들보다 더 기독교적인 내용을 담고 있습니다.) 『애틀랜틱(Atlantic)』지에 보내달라고 요청했습니다. 이 논문이 차라리 종교학술지보다 일반학술지에 게재되기를 바랍니다. 왜냐하면, 종교학술지에서는 어쩌면 "또 다른 설교"로 여겨지기 쉽기 때문입니다.

신약성경에 나오는 부자에 대해 누나가 했던 말이 떠오릅니다. 경제적인 면에서 보면 아직 부자 계층에서 벗어나지 못했지만, 목적의 일관성과 헌신에 있어서는 그들처럼 되고 싶습니다. 사실 저는 금전적 문제를 해결하는 방법을 깨닫기 시작했습니다. 하지만, 여전히 매우 어렵게 여겨지고, "아직 이루지는" 못했습니다.

몇 주 동안 일본에 갈지도 모르겠습니다. 일본 지도자들로부터 일본 사람들의 생각에 대해 가능한 많은 것을 배우고 싶습니다.

"우리 조상들의 하나님, 그들 후손의 하나님이 되소서"라는 기도문을 묘비에 새기자는 누나 제안에 매우 감동했습니다. 좋습니다. 저도 그 말이 제가 사랑하는 사람들을 위해 진정으로 바라는 유일한 것이라 생각합니다. 우리의 모든 어린 자녀들이 하나님의 보호하심과 은혜, 그리고 사랑 안에 거하기를 바랍니다.

애정을 담아 사랑하는 동생

찰리 맥라렌

시편 23편의 마지막 구절[23]과 "우리 조상들의 하나님"이라는 누나의 말을 생각합니다.

---

23 내 평생에 선하심과 인자하심이 반드시 나를 따르리니 내가 여호와의 집에 영원히 살리로다, 시편 23편 6절 (역자 주)

1933년 10월 15일
서울

사랑하는 메리 누나에게

오랜만에 다시 편지를 쓰게 되었습니다. 긴 편지는 아니지만, 제가 잘 지내고 있고, 곧 더 긴 편지를 쓰겠다는 걸 알려드리기 위한 편지가 될 것 같네요. 가족은 여전히 잘 지내고 있지만, 최근 아내의 심장에 다시 약간의 문제가 있어 걱정됩니다. 근간에는 아내에게 일주일 동안 침대에 누워 있으라는 권고도 있었습니다. 그 권고가 아내에게 많은 도움이 된 것 같아요. 아내는 하루나 이틀 만에 긴 산책도 하고, 저녁 10시 정도까지 외부에서 열심히 일도 했습니다!

루이 클러크 부인이 우리와 함께 지내고 있습니다. 가여운 부인은 모든 활동이 극도로 제한된 상황에 다시 적응하기 위해 고통스러운 노력을 하고 있습니다. 그녀는 이 상황을 매우 어려워하며, 맞서고 있지는 않지만, 이러한 앞날을 받아들이는 것을 매우 힘들어하고 있습니다.

커 양은 한국에 돌아와 얼마 전 서울에 머물렀습니다. 그녀는 누나와 누나 가족, 그리고 누나가 그녀에게 준 아낌없는 도움과 지원에 매우 감사해합니다. 그녀에게서 누나와 조카들 이야기를 들으니 반가웠어요. 그녀가 매형은 만나지 못했다고 하더군요.

호주에서 온 손님들이 몇 명 있었습니다. 토페 양과 맥스웰 양이 먼저 왔고, 지난주에는 브라이턴에서 온 맥클린 부부와 카우즈 출신의 톰슨 부부가 도착해 네 명의 손님이 있었네요. 저는 저녁 만찬을 위해 한국 호텔로 데려가는 것을 포함해 하루 대부분을 뒤에 온 손님들을 위해 소요했습니다. 손님들은 저녁 식사를 즐겼고, 우리가 보여준 선교 활동에 깊은 인상을 받았다고 여겨집니다.

　일본에 있는 제 조교가 그곳 사람들에게 좋은 인상을 남기며 잘 지내고 있다는 소식을 전하게 되어 기쁩니다. 저는 3월에 떠날 예정이지만, 그를 다시 불러들이기보다 그곳에서 계속 공부하도록 하길 바라고 있습니다. 임시 조교로 고용한 학생은 아주 잘하고 있습니다.

　최근에 톰 던힐 씨에게서 편지를 받았습니다. 그는 최근 토마스 경이라는 칭호를 받았더군요. 그는 그만한 자격을 갖추었다고 여겨집니다. 그는 제 재판 인쇄본에 대해 매우 따뜻하게 말해 주었지만, 꽤 과로해서인지 글이 산만해 보였습니다.

　휴가를 고대하고 있고, 누나를 다시 만날 날이 점점 더 기다려집니다.

사랑을 담아
찰리 맥라렌

추신 브루스 형의 유산 중 어머니 몫을 보내주셔서 감사합니다. 이 박사의 대학원 학비로 사용했습니다. 다시 한번 누나와 마조리에게 고마운 마음을 전합니다.

1933년 10월 26일
세브란스

사랑하는 메리 누나에게

오늘 아침 흥미롭고 누나다운 편지를 받았습니다. 누나에게 편지를 써야겠다는 생각을 하던 차에 누나로부터 온 편지는 실제로 그렇게 하도록 자극을 주더군요. 누나가 느꼈듯이, 제 머리와 마음이 정체된 (다행히 짧고, 그렇게 심각하지 않은) 기간이 있었지만, 다행히 해소되었고, 이제 몇 달 동안은 잘 지낼 수 있다는 희망을 품을 수 있게 되었습니다. 아마도 휴가 동안과 그 이후에도 더 이상의 문제 없이 지내게 될 것 같습니다. 어려움을 극복한 후, 저는 제가 겪었던 일들이 헛되지 않다는 것을 확신하게 되었습니다. 저는 이런 종류의 경험만이 가르쳐 줄 수 있는 소중한 교훈들이 있다는 걸 깨닫게 되었습니다. 또한, 제가 깨달은 지혜와 경험을 통해 다른 사람을 돕는 데 기여할 수 있다는 것을 알게 되었습니다.

제가 「기독교 신앙의 의학적 그리고 과학적 함의」라는 논문에서 표현하려고 했던 내용을 중히 여겨주셔서 기쁩니다. 제가 지금까지 쓴 글 중 가장 중요한 글이라고 하셨더군요. 이처럼 중요한 주제에 대해 숙고하게 된다면, 작은 자만심과 허영심이 끼어들 여지나 자리가 없습니다. 때문에, 이 논문을 매우 중요하게 생각한다고 감히 말씀드리고 싶습니다. 그러나 무언가를 보고 말하는 것보다 훨씬 더 중요한 것은 그렇게 사는 것입니다. 우리에게 무엇보다도 중요하고 필요한 것은 새롭게 하심과 부활을 믿고 신뢰하며 새로운 삶을 살아갈 준비가 된 (새로운 사회, 하나님의 공동체, 그리고 가족으로 연합된) 사람들입니다. 온 세상을 이끄는 제1의 생명법칙, 즉 자기보존의 법칙은 도대체 어떤 광기에 사로잡혀 있는 것일까요? 모두가 안전을 바라지만, 세상이 확보한 유일한 건 성냥과 엄청난 양의 다이너마이트뿐입니다. 저는 자기보존과 안전에 대한 (인정된) 권리를 포기하고, 자신과 타인을 위해 구할 수 있는 믿음을 얻고 싶습니다. 무엇을요? 키플링의 시에 나오는 "탐험가"처럼 "산맥 넘어, 무언가…"를 함께 찾고 싶네요. 히브리서에서는 다음과 같은 훌륭한 말씀이 있습니다. "오직 우리가 천사들보다 잠시 동안 못하게 하심을 입은 자 곧 죽음의 고난 받으심으로 말미암아 영광과 존귀로 관을 쓰신 예수를 보니 이를 행하심은 하나님의 은혜로 말미암아 모든 사람을 위하여 죽음을 맛보려 하심이라 또는 조금 그러므로 만물이 그를 위하고 또한 그로 말미암은 이가 많은 아들들을 이끌어 영광에 들어가게 하시는 일에 그들의 구원의 창시자를 고난을 통하여 온전하게 하심이 합당하도다."[24]

저는 스스로를 순교자로 만들고 싶지 않습니다. 하지만 지금은 위대하면서도 위험한 시대입니다. 운명의 시간은 우리 중 누구에게나 (특히 우리가 진정으로 기독교의 길을 추구하고 있다면) 언제든지 올 수 있습니다. 저는 우리 모두가 "생각하지 않은 때에 인자가 오리라"[25]는 주님의 말씀을 기억해야 한다고 생각합니다. 과연 주님은 참된 믿음을 찾으실까요? 정말 찾으실까요? 저는 이 질문이야말로 매우 중요하다고 생각합니다. 제가 겪은 이 모든 힘든 경험들이 제 안에 믿음이 생기게 해주길 기도합니다. 행복하고 안락한 삶을 사는 믿음이든, 주님을 증거하며 안전을 희생하며 어려움을 견디는 믿음이든 말입니다. 하지만 누가 이런 힘든 삶을 충분히 감당할 수 있을까요?

---

24 히브리서 2장 9~10절 (역자 주)
25 마태복음 24장 44절 (역자 주)

누나는 앵거스 사건에 대해 언급하셨죠. 그의 가르침이 장로교 신앙에 어긋나지 않는다면 우리에게는 더욱 생명력 넘치는 믿음이 필요하다고 생각합니다. 저는 그를 이단으로 몰아붙이고 싶지 않습니다. 형제의 믿음이 약하다고 벌을 주는 게 우선이라고는 생각하지 않습니다. "믿음이 연약한 자를 너희가 받되 그의 의견을 비판하지 말라"[26]는 말씀이 적용될지 모르겠군요. 학식 있고 능력 있는 그분에 대해 이렇게 말하는 것이 "거만"하거나 "영적인 자만"이 아니기를 바랍니다. 그러나 그의 가르침은 제게 만족스럽지는 않습니다. 반면에, 그를 아는 사람들과 그 자신은 우리 주님에 대한 믿음과 충성이 있다고 증언하더군요.

이 모든 내용이 편지라고 하기에는 매우… 뭐라고 말해야 할까요? 하지만 저는 이러한 문제들에 대해 큰 관심이 있어 쓰게 되었습니다.

커 양 그리고 그녀와 관련된 일을 위해 애써주셔서 정말 감사합니다. 훌륭한 일이라고 여겨지고 커 양은 보기 드문 열정과 능력을 갖춘 여성입니다. 저처럼 그녀는 때때로 몸이 좋지 않아 활동을 멈추기도 하지만, 그녀의 건강 문제는 저보다 훨씬 존중받을 만한 이유가 있습니다. 신체적 문제가 대부분이지만, 신앙과 불신앙 간의 갈등도 어쩌면 그것과 관련 있을 수 있다고 생각합니다. 누나처럼 저 역시 그녀의 일이 하나님의 영광을 위한 일이며, 많은 비극적인 소녀들에게 큰 도움이 될 것이라고 믿습니다. 거의 돈 한 푼 없이 그들이 이룩한 성과는 놀랍습니다.

슈얼 씨에 대한 누나의 얘기도 놀랍더군요. 저는 누나와 마찬가지로 그가 잘못된 길을 걷고 있으며 불쌍한 청년 브루스에게 좋은 의사이자 상담자가 되기에는 매우 부적합한 사람이라는 걸 스스로 증명했다고

---

26 로마서 14장 1절 (역자 주)

생각되네요.

이쯤에서 편지를 마치려 합니다. 마조리에게도 편지해서 개인적인 일과 가족 소식을 전하겠습니다. 편지를 공유해 주세요.

딸애가 마니에게 작은 한국 상자(저금통)를 보냈습니다. 그 애는 마니에게 편지하면서 실수로 편지를 잘못 보내 매우 안타까워했고, 다시 편지를 썼습니다.

사랑을 담아
찰리 맥라렌

1933년 12월 24일 크리스마스 이브

사랑하는 메리 누나와 마조리, 그리고 모든 가족에게

오늘은 크리스마스 이브이자 우리 가족에게는 매우 행복했던 주일의 끝자락입니다. 우리는 내일 다가올 행복하고 즐거운 하루를 고대하고 있습니다. 다음 크리스마스에 저는 몸과 마음 모두 누나 가족과 함께할 것 같아 기쁩니다. 이 크리스마스가 집에 있는 한 어린 딸과 함께하는 것만으로도 이처럼 풍성하고 행복하다면, 모든 사촌들과 함께 나눌 때는 얼마나 더 좋을까요? 호주에 있는 가족들도 이곳 서울에 있는 우리보다 더 풍성한 크리스마스의 기쁨을 누릴까요? 아주 놀라운 방식으로 우리 신앙인들은 모두 하나의 큰 거룩한 가족의 일원이 되고, 가족으로 받아들여지는 것을 거부하는 사람들조차 그 넘쳐나는 기쁨의 일부를 받을 수밖에 없습니다. 일본 상점들이 "크리스마스를 강조"하는 것은 매우 놀랍습니다. 물론 거기에는 상업적인 요소가 있지만, 다른 무언가도 있습니다.

이번 크리스마스 시즌은 제 일본 친구들에게 특별히 행복한 시간이 될 것입니다. 일왕의 왕후에게 어린 아들이 태어났다는 것은 그들에게 큰 의미가 있습니다. 후사를 오랫동안 기다려 온 왕후에게도 잘된 일이죠.

제가 잘 지내고 있다는 소식을 전하게 되어 기쁩니다. 휴가 계획은 곧 구체화될 것입니다. 거의 확실히 우리는 인도에 가지 않을 것 같군요. 저는 장인어른께 그렇게 편지를 썼으며, 호주에서 만날 수는 없는지 여쭤보았습니다. 최근 아내 건강 상태는 필요 이상의 여행을 할 수 있을 만큼 좋지는 않습니다.

일주일 안에 '올해는 호주, 그리고 그곳의 모든 가족과 함께'라고 말할 수 있다는 생각에 벌써부터 설레기 시작합니다. 물론 그 생각과 함께

"이제 돌아갈 사랑하는 어머니가 계시지 않는구나"라는 다른 생각도 떠오르네요. 하지만 하나님 나라의 실재뿐 아니라, 우리가 다시 만날 거라는 소망은 점점 더해져 갑니다. 그래서 사도들과 함께 저는 "죽음아! 네가 쏘는 것이 어디 있느냐"[27]라고 말할 수 있습니다.

딸애 역시 자주 "호주"에서 있을 일들에 대한 행복한 기대를 내비치 더군요.

카펫이 도착해서 우리 집 바닥을 장식하고 있습니다. 우리 모두 깊이 감사함을 느끼고 있습니다. 정말 고맙습니다.

『헤럴드(Herald)』지에서 리틀존 씨에 대한 찬사의 글을 읽었습니다. 그는 한 사람으로서 훌륭했으며, 교장 선생님으로서도 멋진 분이셨습니다. 그와의 만남은 짧았지만, 저는 그에게 끌렸고, 그의 넉넉한 마음과 동정심에 깊은 인상을 받았습니다.

레이섬 씨가 공식적으로 일본 방문을 제안받았다는 걸 알고 있습니다. 만약 제가 호주 사람들이 일본인들에 대한 적절한 존중과 감사 그리고 호감을 느낄 수 있도록 도울 수 있다면, 어떠한 방식이든 그러한 봉사의 기회를 진심으로 원합니다. 앵글로 색슨계든, 백인이든, 북유럽계든(혹은 일본계든) 우열을 따지는 것은 옳지 않습니다. 사실상 우리는 형제이며, 형제로서 동등합니다. 그리고 우리에게 필요한 모든 걸 공급해 주시는 아버지 하나님이 계시다는 기독교 복음은 우리에게 무한한 가능성과 자유를 느끼게 합니다.

우리 모두의 사랑을 담아

누나의 애정어린 동생

찰리 맥라렌

---

27 고린도전서 15장 55절 (역자 주)

1934년

†

1934년 1월 17일
세브란스 의과대학, 서울, 한국

사랑하는 메리 누나에게

우리가 만날 때까지 너무 오래 걸리지 않기를 바라고 있습니다. 호주에서의 휴가를 생각할수록 더 기대되네요. 딸애 레이첼도 호주에서의 휴가에 대한 기대로 가득 차 있습니다. 특히 그 애는 사촌들을 만날 날을 고대하고 있어요. 아내 역시 호주에 있는 가족과 친구들을 만날 날을 고대하고 있다는 것은 말할 필요도 없겠죠. 우리는 아마도 4월 초에 여객선 N.Y.K.(New York Kisen Kaisha) 편을 타고 떠날 듯합니다. 저는 최근에 진주에서 돌아왔는데, 그곳에서는 총회장과의 간담회가 포함된 선교 회의가 있었습니다. 그는 회의에 실제적인 공헌을 했습니다. 저는 그가 한국에서의 사역에 더 큰 희망과 열정을 품도록 자극할 메시지를 본국 교회에 가져갈 것이라고 확신합니다. 우리가 논의한 중요한 사안 중 하나는 커 양의 농장학교 프로젝트였습니다. 커 양은 전체 토론에 있어 탁월하고 훌륭한 기여를 했습니다. 그녀를 찾아온 여성들이 처한 고통스러운 상황에 대한 그녀의 근본적인 원인 분석뿐 아니라, 이를 해결하기 위한 현명하고 실용적인 계획은 우리 모두의 신뢰를 얻었습니다. 물론 우리 스스로가 도움이 필요한 사례의 10분의 1 정도를 수용할 수 있을 만큼 큰 규모의 기관을 설립할 수는 없지만, 커 양이 제안하는 일은 꼭 필요한 일이며, 그녀의 일은 점점 더 확대될 것입니다.

이에 더해, 이 일은 당국에 본보기가 되리라 전망합니다. 이를 통해, 당국의 관계자들이 자극받아 폐악을 시정하고 피해자들을 돕기 위한 무언가를 하도록 만들 수 있으리라 믿습니다. 이미 통영의 일본 시장(市長)은 커 양이 하는 일에 큰 관심과 감사를 표했습니다. 실제로 그가 이런 일에 관심이 있는 사람이 있다는 사실에 진심으로 놀라움을 표시한 것으로 알고 있습니다. 저는 이것이 기독교 정신을 토대로 한 사역에서 항상 일어나는 역사(役事)의 또 다른 일례라고 생각합니다. 이러한 사역은 가장 근본적인 기독교 정신이 무엇이고, 어떤 의미가 있는지 알 특권을 누리지 못한 사람들에게 진정한 놀라움과 감탄의 대상일 것입니다.

맥레이는 회의가 끝난 후 저에게 커 양에 관해 흥미로운 말을 했습니다. 그는 기독교인의 연민과 동정심이 얼마나 능력 있고 유용한지 항상 알고 있었다고 하더군요.

저는 그녀의 건강 상태가 정말 많이 좋아져서 깜짝 놀랐습니다. 제 생각에는 그녀의 마음속에 많은 갈등이 있었고, 스스로 무엇을 하고 싶은지, 어떻게 포부를 이뤄야 하는지 그녀가 잘 몰랐던 것 같습니다. 이제 이 일이야말로 주께서 그녀를 부르신 사역이라는 것을 분명히 깨닫게 되었으며, 그녀에게 주님의 부르심을 듣고 따르는 것 외에 다른 열망은 없다고 생각합니다.

조만간 누나에게 제 개인적인 사정에 대해 더 많이 쓰고 싶습니다. 하지만 일단은 우리의 계획에 대해 이 정도만 알려드려야 하겠네요. 짧지만, 누나가 특히 관심을 두고 있는 이 일에 관해 전하고 싶었습니다.

누나의 애정어린 동생,
찰스 맥라렌

1935년

✝

1935년 1월 16일
말로자(Maloja)

사랑하는 메리 누나에게

어제 배에서 모두를 만나 너무나 기뻤습니다. 우리가 맞이했던 송별의 시간은 아름다웠습니다. 물론 이별의 아픔도 있었지만, 지난 일과 다가올 일들에 대한 큰 환희와 충만함이 있었습니다. 이상적인 도시에 관해 플라톤이 언급한 좋은 문구가 있습니다. "도시의 원형은 이미 하늘에 있다"라는. 제가 본 번역에서는 "다가올 세계" 대신에 "미래 문명"이라고 되어 있었는데, 저는 그 표현이 마음에 듭니다. 우리는 미래의 일부이며, 미래로 안내하는 역할을 하는 것이 아닐까요?

애정과 관심이 담긴 많은 선물을 받았습니다. 소중한 이들과 함께하는 경험, 그들의 따뜻한 말과 따뜻한 시선, 그리고 간식, 책, 과일, 아름다운 꽃들까지. 정말 멋진 경험이었습니다. 저는 미래가 두렵지 않습니다. 어려움은 있을 겁니다. 어쩌면 위험도 있을 테지요. 하지만 성실함을 중요한 미덕으로 여기는 사람들로부터 여러 친절한 도움과 감사도 있을 겁니다. 저는 광신적인 행동과 성급함을 피하고자 분명히 노력하고 기도할 것입니다. 그리고 저와 전혀 다른 시각을 가진 사람들과 함께하면서도 쾌활함뿐만 아니라, 상냥한 분별심도 잃지 않겠습니다.

우리는 로즈버드(Rosebud)를 지날 때 신호를 보냈습니다. 하지만 태양의 위치 때문에 신호로 응답할 수가 없었습니다.

리브 부인께 누나가 피아노와 '특별한 경우를 위한' 의자를 보내줄 거라고 말했습니다.

저는 아서 크럼프 씨의 딸 매들린 크럼프 양에게 제 소개장을 건넸습니다. 그녀는 아버지에 대한 기억이 전혀 없었고, 가능하다면 아버지에 대한 어떤 정보라도 얻고 싶어 합니다. 그녀의 어머니는 '불안한' 상태여서 남편에 관해 이야기할 수 없는 상황입니다.

저는 떠나기 전날 존 경을 방문했습니다. 그가 병환 중일 때, 누나가 보여준 도움으로 인해 너무나도 감동했다고 말했습니다. 누나가 '든든한 닻' 역할을 해주었다고 하더군요. 매형 찰리에게도 안부를 전해주세요. 보내준 사진들은 정말 감사합니다.

마니, 맥, 존, 그리고 사랑하는 누나에게 사랑을 보냅니다.
찰리

1935년 1월 29일

말로자

사랑하는 누나 메리에게

우리는 스리랑카에 다다르고 있고, 간단한 편지를 보냅니다. 마조리에게도 편지를 보냈습니다. 누나와 마조리가 편지 내용을 공유해도 좋겠네요. 클락 선장과 만나게 되어 너무 행복했다고, 매형에게도 전해주세요. 그는 정말 좋은 사람으로 보였고, 우리에게 정말 친절했습니다. 차를 우리에게 빌려주었고, 경치 좋은 길로 퍼스(Perth)까지 운전해 주었습니다. 특히, 그의 친절함과 쾌활함에 감동했습니다. 나중에 듣기로 허리가 아파 고생하면서도 우리를 도와주었고, 돌아가 몸져누웠다는 얘기를 듣고 더욱 감사했습니다. 그는 클락 선장의 (접대에서의) 탁월한 능력과 친구로서의 가치에 대해 따뜻하게 이야기하더군요. 또한, 우리는 '해군을 관두고 농장을 샀다'라고 말하던 차일더스 선장도 만났습니다.

우리가 받은 그 사랑 가득한 전보에 진심으로 감사드립니다. 우리는 모두 감동했고, 특히 레이첼이 좋아했습니다. 레이첼은 좋은 시간을 보내고 있습니다. 퍼스를 떠난 이후로 이등석 승객 중 유일한 12세 미만의 아이이지만, 함께 놀 친구들이 없지는 않습니다.

만나서 행복했던 사람 중 한 명이 네덜란드령 동인도 제도에서 온 네덜란드인이었는데, 그는 나라를 위한 공로로 작위를 받은 사람이었습니다. 지금은 제네바에서 살고 있습니다. 그는 유쾌한 사람인 데다가, 편견이 없고, 관대하며, 유머가 있는 사내였습니다. 또한 매우 지적이었고, 자연과 정세 모두에 관해 해박했습니다. 그는 우리에게 국제 연맹에 대한 흥미로운 얘길 해주었습니다. 저는 그에게 저에 대해 알리기 위해

『신앙과 의학(Faith and Medicine)』과 『지금(Now)』에 실린 제 글을 보여주었습니다. 제 글을 본 후, "당신에 대해 알 것 같습니다. 전에는 잘 알지 못했습니다"라고 하더군요. 제게 『메신저』지 연락처에 관해 물었고, 거기에 글을 기고할 의향이 있다고 했습니다.

혹시 그의 이름으로 출간된 글을 보신다면 전해주시겠어요? 이에 더해, 멜버른을 떠나기 전에 호주 의학 저널에 보낸 글에 관한 언급이나 발췌가 실렸는지 포사이스 박사나 다른 의사에게 문의해 주십시오. 저는 비티 스미스(Beattie Smith) 강연록을 영국 의학 저널에 보낼 계획인데, 그 글이 출판되었으면 좋겠네요.

호주에서 가족들과 보낸 시간이 제게 얼마나 큰 기쁨과 활력을 주었는지 말로 다 표현할 길이 없습니다. 정말 좋은 시간이었습니다, 진심으로요. 그 시간이 휴가 이상의 의미가 되었으면 좋겠습니다. 한국에서 마주하게 될 문제들에 대한 새로운 믿음과 용기를 얻었습니다. 곧 부딪히게 될 어려움은 쉽지 않을 테지만, 여태껏 이런 희망과 기대를 품고 돌아가 본 적이 없었습니다. 저는 어려움이 두렵지 않을뿐더러, 극복할 수 있는 일들이라 믿습니다. 제 믿음이 흔들릴지 걱정도 되지만, 말씀에 있는 것처럼 "나는 넘어져도 다시 일어날 것입니다."[28] 그리고 "우리는 이 모든 일에서 우리를 사랑하여 주신 그분을 힘입어서, 이기고도 남습니다."[29] 저는 이 말씀이 특별한 경험만을 뜻하는 것이 아니라 생각합니다.

모두에게 저와 가족들의 사랑을 전해주세요.
찰리 맥라렌

이중철 박사에게 누님이 친절히 대해 주시리라 믿습니다.

---

28 미가서 7장 8절 (역자 주)
29 로마서 8장 37절 (역자 주)

1935년 3월 2일

로이드 트리에스티노(Lloyd Triestino), 콘테 로소(Conte Rosso)[30]

사랑하는 메리 누나에게

콜롬보에서 마조리에게 편지를 보냈습니다. 제때 도착하면 좋을 텐데 말이죠. 인도 여행은 매우 흥미로웠고, 배울 게 많았습니다. 인도 여행에서 경험한 다양한 감정과 인상을 어떻게 표현하면 좋을까요? 소소하면서도 가족과 관련된 일들부터 말하자면, 우리 가족은 장인어른과 너무나도 행복한 시간을 보냈습니다. 장인어른은 매우 놀라운 분이십니다. 그분의 손에서 나온 작품들은 아버님이 넘치는 힘과 폭발적인 추진력을 가진 분이라는 걸 보여줍니다. 아버님은 스코틀랜드에 있는 쿼리어 홈즈를 방문했던 이야기를 들려주었습니다. (이전엔 브리스톨의 뮬러 홈즈를 방문했던 적도 있으시다고 하셨습니다.) 아버님께서는 두 곳을 비교하셨는데, 뮬러는 평범한 건물, 통일된 복장, 소박한 식사 음식으로 충분한 신앙심을 보여줬다고 말씀하셨습니다. 반면, 쿼리어 홈즈는 모든 건물과 운영 방식에서 자유분방함이 느껴져 그를 놀라게 했다고 하시더군요. 장인어른은 쿼리어 홈즈가 더 진실되고 더 나은 신앙이라고 판단했고, 그런 종류의 아동 보호시설을 만들려 한다고 말하셨습니다. 과하지 않을 만큼 널찍한 건물 외형, 그리고 그 외형에서 느껴지는 자연스러움은 장인어른의 성품을 그대로 보여주는 듯했습니다. 그 고급 석조 방갈로 건물은 평평한 지붕과 넓은 현관, 그리고 베란다가 갖추어진 진짜 동양식 건물이었습니다. 그리고 정원은 말 그대로 사막과

---

30 로이드 트리에스티노는 이탈리아 선박 회사이며, 콘테 로소는 선박 중 하나의 이름이다. (역자 주)

광야 위에 조성되어 있어 아주 멋졌습니다.

딸애 레이첼과 할아버지가 함께 있는 걸 보는 건 정말 기쁜 일이었습니다. 삶과 모험, 그리고 원숙한 지혜로 총화된 할아버지의 이야기에 깊은 호기심으로 귀를 기울이는 딸아이의 모습은 정말 인상적이었습니다. 만약 매형이 인도를 방문할 기회가 생긴다면, 저는 그가 리브 씨에게 깊은 호감을 느끼리라 확신합니다. 다만, 리브 씨의 줄담배를 따라갈 수 있을지는 모르겠습니다. (이곳은 마치 대부분이 줄담배를 태우는 이탈리아 사람들이 모여 있는 이탈리아 배 안 같습니다.)

하나님 나라의 권능은 아직 인도에 미치지 않았습니다. 아직 멀리 있다고 해야겠네요. 기독교 신앙을 가진 사람들은 이곳에서 매우 힘든 시간을 보내고 있습니다. 의심할 여지 없이 언젠가는 놀라운 (그리고 굉장한) 일이 일어날 것입니다. 실제로 사람들은 지금까지와는 다른 큰 변화가 있다고 말하지만, 편견과 선입견은 견고하고 전투적입니다. 그러나 그것은 진리에 맞서 지속될 수 없으며, 많은 이들은 자신의 삶과 생각을 진리에 맞추려 하지 않습니다. 그들은 자신과 조상들이 선택한 것에 맞춰 진리를 왜곡하려고 지독히 합리화합니다. 개인적 신앙고백과 세례를 통한 신앙고백은 하나님과 함께라면 모든 것이 가능하기에 가능한 일들 가운데 하나입니다. 어쩌면 우리 생애 중에는 아닐지 모르지만 멀지 않은 어느 날, 여름의 더위가 오기 전 북쪽의 빙원이 녹아내리듯, 이 인도 체제의 거짓이 깨지고 위대한 영적 운동이 인도를 뒤흔들 것이라고 확신합니다. 인도인들에게는 깊은 종교적 심성이 있기 때문입니다.

(영어로 된) 인도 뉴스 신문 읽기는 유쾌한 일만은 아닙니다. 인도는 범죄, 폭력, 음모, 파벌, 무지, 미신적인 타락, 불안과 역병, 그리고 빈곤으로 인해 불행을 겪고 있습니다. 우리는 호주나 한국에서 얼마나

잘살고 있는지 모르고 있습니다! 봄베이를 보셨을 겁니다. 웅장한 건물 아래 끔찍한 가난과 헐벗은 거지가 가득 메운 거리. 부유한 파르시인과 힌두교도들은 말라바르 언덕 위에 살고 있는데, 저는 그처럼 웅장한 개인 주택이 즐비하고, 밀집된 곳을 본 적이 없습니다. 내부의 풍요로움은 외부의 화려함과 비교할 수 없을 정도라고 들었습니다.

미라지라는 곳에 있는 선교 본부를 방문하러 갔을 때 묵었던 파르시 호텔 안내문 내용이 재미있었습니다. 그 안내문 영어는 제가 일본어-영어 번역본에서 읽은 어떤 내용과 일치했습니다. 기억나는 투숙객 요구 사항 중 하나는 '난폭하거나 악의적인 행동'을 자제하라는 것이었습니다. 호텔 주인은 폭우, 화재 또는 천재지변으로 인해 투숙객의 짐이 손상된 경우 책임지지 않는다고 합니다. 투숙객은 모두 조용하고 온화한 태도로 행동해야 하며, 다른 투숙객에게 불쾌감을 주지 않아야 합니다. 주인은 치명적인 천연두 또는 이와 유사한 감염병에 걸린 투숙객을 받지 않습니다. 저는 난폭하고 악의적인 행동을 피하려고 애썼고, 다른 손님들에게 불쾌감을 주지 않고 호텔 퇴실을 마쳤습니다.

인도에서 철도 등의 시설들을 조금 둘러보고 나니, 일본인들이 한국에서 적용했던 청결함, 효용성, 그리고 높은 기준에 대해 과히 존경하게 되었습니다. 단순히 인도에서 더 중대한 (그래서 더 어려운) 문제이기 때문만은 아닙니다. 일본인은 내면에서 우러나오는 기준이 있고, 모든 것이 '훌륭할 때까지' 철저히 깨끗해야 하며, 실제적으로나 미학적으로 그들에게 완벽해야 합니다. 인도는 덥고, 굉장한 관성이 있어 대충 처리하는 것이 호화로운 웅장함과 나란히 갈 수 있습니다. 사실 우리 영국인은 자연스러운 미적 감각에서 일본인에게 훨씬 뒤처져 있습니다.

봄베이의 한 상점에서 나온 두 명의 힌두교 여성보다 더 아름답고 우아하게 차려 입은 여성은 본 적이 없는 것 같습니다. 의심할 여지 없이 비싼 옷이었지만, (그들은 부유한 사람들이었습니다.) 사리 주름에 드러난 그리스식 아름다움은 인간 의복의 완벽함에 가까워 보였습니다.

리브 씨의 파르시인 신사 친구 두 명과 매우 행복한 만남을 가졌습니다. 그들은 리브 씨가 보여준 도움과 친절에 많은 빚을 지고 있다고 말했습니다. 리브 씨는 그들이 사업적으로 성공할 수 있도록 도와줬고, 사업 관계에서도 관대함을 넘어선 도움을 준 듯합니다. 두 신사는 우리를 매우 친절히 대해 주었습니다. 파르시인은 인도에서 진정 훌륭한 민족입니다. 그들은 사업에서 매우 성공적이며, 다양한 자선 단체에 기부도 많이 합니다. 영국과 인도는 꽤 잘 지내고 있습니다. 모디 총리(파르시인)는 영국인이 포트 사이드에 가면 모든 예의와 교양을 뒤로한다는 인도 속담이 있다고 말한 적이 있습니다. 인도는 덥고 힘든 나라여서 영국인이 제정신을 잃을 때도 있는데, 대부분의 인도인은 그걸 참아냅니다. 이런 기질은 더 많은 일로 이어질 가능성이 높습니다.

우리는 싱가포르를 향해 순항하고 있습니다. 내일 도착할 예정입니다. 승객 명단의 규모로 보면, 제가 여행한 그 어떤 여객선보다도 국제적입니다. 배에는 네덜란드인, 스페인 사람, 이탈리아인, 호주인, 에스토니아인, 스위스인, 프랑스인, 독일인, 미국인, 영국인, 파르시인, 힌두인, 중국인, 일본인이 있습니다. 우리는 서로의 다름을 존중하며, 화목하게 지내고 있습니다. 이 여객선을 예전에는 오스트리아인이 운항하였지만, 트리에스테가 이탈리아로 넘긴 이후로 배에는 이탈리아 국기가 휘날리고 있습니다. 요리는 한 편의 시입니다(오스트리아 사람들은 세계 최고의 요리사라고 합니다). 매일 오후에는 멋진 콘서트가 열립니다.

한국으로 돌아가게 되면, 가족 모두의 소식이 기다리고 있기를 기대합니다. 출판을 희망하는 책의 원고를 준비해서 영국의 학생 운동 출판부에 보냈습니다. 그들이 받아주면 좋겠네요. 영국 의학 저널에도 비티 스미스 강연록을 보냈는데, 받아들여질지 관심을 두고 기다리고 있습니다.

모두에게 사랑을 전하며

찰리 맥라렌

1935년 4월 7일
서울

사랑하는 메리 누나에게

누나의 소식을 듣게 되어 기뻤습니다. 저는 늘 누나의 편지를 감사히 여깁니다. 그리고 이번 휴가를 보내면서 우리는 더욱 가까워졌고, 젊은 이들과는 새로운 만남이 있었으며, 친밀해지는 시간도 가졌습니다. 마니가 오몬드(Ormond) 대학에 입학했다는 소식을 흥미롭게 읽었습니다. 저는 그 애가 대학 생활을 즐겁게 보낼 거라고 확신합니다. 그 애가 함께 공부할 친구들 몇몇 중에는 누나의 동창 자녀들도 있겠네요. 편지에 조카 맥과 존에 관한 특별한 소식은 없더군요. 그 애들은 곧 다시 학교에 가게 될 테고, 올해 맥은 꽤 상급생이 되겠네요. 존은 한창 크고 있겠죠? 딸애 레이첼은 많이 컸답니다. 그 애는 훌쩍 커버려서 가끔은 못 알아볼 정도예요. 딸애 레이첼과 존이 친하게 놀던 게 기억이 떠오르네요. 존은 참 친절히도 레이첼에게 보트 타는 법과 크리켓 경기하는 법 등을 가르쳐 주었는데 말이죠.

보내준 편지를 통해 매형 찰리가 최근까지거나 아니면 아직도 시드니에 있다는 것을 알게 되었습니다. 매형에게는 안부 인사에 더해, 그가 제게 베푼 많은 친절에 대한 제 감사의 마음도 전해주세요. 누나는 어떻게 지내시나요? 누나 마음에 평화와 기쁨이 깃들길 기도합니다.

이중철(C.C. Lee) 박사[31]의 소식을 전해줘서 감사합니다. 그는 능력 있고, 성실한 사람입니다. 그가 호주에서 잘할 것이며 좋은 인상을 남

---

31 맥라렌의 주선으로 호주에서 유학한 후, 세브란스병원 정신과에서 근무했던 맥라렌의 제자이다. (역자 주)

길 것이라고 확신합니다.

딸애는 학교로 돌아갔고, 아내는 다시 정원에서 여러 일을 돕고 있습니다. 정원은 봄을 맞아 조금씩 활기를 되찾고 있습니다.

선교단을 통해 새롭게 온 사람들이 언어 공부를 위해 서울에 도착했습니다. 다른 어떤 대형 선교단보다 호주 선교단이 더 많은 선교사를 파송한 듯 보입니다. 매콜리(Macaulay)[32] 목사의 방문이 그런 영향을 끼친 모양이네요. 지금은 모두 여기를 떠난 상태입니다.

저희가 귀국한 이후에 흥미로운 일 중 하나는 존 모트(John Mott)[33] 선교사가 서울을 방문한 일입니다. 이전에 그에 대해 자주 들었던 사람들은 이번에 그의 연설을 듣고, 대화를 나누면서 그의 인간미에 깊은 감명을 받았다고 합니다. 저는 젊을 때부터 그를 깊이 존경했으며, 이제 나이가 들었지만 여전히 같은 감정을 품고 있습니다. 주일에 "여러 가지 시험에 빠질 때에, 그것을 더할 나위 없는 기쁨으로 생각하십시오"[34]라는 제목의 설교를 했습니다. 그는 설교에서 상황으로 인해 많은 고통이 있을지라도, 우리는 그 안에서 감사의 이유를 찾을 수 있음을 강조했습니다!

사랑을 담아
누나의 동생
찰리가

---

32 호주 장로교 총회장이었던 매콜리(Rev. R. W. Macaulay) 목사는 1933년 12월 한국에서의 선교 상황과 호주 선교부의 사역을 점검하기 위해 한국을 방문하였다. (역자 주)

33 YMCA 국제 위원회 의장과 세계교회협의회(WCC) 명예 의장 등을 지낸 그는 1907년 첫 내한(來韓) 이후로, 1913년, 1922년, 1925년, 그리고 마지막으로 1929년 한국을 방문하여 다양한 활동 및 설교와 연설을 했다. (역자 주)

34 야고보서 1장 2절 (역자 주)

지난주 즈음이었습니다. 마조리에게 편지를 보낸 이후, 런던의 웨스트민스터 은행 신탁 관리 책임자로부터 편지가 도착했습니다. 누나와 마조리가 너그러운 마음을 담아 제 몫으로 보내준 브루스 형의 유산에는 어머니의 지분도 포함되어 있었습니다. 상속 재산에 대한 다른 청구가 많이 있음에도 불구하고, 제가 그것을 받게 되어서 정말 감사하게 생각합니다. 다시 한번 감사드립니다.[35]

---

35 이 메모는 수기로 된 작성된 본 편지 상단에 세로로 쓰여있다. (역자 주)

1935년 7월 21일
서울, 한국

사랑하는 메리 누나에게

　지금은 일요일 밤입니다. 비가 많은 계절인데, 정말 계속 비가 쏟아지네요. 밤새 비에 씻겨간 것들이 아침에 어떤 모습으로 드러날지 모르겠습니다. 아내와 레이첼이 금강산에 가 있어 저는 집에 혼자 있습니다. 저 역시 금강산에 10일간 있었지만, 이틀 전에 직장으로 돌아왔습니다. 아내에게 레이첼과 함께 거기에서 한 2주 더 있도록 설득하고 있는데, 그렇게 할지는 모르겠네요. 아내는 저를 많이 배려해서 자신의 즐거움이나 혜택을 포기하곤 합니다. 누나는 제가 아내를 '슈퍼우먼'이라고 표현하는 게 잘못됐다고 말했었죠. 슈퍼우먼에 대해서는 잘 모르지만, 아내가 기독교적 삶의 태도로 진정 많은 것을 이룬 것에 대해 저는 감탄하고 있습니다.

　편지에 감사합니다. 소식을 듣게 되어 기뻤습니다. 누나와 마조리가 시드니에 있는 이중철 박사의 추가 경비를 도와주셔서 너무나도 감사드립니다. 그 금액이 너무 많지 않기를 바랍니다. 그는 이틀 후에 일본으로 돌아올 예정이에요. 그리고 8월 초에는 서울에 도착할 거예요. 저는 당연히 그를 만나 호주에 대한 그의 인상을 들어보고 싶습니다.

　마니가 기독학생운동(S.C.M.)[36] 부흥회에서 큰 행복을 느꼈다는 소식을 들어서 기쁩니다. 누나와 저는 그 만족감이 얼마나 큰지 잘 알고 있지요. 저는 그 부흥회 때를 삶에서 가장 잊지 못할 경험 중 하나로

36　원문에는 "S.C.M."으로 표기되어 있다. 이는 "Student Christian Movement"의 약어로 추정된다. (역자 주)

기억하고 있습니다.

담낭 결석에 대한 소식은 안타까웠습니다. 하지만 어려운 시기를 이겨내고, 다시 '활력이 솟았다'라는 걸 알게 돼서 기쁩니다. 이 불행한 정신적 고통과 어려움에 대해서는 어떻게 해야 할까요? 아무래도 견뎌내야겠지요. 다른 이들에게는 최대한 불편을 주지 않으면서 말이죠. 자주 생각하게 되는데, 제 기분 상태가 아내에겐 참 힘들게 다가올 것 같습니다.

딸애 레이첼은 산에서 즐거운 시간을 보내고 있습니다. 그녀는 정말 활발한 어린 '등산가'입니다. 그녀의 유전적 특징 중 하나는 두드러기나 피부염에 쉽게 걸린다는 점입니다. 저로 인해 그 애가 불편을 겪었지만, 지금은 회복 중이에요. 다행히도 그것이 그 애가 유전을 통해 받은 유일한 것만은 아닙니다. 그 애는 사랑스럽고 다정한 아이입니다. 그리고 그 애의 친척 중에는 정말 착한 사촌들도 있습니다.

올해 저는 우리 연례 회의에서 의장을 맡았습니다. 연장자순으로 차례가 오는 것이라 눈에 띄는 영예는 아닙니다! 저는 늘 호주 선교단의 동료애에 감사하고 있습니다. 모두가 사랑스러운 사람들입니다. 커 양은 자신의 사역을 꾸준히 추진하고 있는데, 정말 능력이 있습니다.

존 맥파랜드 경이 다시 일하게 되었다는 소식을 듣게 되어 기뻤습니다. 리처드 경의 죽음은 정말 가슴 아픈 일이었고, 제게 큰 슬픔으로 다가왔습니다.

가족들과 매형 찰리에게 저의 사랑을 전해주세요.

누나의 사랑스런 동생
찰리 맥라렌

1935년 9월 22일
서울

사랑하는 메리 누나에게

보내준 편지에 대한 감사의 말씀을 전합니다. 저는 누나에게서 듣게 되는 소식으로 인해 늘 기쁘고, 늦지 않게 회신하려 하고 있습니다. 그랬었죠. 누나 말처럼 지난해 즐겁게 함께했던 휴가는 정말 기억에 남습니다. 사실 호주에서 보낸 모든 시간은 즐거움 그 자체였습니다. 어쩌면 제 삶 중 가장 행복한 한 해라고 할 만해요. 매일 행복했고, 하루 내내 그런 기분으로 보냈습니다. 모두가 제게 얼마나 친절했는지 생각하면 당연한 일이었습니다. 그처럼 늘 행복하게 지내는 건 아마 어렵겠지요.

가족들 소식을 듣게 되어 기뻤습니다. 마니가 대학에서 잘 지내고 있는 것 같네요. 그 대학에서 우리 가문의 전통이 이어지고 있다니 반갑네요. 기억하기로 누나가 처음 몇 년 동안은 건강이 별로 좋지 않고 피곤해서 즐거움을 제대로 느끼지 못했다고 알고 있어요. 오몬드 대학에서의 첫해를 저는 제 인생에서 가장 행복한 순간 중 하나로 기억하고 있습니다. 언제 마니가 여유가 생겨서, 제게 대학 생활에 대해 좀 더 알려 줄 수 있으면 좋겠습니다. 맥과 존의 달리기 실력과 학업 관련 이야기를 듣게 되어 기뻤습니다. 예전에 의대 학생 협회에서 (아마도) 10마일 크로스컨트리를 뛰었던 적이 있었습니다. 경기를 위해 열심히 훈련했지만, 상위권에 든 기억은 없네요. 하지만 적어도 저 역시 마조리와 존처럼 완주했던 거로 기억합니다. 그 애들은 아마도 완주를 잘 끝냈겠네요. 스카치가 교장 선생님을 받아들였는지 궁금합니다. 이런 일들은 너무 빨리 일어나기 때문에, 사람들은 새 교장 선생님이 선임된 사실을 잊었는지도 모르겠습니다. 매형은 어떻게 지내나요? 항해 부서와 업무는 어떤가요? 누나 가족들이 매형의 현실적인 능력의 면모를 조금이나마 배웠으면 좋겠네요. 아마 우리 가족에게는 너무 부족했던 그런 실용적 능력들 말이죠. 가엾은 브루스 형이 종종 자신은 단지 수학자일 뿐, '현실적이지 않다'라고 한탄했던 일이 생각나네요. 매형에게 각별한 형제로서의 안부를 전해주세요. 매형이 제게 보여준 우정, 그리고 함께 나누었던 대화들은 제게 정말 소중했습니다.

먼저 리처드 경이 돌아가시고 존 경께서 연이어 별세하신 후, 최근 몇 달간 멜버른은 저에게 진정 슬픈 도시였습니다. 저는 여러모로 두 분 모두에게 많은 은혜를 입었습니다. 그리고 작년에는 두 분 모두 저에게 진심 어린 친절을 보여주셨습니다. 특히, 존 경께서 임종을 앞두고 많이 힘들어하셨다는 소식에 정말 가슴이 먹먹했습니다. 그는 제가 투병 중일 때 격려의 편지를 보내셨고, 떠나기 직전 이야기를 나누면서는 매우 감격해하셨습니다. 존 경과 서그든 씨, 그 두 분 모두 같은 날 돌아가셨다는 건 참 공교로운 일입니다.

톰 던힐 씨 사진을 보내주어서 고맙습니다. 멋진 사진은 아니네요. 하지만 신문 사진만으로 그를 판단할 수는 없겠지요. 톰은 착한 사람이고, 맡은 일도 잘 해내죠. 그는 항상 저돌적인 힘을 가지고 있지요.

아내가 떠나고, 딸 레이첼과 제가 집안일을 돌보고 있습니다. 아내는 진주로 내려갔는데 그곳에서는 선교 언어 학교가 진행 중이고, 두 주간 그곳에서 아내가 가르칠 예정입니다. 가르치는 일에 흥미를 느끼며, 잘 해낼 겁니다. 아마 그녀가 이 나라에 있는 외국인 가운데, 언어의 문학적 측면에 관해서는 가장 많이 알고 있을 거예요. 딸아이는 엄마가 떠나 있는 동안 놀랍도록 잘해주고 있습니다. 과제와 놀이에 푹 빠져서 그리 슬퍼 보이지는 않네요. 그래도 한 주 후에 엄마를 만나게 되면 분명 무척 반가워하겠죠. 예전에 비해 그 애하고 보내는 시간이 많았는데, 누나 말처럼 정말 사랑스런 아이라 느껴집니다. 감사할 줄도 알고, 예의도 바르며, 참 애정이 갑니다. 저는 그 애의 공부를 도와주고 있습니다. 처음 한국으로 돌아왔을 때는 영어 문법을 많이 어려워했습니다. 호주 학교와 한국 학교에서 문법의 기초를 습득해야 할 시기를 놓쳤기 때문에, 모르는 것을 스스로 찾아서 익히는 것을 여간 어려워했습니다. 학기 말 시험에 낙제했었지만, 아내가 여름 방학 내내 공부를 도와줬더니 이제는 잘 따라가고 있습니다. 그 아이가 공부 방면에서 특별히 영민한 편은 아니지만, 결국에는 훌륭한 결실을 볼 것입니다. 그 애가 한국 친구들과 함께 노는 것을 보는 것이 아주 즐겁습니다. 진솔하고 동등한 친구 관계를 하며, 그들과 얼마나 유창하게 대화하는지, 참 대견합니다. 그 애는 아이든 어른이든 다른 사람과의 교류에서 수줍음을 느끼는 것 같지 않습니다. 딸애는 깜짝 놀랄 만큼 자랐습니다. 이제 키가 거의 엄마만큼 컸고, 키우는 우리뿐 아니라 다른 사람들의 눈에도 그 애는 아름다운 눈을 가진 아주 예쁜 아이로 보일 겁니다.

딸애의 특별 음악 선생님이 지금 안 계셔서 생각하기로는 음악 공부에서의 진전이 약간 더딜듯 보이지만, 그 애는 아주 잘하고 있습니다. 요즘 딸아이의 특별한 관심사 중 하나는 두 달 전에 우리가 입양한 새인데, 꾀꼬리의 일종으로 멋진 소리를 내는 아름다운 새랍니다. 레이첼은 그 새가 어릴 적부터 키워왔습니다. 그 새는 딸아이를 상당히 잘 알아보고, 먹이를 주기 시작하면 신이 나 기뻐합니다. 딸애가 학교에서 돌아오면 곧바로 지저귀기 시작한답니다. 누나가 딸애에 대해 길게 써 달라고 하셨기도 하고, 아빠의 심정에서도 즐거운 주제라서 그런지 이렇게 길게 레이첼에 관해 설명했네요.

누나가 스스로 억제하며 시간을 보냈다는 소식을 듣고 안쓰러웠습니다. 저는 잘 먹고, 잘 자지만, 일에 있어서 곤란을 느끼는 사람에 대해 잘 이해합니다. 정말 사소하게 보이고, 완전히 우습게 여겨질 수도 있죠. 실제로는 그건 정말 절망적인 느낌일 겁니다. 히스테리도 아니고 착각도 아니에요. 언젠가 우리는 분명히 그러한 느낌을 통제할 수 있을 거예요. 아쉽게도 아직은 그렇지 못해서 우리는 참고, 신경세포에 활력이 돌아오길 기다려야만 합니다. 신경세포의 활력은 시간이 지나면 분명히 돌아올 거예요.

모두에게 사랑을 전하며.

사랑스런 동생

찰스 맥라렌

존 맥팔랜드 경 - 오몬드 대학의 교장

1935년 12월 22일
서울

사랑하는 메리 누나에게

오랜만에 편지를 쓰게 되었습니다. 이번에는 하는 일들이 잘 안 풀려서가 아니라, 여러 업무와 관심 가는 일들로 인해 매우 바쁘고 행복하게 지냈기 때문입니다. 인슐린 치료를 받으면서 찾게 된 만족스러운 건강과 집중력이 계속되면서, 저는 정말 충실하고 즐거운 석 달을 보냈습니다. 딸 레이첼이 수술 후 아무 문제 없이 회복되고 있다는 소식을 전할 수 있어 기쁩니다. 크게 눈에 띄는 흉터도 없고, 혹여 있더라도 추후 필요한 때 치료하면 거의 보이지 않도록 할 수 있을 거예요. 그 애는 학교에서 꽤 잘하고 있습니다. 과학에 지적인 관심을 보이고, 대수학도 좋아합니다. (재밌게 문제를 푸는 걸 봤는데, 교과목은 아직 아니더군요.) 그리고 놀랍게도 불어도 잘합니다. 낭중지추(囊中之錐)의 뛰어난 학생은 아니지만, 다른 친구들보다는 그럭저럭 잘하고 있는 것 같아요.

아내는 이상적으로 좋은 건강을 유지하고 있습니다. 지난 3주 동안은 그리 좋지 않았지만 말이죠. 그전까지는 굉장히 건강하고 기운이 넘쳤습니다. 최근에 선교사 동료들이 우리 집을 자주 방문했습니다. 우드워드 부인은 서울에 머무는 동안 우리 집에 머물렀습니다. 부인을 만나 편지로는 잘 전하지 못했던 우리 가족과 여기 일들에 대한 소식을 꼭 듣기를 바랍니다. 호킹 부인은 몸이 불편한 채로 서울로 올라왔습니다. 우리는 세브란스병원에서 의료적으로 도와주었고, 그녀를 우리 집에 머물게 했습니다. 호킹 부인이 머문 후로는 아서 코트렐 부부가 방문했습니다. 나는 코트렐 부인에게 맹장 수술을 권했고, 그래서 코트렐 부인은 남편과 함께 올라와 있었습니다. 수술 결과는 만족스러웠습니다. 어떤 일의 전문가가 일을 잘해 낸 것을 보고 얻는 기쁨이었습니다. 수술실과 직원들의 전반적인 역량, 그리고 수술에서의 순조로움은 업무 책임자로 있는 한국인들에게 큰 명예를 안겨 주었습니다. 코트렐 부인은 아무 문제 없이 회복되었고, 이제 우리 집에서 거의 완쾌하는 중입니다.

이번 달에 우리는 친구이자 지도자인 올리버 에비슨 박사와 에비슨 여사에게 작별 인사를 해야만 했습니다. 그가 떠날 때의 모습은 정말 훌륭했습니다. 기차역은 친구들과 석별을 아쉬워하는 사람들로 북적였습니다. 그중에는 옛 제자들과 에비슨 박사가 도와주고 섬기며 관계했던 수백 명의 사람들이 있었습니다. 떠나면서 에비슨 박사는 거의 울먹였습니다. 작별의 큰 슬픔이라기보다는 큰 행복감 때문인 것 같았습니다. 우리는 이들 부부가 다시 돌아올 수 있기를 바랍니다. 직책이 부여된 사무실이 아닌, 조언과 우정의 장소로 말이죠. 저는 에비슨 박사와 에비슨 여사 두 분 모두에게 깊은 애정을 품고 있습니다. 가끔 우리는 의견이 다르기도 했고, 한때 제 생각을 아주 분명하게 표현한 적도 있지만, 항상 우리 사이에는 따뜻한 우정이 있었습니다. 에비슨 여사는 저를 거의 아들처럼 대해 주셨어요.

제게 비티 스미스 강연 원고에 관해 물으셨죠. 영국 의학 저널에 싣기에는 내용이 너무 길었고, 적절한 형식도 아니었습니다. 패터슨 씨에게 부탁해 『정신과학(Mental Science)』 저널에도 투고했지만, 소식이 없는 걸 보니 아마도 게재되지 않은 모양입니다. 하지만 괜찮습니다. 그 이후 저의 사유는 더 발전하였고, 명확해졌습니다. 저는 더 짧고 명료한 글을 작성하고 있으며, 더 유익한 논문이 될 것입니다. 사실, 그것에 매우 [흥미진진해 하고 있습니다]! 제가 알게 된 것 중 하나는 새로운 아이디어가 저 자신의 사고를 분명하게 하고 실용적으로 만들었다는 것입니다. 이번 논문은 영국 의학 저널에 적합한 형식과 내용으로 작성할 계획입니다. 몇 주 안에 마무리하려고 합니다. 제 논문의 내용은 정신 질환을 뇌 생리학적 관점에서 해석한 것입니다. 동시에 일반론에 따라 육체와 영혼을 관련지어, 진리의 말씀이 어떻게 (생각과 행동) 면에서 사람을 '건강한 마음'이 되게 하고 자유롭게 하는지 보여줄 것입니다. 물론 수년간 같은 고민을 해왔지만, 지난 몇 주 동안에는 큰 빛이 제게 비쳤습니다.

성탄절이 다가오네요. 우리 모두의 마음은 지난해 고향 가족들과 함께한 행복한 시간으로 향하고 있습니다. 어린 예수 탄생을 축하하는 불빛 장식을 한 (세브란스병원 근처) 남대문 사진을 누나와 마조리에게 동봉합니다. 정말 멋져 보이더군요.

모두를 향한 사랑을 담아

찰스 맥라렌

1936년

†

1936년 1월 13일
세브란스, 서울

사랑하는 메리 누나에게

며칠 후면 우편물이 발송된다고 아내가 알려줘서 이 편지를 서둘러 쓰게 되었습니다. 최근에 누나와 막내 마조리의 가족으로부터 좋은 소식을 듣게 되어 기뻤습니다. 저는 아주 잘 지내고 있다는 소식을 전할 수 있어 기쁩니다. 지난 석 달은 제게 있어 매우 유익하고 건설적인 시간이었으며, 당연히 행복하고 만족스러운 시간이었습니다. 아내는 조금 힘겨워했지만, 이제는 나아졌습니다. 추운 날씨는 아내에게 항상 힘든 시기입니다. 딸애는 아주 잘 지내고 있습니다. 그 아이는 정말 사랑스럽습니다. 아내는 딸애의 삶과 영혼이 원만하면서도 행복한 기독교적 환경에서 성장할 수 있도록 현명하게 보살피고 있습니다. 제 생각에 아내는 성 어거스틴이 '타고난 그리스도인'이라 묘사한 그런 사람 중 한 명 같습니다. 저는 인간 본성의 전적인 타락에 관한 복된 기독교 교리를 부정하지는 않습니다. 그런데, 여기 누나가 아는 감리교도들에게 전할 만한 재미있는 이야기가 있습니다. 장로교인과 감리교인의 차이는 바로 '장로교인은 성도의 견인(perseverance of the saints)을 믿고, 감리교인은 타락(backsliding)을 믿는다'라는 것입니다!

커 양을 만났던 일을 말씀드렸나요? 그녀의 손으로 이룬 일은 정말 훌륭했고, 비상한 열정과 그리스도 정신으로 일하고 있었습니다. 그로 인해 저는 깊이 감동했습니다. 그러한 일은 마치 우리 선교사들이 해야 할 사역과 정확히 일치한다고 할 수 있습니다. 그리고 실제로 복음을 드러내는 가장 훌륭한 방법이라 여겨집니다. 어디서든 볼 수 있기 때문입니다. 덧붙여서 말하자면, 그녀의 일은 대단히 효율적이며, 그 일과 관련된 많은 이해 당사자들의 관심을 얻고 있습니다. 게다가 ─이것 또한 중요한 측면입니다.─ 정부로부터 주목을 끌고 있다는 점입니다. 양돈하는 돼지들은 매우 순한 편입니다. 비유하자면, 사료를 먹기 전에 거의 모든 돼지가 손을 씻고, 식탁 냅킨을 펴는 것을 도울 정도입니다. 커 양을 위해 양을 좀 구해보려고 합니다. 한국에서 양을 키우는 일은 총독의 축산 계획 중 하나이기 때문에, 정부도 굉장히 만족해할 것 같습니다.

누나는 제 책에 관해 물으셨지요. 런던의 학생 운동 출판부는 제 제안을 거절했습니다. 그들의 지적이 이해가 갑니다. 일반 독자에게는 다양한 주제에 관한 연설문을 묶어 재인쇄한 책이 일관성 없어 보일 수 있을 것입니다. 제가 관심 있어 하는 다양하면서도 특별한 분야에 관한 글을 한데 모은 책에 흥미를 느끼는 사람은 아마도 매우 적을 테지요. 그래서 저는 글들을 나눠서 따로 출판하고자 합니다. 종교적 관심사에 따라 글을 약 8개로 분리해 정리하고 있습니다. 책 제목은 '의사의 신앙'으로 지으려고 합니다. 그 글들을 호주의 학생 운동 단체에 보낼 예정입니다. 그리고 저의 비티 스미스 강연록은 다시 검토한 후, 아마도 멜버른 대학 출판부와 호주 의학 저널을 발행하는 호주 출판사에도 보내보려 합니다. 영국 의학 저널에 투고할 논문을 준비하느라 바쁘게 지내고 있습니다. 일주일 정도면 마무리할 수 있을 것 같습니다. 다시 타이핑만 하면 됩니다. 논문 제목은 '뇌세포 생리학적 관점에서 본 정신병에 대한 해석과 치료적 함의'입니다. 부모는 자신의 아기를 너무 높이 평가

하는 경향이 있습니다. 그리고 저는 세상에 내놓는 이 아이가 꽤 훌륭하다고 생각합니다. 제가 세상에 내놓는 이 결과물과의 관계에서 저는 산파인이라기 보다는 달을 채워 분만하는 부모라고 여깁니다. 제가 탄생시킨 결과물을 영국 의학 저널 편집장도 제가 보는 것처럼 잘 평가해주길 바랍니다. 저는 제 글에서 신학적 요소를 배제하기 어렵고, 의학저널은 신학을 꺼리는 경향이 있음을 인정합니다.

저는 이곳에서 제가 할 일에 대한 계획이 있습니다. 도시 외곽에 50~60명의 환자를 수용할 기관을 건설하는 것, 그리고 작업치료와 야외 작업을 포함해 최상의 치료를 위한 [시설]을 갖추고자 합니다.

우드워드 양이 집에 도착하면 누님이 그녀를 만나보시기 바랍니다. 그녀가 편지로는 잘 전할 수 없는 내용을 포함해 여러 가지 이야기를 해줄 것입니다. 만약 제가 편지 사본을 보내지 않았다면, 그녀에게 서울 출판사에 보낸 제 편지를 보여달라고 부탁하시기 바랍니다. 거기에 많은 이야기가 들어 있을 겁니다.

모두에게 사랑을 전합니다.

애정을 담아, 누나의 동생

찰스 맥라렌

1936년 2월 15일
서울

사랑하는 메리 누님께

누나의 생일이 다가오네요. 누나의 생일이 밸런타인데이와 겹치는지 확실치 않네요. 저는 나이를 조금 더 먹는 것도 나쁘지 않다고 생각합니다. 저는 브라우닝의 의견에 동의할 준비가 되어 있습니다. 개인적으로 저는 신체적으로 참 편안합니다. (물론 신체적 능력 범위가 20~30대처럼 넓지는 않지만 말이죠. 하지만 꽤 안정돼 있습니다.) 그리고 정신적으로도 어느 정도 성숙해져서 만족감을 느낍니다. 지난 몇 달 동안 이런 느낌을 더 많이 받았습니다. 제가 보기에 몇 년 동안의 고민이 결론에 도달했거나, 적어도 다른 단계에 도달한 것처럼 느껴집니다. 제 생각에는 브루스 형이 물리적 현실의 본질을 꿰뚫어 보았다고 느꼈을 때 느꼈을 것 같은 만족감 같아요. 다소 주제넘게 들리겠지만 정신 질환이 실제로 무엇이고, 어떻게 치료해야 하는지를 어느 정도 알게 된 것 같습니다. B.M.S.에 제 생각을 기고했는데, 그들이 어떻게 처리할지는 몇 달 더 기다려 봐야 할 것 같습니다. 호주 의학 저널에 비티 스미스 강의록을 보내려고 하는데, 영국에 보내는 글만큼 간결하거나 직설적이지는 않습니다.

편지로 아이들 소식을 전해주셔서 감사합니다. 뉴사우스웨일즈에서 열린 여름 대회에 참석한 마니에 대한 소식을 들었을 때, 역사가 되풀이되는 느낌이었습니다. 대학의 I.C. 과정에 대한 맥의 계획이 궁금합니다. 맥은 과정을 잘 해낼 거예요. 화학을 제가 좀 더 배웠더라면 좋았을 텐데 말이죠. 화학과 전기는 우리 문명에 있어 진정 중요한 기초가 될 것입니다. 존이 누님보다 훌쩍 커서 매형만큼 성장한 건 잘된 일이에요. 함께하며 가정을 유지하는 것이 C.D.에서 승진하는 것보다 매형에게 더 가치 있다고 저는 생각합니다.

사고의 성숙에 관해 이야기해 본다면, 누나가 돈 사용에 있어 더 깊이 생각하게 되었다고 하셨는데, 저 역시 재정 문제에 있어 예전보다 (그리고 더 가치 있는 방향으로) 더 기민하게 생각하게 되었습니다. 아마도 집에 도달하기 전까지 어려움을 좀 더 겪겠지만, 지금까지의 여정에 도움을 줘서 정말 감사하다는 말을 전하고 싶습니다.

커 양의 일에 관한 편지를 누님께 보냈습니다. 커 양에게 양 몇 마리를 구해주면, 차후 일본인들이 호주에서 양을 구매할 때 무상으로 통관해 준다는 총독의 실질적인 약속을 받았습니다. 월리 쇼 씨에게 편지를 쓸지 생각 중이니, 그 문제를 염두에 두시기 바랍니다.

1년 전, 런던의 기독 학생 운동(S.C.M.) 출판부에 제 글들을 보냈다는 말을 아마도 누님께 했을 텐데요, 그곳으로부터 부적합 결정이 내려졌다는 소식을 들었습니다. 글의 주제가 너무 다양했거든요. 모든 글이 제 관심 영역이라는 것은 의심의 여지가 없지만, 다른 사람 역시 저와 똑같은 관심을 가질 것으로 기대하기는 어렵겠지요. 다시 새로운 주제를 찾아 글을 써 보려고 합니다. 그리고 때가 돼 글들이 모이면, 다시 투고해 볼 생각입니다.

지난 5개월 동안 우리 앞에 놓였던 매우 중대한 정책 이슈는 "우리 학생들을 국립 신궁(神宮)에 보내 참배하라는 공식적인 요구를 따라야 하는가?"였습니다. 당국자들은 매우 명확하고, 협조적 태도로 신사참배는 예배 행위가 아니며, 예배 행위로 간주해서도 안 된다고 말했습니다. 그럼에도 불구하고 신궁은 일본 왕실의 시조인 태양-여신[37]에게 헌정되어 있으며, 참배 행위는 그곳에서 이루어지고, 실제로 우리가 참석하도록 요청받은 의례에서도 행해집니다. 아마도 누나는 우리 선교부가 취한 조치와 결정에 대해 들었을 테지요. 저는 프랭크 패튼 씨와 매튜 씨, 그리고 프랭크 볼랜드 씨에게 장문의 편지를 썼습니다. 얼마 전에는 프랑스 주교와도 면담했습니다. 가톨릭 신자들도 이 상황에 대해 불안해하고 있습니다. 결국에는 이 상황이 하나님의 더 큰 영광을 위해, 그리고 (기도하기로는) 일본 민족의 선함(善)을 위해 잘 되리라 믿어 의심치 않습니다.

이것은 위대한 책무입니다. 이 선교적 책무 말입니다. 저는 이 일이 해군보다 '안보'에 기여하고, 궁극적으로는 국제 연맹보다 평화 유지에 더 큰 역할을 할거라 저는 믿습니다.

모두에게 사랑을 전하며
찰스 맥라렌

---

37 일본 왕실의 시조신인 아마테라스 오미카미(天照大神)를 뜻한다. (역자 주)

1936년 5월 17일
서울

사랑하는 메리 누나에게

내 책상 위에 걸린 누나 가족 세 사람의 미소 머금은 사진을 보고 있자니 모두의 소식이 궁금해져 이렇게 편지를 쓰게 되었습니다. 매형 찰스 데비에 관해 마지막으로 들은 소식은 그가 다른 주 이사직을 수락하지 않았다는 것이었죠. 멜버른에는 너무나 훌륭한 집이 있고, 실제로 나 은유적 맥락에서 그곳에 깊은 뿌리를 두고 있으니 그만한 가치가 없어 보일 것입니다. 그에게 저의 따뜻한 안부 전해주세요. 조카 마니는 언제쯤 제게 편지를 보낼까요? 그 애는 대학 과정에서의 배움을 통해 편지를 쓸 수 있을 정도의 기초 교양은 갖추었을 텐데 말이죠. 그 애는 이제 미국인들이 2학년이라고 부르는 학년에 접어들었을 테지요. 요즘 대학은 어떤지 소식을 듣고 싶네요. 배럿 씨가 총장으로 임명되었나요? 새 부총장은 어떤 역할을 하고 있나요? 총학생회가 야심 차게 계획했던 클럽하우스는 아직 완공되지 않았나요? 그리고 당연히 스카치와 맥, 그리고 존의 그곳에서의 활동 소식도 듣고 싶습니다.

우리 소식을 전하자면, 아내는 이화여대에서 큰일을 맡았고, 그 일을 하면서 탁월한 능력을 발휘했습니다. 누나는 아마도 아내가 학교 부지를 정비하고, 그곳에 정원 조성하는 일을 맡았던 것을 기억하실 겁니다. 인상적인 건물들이 옹기종기 모여 유난히 아름다운 교내에 아내는 딱 알맞은 정원사였습니다. 한 달 만에 그녀는 놀라운 일을 해냈고, 수백 가지의 관목과 꽃을 심었으며, 언덕에서 알맞은 잔디를 옮겨다가 여러 잔디밭을 조성했습니다. 이화여대 학보에는 그녀의 활약에 대해 깊은 감사를 표하는 기사가 실렸습니다.

네이피어 양이 우리와 함께 지내고 있습니다. 그녀는 휴가 후부터 몸이 좋지 않았는데, 심장이 좋지 않습니다. 우리 가족 역시 그와 같은 경험을 한 적이 있기에 그녀를 더욱 안타깝게 생각하고 있습니다.

클러크 양이 사임하게 되어 유감입니다. 한국에 돌아오지 못한다는 것은 그녀에게 큰 상처가 될 것입니다. 클러크 양은 한국인을 진심으로 사랑했고, 모든 사람을 마음을 다해 따뜻하게 대하며 동정심 넘치는 모습을 보였습니다.

우리와 가까운 일본인들이 꽤 심각한 폭발 사고를 겪었다는 것을 아실 겁니다. 그들은 모두 그 사건에 대해 매우 걱정하고 있으며, 그들 중 대부분은 조금도 수치스러워하지 않습니다. 일부는 심지어 군대를 비판하기도 했습니다. 몽골 국경에는 상당한 긴장감이 감돌고 있습니다. 안보와 안정을 위한 일본의 방안은 군대를 더 늘리는 일반적인 군사적 방안입니다. 실성한 세상 아닌가요?

커 양 소식은 들으셨나요? 누님께 보낸 제 편지에서 농장에 관한 부분을 『크로니클(Chronicle)』지에 보냈다고 들었습니다. 최근에 윌리 쇼 씨에게 숫양 한 마리와 암소 서너 마리를 기증해달라는 편지를 했습니다. 총독은 양에 관심이 많습니다. 저는 외무장관을 통해 총독에게 다가갔고, 그는 다음번에 일본인이 호주에서 양을 구매할 경우 무료로 통관시켜 주겠다고 약속했습니다. 윌리 쇼 씨가 제 기대에 부응하지 않을 경우, 우리가 타진해 볼 만한 사람이 있을까요?

누나는 잘 지내시나요? 쿠퍼 박사에게 제 제안을 전달하셨나요?

애정을 담아, 누나의 동생
찰리 맥라렌

1936년 7월 5일
서울

사랑하는 메리 누나에게

아직 누나나 마조리로부터 직접 소식을 듣지는 못했지만, 부산진(釜山鎭)에서 열린 이사회 회의에서 어떤 분이 우리의 소중한 친구 애니 도슨 부인이 세상을 떠났다는 소식을 전했습니다. 아마도 그녀는 우리 가족과 가장 오래되고, 가까운 우정을 나눈 친구일 거예요. 포탈링턴에서의 기억이 '생생하게' 떠오르네요. 도슨 부부가 그곳에서 우리에게 얼마나 친절했는지 모릅니다. 아버지의 병환(저는 너무 어려서 아버지의 병에 대해 깊게 알지는 못했습니다)뿐 아니라, 맥닐 씨와의 만남 때문에 더욱 생생하게 기억에 남습니다. 그들과의 만남은 제 인생에 새로운 의미를 부여했고, 그 영향은 지금까지도 제게 남아있습니다. 도슨 부인의 관심과 영향력은 조숙한 소녀에게는 지혜와 유익이 되었고, 신앙의 여정에 들어서는 어린 소년에게는 공감이 되었습니다. 그리고 그 이후로 친구로서 도슨 부인의 우정은 얼마나 부드럽고, 후했으며, 사랑스러웠는지 모릅니다. 그녀는 진정 다른 사람들의 성취와 기쁨에 함께하고, 또한 슬픔을 함께 나눌 준비가 되어 있었습니다. 우리 주님에 대한 그녀의 사랑과 성실함은 그녀의 삶에 있어 '매우 중요했으며', 그로 인해 그녀는 다른 사람들에게 매우 관대할 수 있었습니다. 그녀의 부고에 관해 우리가 알고 있는 소식은 그녀가 주말 동안 누나와 함께 지냈으며, 교회 예배에 참석할 기운이 없었다는 것, 그리고 누나가 돌아왔을 때 그녀가 심히 절박한 고통을 겪고 있었다는 것입니다. 그리고 그날 저녁에 돌아가셨다는 것입니다. 저는 그녀가 임박한 죽음을 감지하면서도 긴 병을 앓지 않아 다행이라고 생각합니다. 그것은 그녀가 본능적으로 두려워했던 강이었습니다. 사랑하는 메리 누나, 누나 집에서 그녀가 하늘 본향으로 부름을 받게 되어 저는 기쁩니다. 그러한 섭리의 예정에는 매우 은혜로운 무언가가 있었다고 생각합니다. 월터 씨와 더글러스 씨도 돕고 싶어 하겠지만, 우리 남자들은 누나처럼 집안에서 특별한 일을 할 수가 없네요. 누구인지는 확실치는 않지만, 여기 있는 누군가가 자매와 두 형제의 관계에 대해 다음과 같은 말을 되뇌었습니다. "자매가 형제에게도, 형제가 자매에게도 불안한 순간을 일으키지 않았다." 월터 씨와 더글러스 씨에게 저의 깊은 위로를 전해주시겠어요? 그리고 그분들은 이미 알고 있겠지만 도슨 부인에 대한 제 존경과 깊은 사랑을 전해주시면 고맙겠습니다. 그녀를 만날 때면 늘 즐거웠고 편안했다고 직접 전했으면 좋으련만. 도슨 부인은 제가 약혼했을 때, 그리고 그 후로도 저를 진심으로 가깝게 대해 주었고, 아내 제시를 깊은 우정으로 대해 주었죠. 우리가 호주에 돌아갔을 때도 매번 그녀는 우리를 따뜻하게 맞이해 줬어요. 어셈블리 홀에서 열린 작별 모임에서 도슨 부인이 아내에게 "약혼 발표 때도 봤고, 결혼식 때도 봤지만 이 모임에서보다 더 매력적인 모습은 본 적이 없는 것 같아요"라는 아주 멋진 말을 한 것이 기억에 남습니다.

도슨 부인은 그녀의 어머니처럼 재치 있는 입담에 특별한 재능을 보여주었는데, 늘 이야기에 조리가 있었지요! 매형이 항해에서 돌아왔을 때, 그녀가 누나와 함께 그 배를 방문했던 이야기를 떠올리며 저는 얼마나 많은 감동과 즐거움을 느꼈는지 모릅니다!

우리는 선교부 회의에서 막 돌아왔습니다. 모든 회의에는 주 정부 대표들이 참석했습니다. 만약 신사참배에 대한 어떤 논의라도 개시된다면, 어떤 모임도 허용되지 않을 것이라고 들었습니다. 차후에 우리

학교 학생들을 신사참배에 보내야 하게 된다면, 어떤 일이 벌어질지 모르겠습니다. 우리가 만약 우리의 결정을 고수한다면, 일부는 추방당할 수도 있습니다. 법조인들이 회의에 참석하면서 생긴 즐거운 일 하나는 그들 중 한 명이 신앙의 부름을 받아 교회에 출석하겠다고 말한 일입니다. 우리는 그들을 매우 정중하게 대했습니다.

아내 제시가 지난 열흘 동안 몸이 좋지 않았습니다. 처음에는 목이 아팠고, 그 후에는 아랫배에 무언가 있는 것 같다고 해서 저는 맹장염이 아닌가 생각했습니다. 한동안 걱정이 많았지만, 지난 이틀 동안 확실히 나아졌고 오늘도 일어나겠다고 고집을 부렸습니다.

딸애 레이첼은 미국인들이 말하는 중등학교를 올해 '졸업'했고, 내년에는 고등학교 '신입생'이 될 예정입니다.

가혹했던 억제에서 벗어난 지 이제 한 달이 지나가네요. 몇 달 동안의 정신적 고통과 분투 뒤에 깊은 안도감이 찾아왔습니다. 그러한 어려움은 저를 멀리 이끌지는 못했습니다. (이전에는 조금도 이해하지 못했지만) 어쨌든 저는 지금 나에 대해 충분히 알고 있으며, 상태가 어떠한지 인식하고 있습니다. 때로는 그것이 결코 사라질 수 없을 것같이 느껴질 때도 곧 지나갈 것이라고 믿으며 확신할 수 있게 되었습니다. 힘든 시간을 넘어서면 삶은 매우 만족스럽고, 주님을 향한 믿음은 너무나도 소중하게 경험되며, 하나님과의 교제가 진정 실재함으로 다가옵니다.

모두에게 사랑을 전하며
당신의 애정 어린 동생
찰스 맥라렌

1936년 8월 13일

사랑하는 메리 누나에게

최근에 두 통의 편지를 받았습니다. 첫 번째 편지는 주로 애니 도슨 부인의 죽음에 관한 것이었는데, 그녀에 대한 진실한 이야기를 들려주셔서 정말 감사했습니다. 애니 도슨 부인에 관해 쓴 누나의 글이 『크로니클』지에도 소개되었나요? 그녀의 삶의 여정에 대한 고린도전서 13장의 인용은 매우 감동적이었습니다.

보내주신 편지에서 매형의 박사 학위(신학 분야가 아니지만요!) 취득 전망에 대해 말씀해 주셨습니다. 저는 그 소식을 듣고 매우 기뻤고, 그가 충분한 자격이 있다고 생각합니다. 굳이 말하자면 저는 그의 능력과 열정에 큰 감명을 받았습니다. 그런 공무원이 많다면 호주는 국민이 살기 참 좋은 나라입니다. 매형에게 제 인사의 말을 전해주세요.

맥에 대해 꽤 자세히 적어주셨더군요. 실제로 드러난 증상들을 통해 가엾은 맥도 잘 알겠지만, 저는 그것들을 심각한 것으로 간주하지 않으며, 다루기 어렵다고도 생각하지 않습니다. '맥의 병증이 꽤 심하다'라는 화이트 박사의 의견에 대해, 누나는 그렇게 생각하지 않는다고 하셨는데 저는 누님 심정을 이해합니다. 그럼에도 그는 잘 훈련된 신중한 의사이며, 또한 그가 말하길 신체 기관상의 문제는 없다고 합니다. 그것은 부정적인 측면에서 유의미하며, 그의 의견을 신뢰할 수 있다고 여겨집니다. 좋든 나쁘든 우리는 맥이 민감한 신경계를 물려받았다는 사실을 인정해야 합니다. 이러한 경우 생리적 자극이든 '심(心)'적 자극이든 비교적 가벼운 자극이 신체로 넘어갈 수 있습니다. 예를 들어, 사춘기 청소년의 경우 성기와 관련된 자극으로 인해 발생하는 자발적 정액 배

출 후에는 다음 날 전반적인 혼란이 따를 수 있습니다. 다시 말하지만, 삶에 대해 불안해하고 삶을 충족시킬 능력에 대해 의심하는 마음의 태도는 누나가 묘사한 것과 같은 증상들을 통해 직간접적으로 나타납니다. '세상을 이기는 승리는 이것이니 우리의 믿음'[38]이라는 말씀, 그리고 반대로 의심은 패배를 불러온다는 말은 진리입니다. 따라서 누나 "믿음을 가지세요." 제 생각에는 콕스 박사에게 진찰을 받아 보는 것도 좋은 생각인 것 같습니다.

우리는 금강산에서 아주 좋은 휴가를 보냈습니다. 여느 해처럼 별장을 빌렸고, 우리는 그곳에 꽤 익숙해졌습니다. 산에 올라갔을 때 아내 몸 상태가 좋지 않았습니다. 선교위원회 회의 중에 심한 편도선염을 앓았고, 그 후에는 맹장 질환처럼 보이는 증상을 보이기도 했습니다. 병환은 심장에 영향을 미쳤고, 아내는 (미처 회복되지 않은 채로) 짐을 싸서 산에 가기로 결심했습니다. 산행은 죽을 만큼 힘들었지만, 결국 살아남았고, 큰 도움을 받았습니다.

국가 의례인 신사참배에 관한 문제는 현재 조용해졌습니다. 차후에 같은 요구가 제기된다면 하늘이 무너질지도 모르겠습니다. 교황과 해외선교위원회는 신사참배가 신앙을 부정하는 것이 아니라는 주장에 동의했습니다. 저는 지금 신사참배가 신성모독이라는 주장에는 거리를 두겠다는 저의 솔직한 입장을 밝히면서 신사참배에 가려고 합니다.

현재 세브란스는 심각한 갈등 속에 있습니다. 그 갈등 속에서 저는 다소 난처한 직책을 맡게 되었습니다. 이중철 박사는 총장을 뇌물수수 혐의로 고발했습니다. 총장과 부총장은 (조사위원회가 '무죄' 판결을 내렸는데도, 이 문제를 지속해서 제기하고 있는) 교수 중 한 명을 해임하지 않으면

---

38 요한일서 5장 4절 (역자 주)

사임하겠다고 협박했습니다. 저는 해임의 근거가 없다고 생각하며, 총장과 부총장이 사퇴 협박으로 이사회의 표결을 강요하는 것에 대해서도 동의하지 않습니다.

모두에게 사랑을 전하며
찰리

1936년 10월 18일

서울

사랑하는 메리 누나에게

제가 마지막으로 편지를 쓴 이후로 얼마나 시간이 지났는지 생각하니 부끄러움이 느껴지네요. 마지막 편지가 제 생일과 결혼기념일 전이었죠. 마니에게 보낸 편지에서 전선(cable)을 보내준 것에 대한 감사의 마음을 전했는데, 그걸 받게 돼 정말 기뻤습니다. 그처럼 우리를 기억해 주셔서 정말 감사합니다. 우리는 매우 행복한 하루를 보냈습니다. 어쩌면 특별한 일도 없고, 우리가 친구들의 선물을 받지 않아도 되는 상황이어서 마음이 편했던 것 같습니다. 그럼에도 불구하고 여기에 있는 몇 명의 따뜻하고 가까운 친구들이 몇 가지 작은 선물로 그들의 친근한 마음을 표하겠다고 고집하더군요.

제가 편지를 하지 않은 이유는 '일이 잘 안 풀려서'가 아닙니다. 그와는 반대로 저에게는 아주 좋은 일이 많았습니다. 저는 늘 바쁘고 행복했으며, 큰 폭풍이 몰아치는 시기에도 하나님의 은혜로 제 마음에는 완전한 평화가 있었습니다. 몇 달 전에 브루스에게 보낸 편지에서 저는 여름방학 동안 복음서와 사도행전을 다시 읽으면서 제 마음에 누적된 놀라운 효과에 관해 이야기했습니다. 그 책들을 빠르게 재독(再讀)하며 할애한 8시간만큼 제 인생에서 생산적이었던 시간은 없었던 것 같습니다. 그 책들을 읽으면서 믿음이 커지는 것을 경험했습니다. 다시 말해, 이 사역이 참되고 기적적이며, 기적적이면서도 동시에 진실하다는 것입니다. 하나님께서 우리 인류의 역사 가운데 오셨고, 지금도 주님은 그 가운데 계십니다. 주님은 그 어떤 사람이 한 번도 말한 적 없는 말씀,

권능으로 역사하심, 상상할 수 없는 대승적인 죽음, 그리고 주님께서 미리 분명히 선언하신 대로 죽음에서 부활하심으로 우리 죄를 속죄하셨습니다. 이 믿음은 참으로 세상을 이긴 승리입니다. 저는 그 승리를 지키기 위한 투쟁에서 실질적인 역할을 하게 되어 기쁩니다.

10월 31일.

이 편지를 시작한 지 벌써 2주라는 시간이 흘렀습니다. 아내는 이화여대에서 부지를 조성하고, 정원을 가꾸며 매우 바쁜 나날을 보내고 있습니다. 아내는 그 일에 큰 보람을 느끼며, 열정적으로 하고 있습니다. 하지만 할 일이 너무 많아서 마음의 여유가 부족하고 지쳐있습니다. 지난 며칠 동안 심장 증상까지 심해져 쉬어야만 했습니다.

딸애 레이첼이 이제 엄마보다 키가 크다고 말씀드렸나요? 딸아이는 특히 사랑스러운 눈을 가진 아름다운 아이라고 생각하게 되는 건 단지 부모의 편견 때문만은 아닌 것 같습니다. 그 애는 정말 사랑스럽고 착한 아이예요.

최근에 테드 씨로부터 크램브 부지에 관해 밀러 씨의 말을 전언한 편지를 받았습니다. 세입자에게 위생적 조건을 요구하는 주택법이 있다는 사실을 알게 되어 기쁩니다. 저는 우리 부동산을 필요한 표준에 맞추는 데 필요한 수리, 변경 또는 추가 사항에 기꺼이 동의할 것이며, 임대료가 필요한 지출을 충족하지 못한다면 필요한 자본금을 마련할 것입니다. 너무 많은 활동이나 일정보다는 수입이 적은 편이 낫다고 생각합니다. (설명을 보니) 위생 시설이 불충분한 것 같습니다. 이 부분은 개선되어야 할 것 같습니다.

누나가 보낸 최근 편지에 맥에 대한 고트 박사의 견해를 동봉해 보내셨더군요. 이는 누나가 과로한 활동과 일정에 대해 말한 내용 및 제가

'쌍둥이'에 관해 생각한 일반적인 견해와 일치하는 것 같습니다. 학생들은 확실히 과로할 수 있지만, 그럼에도 "힘들게 하는 것은 일이 아니라 걱정이다"라는 오슬러(Osler)의 격언에는 큰 교훈이 있습니다.

많은 사랑을 담아
찰스 맥라렌

1936년 12월 1일

사랑하는 메리 누나에게

지난주에 누님에게서 온 긴 편지를 받았고, 늘 그렇듯 기쁘게 읽었습니다. 편지에서 마니의 첫 번째 생일 파티에 대해 말해주셨는데, 세월이 빠르게 흘러가네요! 파티가 끝나면 마니가 나에게 편지를 쓸 시간을 가질 수 있기를 바랍니다. 누나가 당시 즐거웠다고 말한 그 파티에 참석하지 못한 점이 유감스럽네요. 모에가 훨씬 나아졌다는 소식을 듣게 되어 기쁩니다. 그가 실제로 아팠던 것은 아니었지만, 그런 몸 상태는 많은 불편과 마음의 불안을 초래할 수 있지요. 그러한 불편감에서 벗어나는 것은 공부를 잠시 미루는 것만큼이나 가치가 있습니다. 혹시 모에가 관심을 가지는 특별한 분야가 있나요? 그 때문에 신학박사 과정을 포기했나 보네요.

여름 이후로 계속해서 건강한 상태를 유지하고 있고, 생활은 매우 즐겁습니다. 나이가 들수록 삶은 더 흥미로워지는 것 같습니다. 예상치 않았던 하나의 관심사가 생겼는데, 바로 어학 공부입니다. 일본어 공부에 흥미를 갖게 되었습니다. 저는 매주 한 번 수업에 참여하고 있는데, 우리는 그룹을 이뤄 공부하고 있습니다. 언어를 배워야겠다고 느끼게 된 추가적 이유는 한국 선교단이 저를 일본 선교단 연방 이사회의 '친교 대표'로 임명했기 때문입니다. 한국 선교단과 일본 선교단은 매년 서로 대표를 보내고 있습니다. 회의는 일본의 여름 휴양지에서 열리는데, 일본 사람들과 그곳의 상황을 알아볼 특별한 기회가 될 것입니다. 이번 기회가 생기게 되어 저는 정말 기쁩니다. 저는 동북아시아에서 벌어지고 있는 일들을 큰 관심을 가지고 지켜보고 있습니다. 그것은 단연코

숨 막히고 긴장감 넘치는 드라마 같습니다. 일본과 중국 간의 관계 변화, 일본 내 군국주의적 우익과 자유주의자 간의 대결, 공산주의의 지속적인 영향, 그리고 러시아의 그림자와 그 외의 모든 역동과 상호작용들이 매일 새롭고 중요한 변화를 만들어 내고 있습니다.

독일과 일본의 조약은 그들의 군사력을 강화할 테지만, 다른 한편으로 그들에 대항하는 힘을 결집시킬 것입니다. 그 모든 변화 속에서도 한 가지 확고히 변하지 않는 사실을 저는 압니다. 그것은 우리 주님의 계획이 실행되고 있다는 것입니다. 저는 매우 낙관적이지만, 어려움과 재앙이 없으리라 생각하는 낙관주의는 아닙니다. 교회에 주어진 기회는 셀 수 없을 만큼 많지만, 교회는 자신을 희생할 준비가 되어 있어야 합니다. "인자가 고난을 받고 죽고, 셋째 날에 다시 살아날 것이다"[39]라는 우리 주님의 말씀은 단지 그 당시뿐만 아니라 모든 위기의 시기에도 적용되는 주님의 역사(役事)하심의 중심 메시지라고 생각합니다. 저는 기독교 신앙이 이미 일본에 이룬 놀라운 업적에 깊이 감동하였습니다. 교인 수는 매우 적지만, 믿음으로 인한 감화(感化)는 일본인들의 삶에 엄청난 영향을 미쳤습니다. 일본이 공산주의와 파시즘으로부터 구해진다면, 가장 큰 요인은 일본에서 사역한 생명력 넘치는 기독교인들의 신앙 때문일 것입니다. 사람들은 웨슬리가 영국을 혁명으로부터 구했다고 말합니다. 우리 시대에도 신앙심 깊은 기독교인이야말로 일본에 중요한 역할을 할 수 있습니다. 저는 이 모든 일에 참여할 수 있다는 것이 기쁩니다.

누나가 세브란스병원 문제에 관해 알고 싶어 했던 것으로 기억합니다. 저는 이해가 안 됩니다. 한 사람이 부당하고, 공정하지 못하게 해고

---

39 마태복음 16장 22절 (역자 주)

되었는데, 저는 오히려 사람들이 그를 칭찬해야 했다고 생각합니다. 직원 중 한 명에게 뇌물수수 혐의가 제기되었습니다. (이 나라에서는 대학 지원자 수가 실제 들어갈 수 있는 입학 정원보다 훨씬 많습니다. 입학 위원회의 뇌물수수는 익히 알려진 사실입니다.) 제가 볼 때, 불만족스럽고 확실치 않게 진행된 조사로 인해 이 사건은 '무죄'로 판단되었습니다. 그리고 이후에 제가 예상했던 것보다 훨씬 큰 파문이 있었는데, 그것은 그것을 조사하고 판단한 사람들 가운데, 한 사람이 바로 문제를 일으킨 당사자였기 때문입니다. 한 가지 확실한 사실은 정의와 진실은 결국엔 드러난다는 것입니다. 만약 제 판단에 문제가 있다면, 저의 잘못을 깨닫게 되기만을 바랄 뿐입니다. 어떤 사람이 불공평하게 대우받았다면, 어떻게든 보상이 이루어질 것입니다. 집행을 담당한 사람들이 만약 잘못을 저질렀다면, 더 현명하고 더 나은 사람이 되기를 진심으로 바랍니다. 제가 관여해야 하는 상황이 닥치지 않는다면, 더는 문제에 개입할 생각은 없습니다. 결국, 주님만이 저보다 훨씬 많은 관심을 두고 계시고, 상황을 바로잡을 수 있는 분이십니다!

저는 여러 차례 누나에게 신사참배 문제에 관한 편지를 썼습니다. 얼마 전, 도쿄에서 이 문제가 해결되었다는 취지의 성명이 국회에서 나왔다는 소식을 들었습니다. 하지만 현재 상황만 봐서는 아닌 것 같습니다. 사실, 그 성명서는 '부질없는 기대'의 한 예라고 여겨집니다. (엔젤 교수를 대신하고, 우리 본부를 대표해) 평양연합기독교대학 이사회의 임원으로서 밝힌 성명서 사본 한 부를 누나에게 보내겠습니다. 그 성명서에 제가 밝히고자 했던 내용 대부분이 있기에 여기서 다시 언급하지는 않겠습니다. 때로는 이 문제에 대해 저의 감정이 개입된 건 아닌지 의심이 되기도 하고, 가끔은 문제가 명확하고, 분명하여, 어떻게 하면 우리 주님을 영화롭게 하고, 일본에도 적용할 수 있을지 저는 분명히 알고 있는 것 같기도 합니다.

　오늘 신문에서 일본과 호주가 그들의 불화를 해소하기 위해 노력하고 있다는 기사를 보게 되어 기쁩니다.

　호주 신문에 에드워드 왕과 심슨 부인이라는 미국 여성과의 열애에 관한 보도가 있었나요? 그것은 그다지 유쾌한 기사는 아니었습니다. 심슨 부인은 두 번째 이혼을 막 끝낸 상태인데, 영국 법률이 요구하는 불륜 증거를 남편이 제공하여 아내가 이혼할 수 있도록 연출한 것으로 보입니다. 미국 신문들은 이 사건에 큰 관심을 보입니다.

　　　　　　　　　　　　　　　　　　모두에게 사랑을 담아
　　　　　　　　　　　　　　　　　　　찰스 맥라렌

원문

1926

†

19th Feb. 1926

Severance

My dear Mary

The last Australian mail contained a letter in a handwriting I always welcome – for once the letter gave me to think pretty hard along lines that didn't bring much satisfaction – self or otherwise. I think it is fair both to you and to me that you should have just before you facts some of which (and quite important) you have not known & others you may have lost sight of, i.e. the revaluation of the Cramb estate. I agree with the judgment of the lawyer which you pass on "that you might properly expect 'that I should consider the interests of all concerned.'"

If I have failed to consider in my planning or to be influenced in my action by the interests of my sisters & their children I have been both unbrotherly and unChristian. I am sorry indeed for the financial injury that has come to you. I am sorry that I failed to reply to a suggestion of yours to which I now realise you attached much importance. It was remiss of me but there is this extenuation of my remissness I was advancing to Miller direct a proposal which seemed to me an alternative simpler & not prejudiciary your interests. I hope you will believe what I wrote previously (did you get the letter?) that the interpretation which you had felt compelled to feel on my failing to discuss the matter with you was (happily) quite mistaken. You said you had thought I had intended a "snub" & that I was regarding your suggestion as an interference beyond your rights. As I said before such an attitude from me to you is very remote from what I desire to hold & actually do have.

Now as to my action – what it actually was & how I came to be taken. In the first instance where Miller contested (or seemed to) whether there was a legal right on my part to have my capital I took legal opinion (Mr. Campbell's) and urged that to deny such a right was to stultify the terms of the will. At that time you not only joined in urging upon Miller that such a right existed but went on to the furthur position that real realisation of the whole property would be to your advantage. In a letter written just after my return to Korea you say "both Marjory & I think that altho' it would [crossed out "mean"] probably mean considerably less income for us it would be better so" (i.e. valuation of the whole estate) Later you very hurriedly wrote to Miller urging upon him that I be given my share. that Bruce's share be divided & that your shares be reinvested. In that letter to Miller a copy of which you sent me you say "my sister & I would be very glad to see my brother in possession of his share or even a part of it. We naturally do not want the properties to be hurried on the market at an unfavourable time..." you go on to suggest a pro rata division of what had been already sold & a further division "if a favorable opportunity offers for the sale". The letter was written (I think) in 1922. Your copy is not dated.

Up to the date then I had every reason to believe that I was acting, not only after having advised you of my action but also with your full approval & sympathy. But this is not all. My next proposal to Miller was that the property be valued: that what was estimated as 1/6 be sold & that I be given the sixth & surrender further claims on the estate. This proposal may not have been feasible but it was at least while under discussion with Miller a good enough reason for me to hold our discussion with you i.e. you suggestion that I borrow at interest. You say you "were hurt" very much hurt by your action in the matter principally because you would neither answer my letters nor discuss the matter with us. But this proposal of mine, the only important suggestion I made. I did submit (unless I am mistaken) for your opinion. Miller did not positively & finally reject this proposal. In June 1926 he wrote "Your letter of March 3rd was submitted to me... If your sisters had a right to the capital of their shares an arrangement such as you suggest could easily be made but in view of their merely having life interest. I am afraid there would be difficulty in doing so. I am however desirous of meeting your wishes so far as that can be done without sacrificing any of the estate". He goes on to say he is instructing a report to be made re-realising in Glasgow and two houses in Helensburgh. The letter of Miller to me crossed one from me to him in which I definitely called off my request for a realisation & that not a request for realisation of the whole estate but merely of my own share. I said (in July '26) I have come to realize from information received about conditions in Britain of present that it would be not only unprofitable but practically impossible to dispose of property at the present time. Inconvenient then as it is I must accept the situation that this money is "tied up" for the present at least. If the situation changes

I shall be glad to hear from you but please do not trouble further about the possibility of realising.

My next letter to Miller in answer to the one that crossed mine to his of June '24 was written on Aug. '24.

I said "I had made arrangement locally to borrow enough money to build a small house with this arrangement has disappeared the urgency for me to realise" I added that Miller's report "confirmed me in my realisation of the financial undesirabilty of realising at present" further added "In the normal course of events I am due to be in Australia in 1926. I would hope at that time to consult with my sisters in view of the then situation and may perhaps at that time recur? to the subject of revaluation. For the present I would merely repeat my [crossed out instruction] request of July that you do not exert yourself futher in the matter."

My next news from Miller was that he had sold the Glasgow property for £3000. Now I hear from you how badly you have suffered in the re-investing.

I have written thus in detail not merely because I desire for my own sake to say what I think can fairly be said in explanation of my position but because I am sure it must be a sorrow to you to be forced to think of me as callous & selfish. If what I have written relieves you of so judging about me. I shall be glad.

Will you please share this letter with Charles also with Marjory & Ted. Ted has done so many kindnesses for me that he has a right to the fullest explanation.

I shall write to Miller a third time telling him to hold his hand in the matter of selling up. Whatever else your letter has done you will admit it has galvanized me into a willingness to "discuss".

Your birthday was a few days ago. I hope it was a very happy one with many more happy ones to follow. Has the amber turned up safely. I have the receipt so can enquire if there has been any delay. Rachel's 3rd birthday was on the 16th. She has made pretty good use of these 3 years.

Jessie has her better days and some very hard ones. I am having a month off work soon and physically very well but will welcome a spell from work. I won't be leaving home: to be relieved of work for a while is what I shall welcome.

Much love

Your brother

Charlie

11th Jul. 1926

Severance Seoul

My dear Mary,

I was very glad indeed to get your last letter. It was so good to know that what I was able to tell you of my doings i.e. the Cramb estate had removed misgivings which had been paining you. Recently I had a letter from Miller saying he would hold his hand in the realisation of the estate.

I was relieved to hear that the amber had arrived safely. It was a long time since I had posted and these things sometimes go missing in the port. I am glad you like the string. The difference between the cost and what you sent is my concern. I have long wanted to make you some little gift and found this a way at once convenient and (I hope) to your taste.

It was very good reading to hear about Charles work in Adelaide and how he has cleared things up: a mighty worth while sort of thing to hear to his credit.

I am having holidays this month – and admit I am nothing loth. The other day I took Rachel down to the river which we crossed in a ferry boat. Rachel's naive surprise, when the boat began to rock as the river waves, was very amusing: She asked me the funniest say, "Father: What's the matter with the boat?" and a bit later on "Father: what's the matter with the river?" Later she had a very delightful paddle on the sandy river bank. I wish: I wish she might meet her cousins. Well perhaps that is not so distant. Much too soon for any plans yet but Jessie is improved and improving.

I have been having a wretched time for the last 15 months. Not my circumstance – though with Jessie sick they have been so far trying – but myself. Since I was ill things have been very difficult and painful. My greatest trouble has been just that I have not been up to my job: could not work effectively; mind would not work properly and my cases and my work became just a night mare. Now when I am resting I feel practically a normal individual. I hope I shall accumulate enough energy and reserves to enable me to go back with some normal interest to my work. You mentioned in your letter of the dreadful time through which you passed when Marnie was coming. I think I have been about as happy as that, this last year. Have you read Conrads "Youth". The last story is "The end of his tether". It is extraordinarily powerful. My circumstances were not as difficult as that chap's but I felt the same horrible realisation of inability to meet my responsibilities – in his case it was loss of sight; mine was loss of mental energy. I did not say much about it, and you need not say much either, and as I say I hope I shall go back refreshed after this rest, but it was a bad experience.

Dr. Sweet is in Korea at present. She expects to spend several weeks in Seoul. She passed through last week he was astonishingly and flatteringly pleased to meet me and a good deal to my surprise not only calls Jessie by that name but also addresses me as Charlie. Well it is really rather nice to have better and more intimate friends than one realized one possessed. I am expecting to devote a good deal of time next week to showing the lady round. She was saying she saw you soon before she left Australia and that you were looking blooming. Jessie was recalling some P.L.C. picnic which you spent most happily in an all day controversy with Dr. Sweet in which you broke many lances against the Evolutionary dogma. Do you still champion that cause? What think you of Mr. W. J. Bryan. One American paper said of him after "the monkey trial". We had long known he was a voice crying: we had not known there was not anything behind the voice!

Love to all

Your affectionate brother,

Charlie McLaren

2nd Nov. 1926

Barrington Avenue Kew 2nd

Dear Mary & Charlie

Here we are at last and thank you for your thoughtful telegram of welcome. Rachel was very pleased with the wire from her cousins. It was explained to her that it was specially for her. She opened it up sat down and gravely examined it upside down & right side up then folded it away & refused to let us have a look. We basely read it I put it back in the envelope where she was out of the room & later got her to share it with us.

It is wonderful to be back to country friends & home. We had a quite remarkably good voyage: smooth, cool, nice ship, congenial fellow travelers and ships company – even the coal consumption was especially satisfactory (not that that interested me personally but I heard the chief office citing it as one of the many satisfactory things about the trip.)

Jessie is much better tho' still at the mercy of some pretty nasty attacks. We saw Dr. Ellis today & she is arranging consultation with the heart specialist in Melbourne.

I am feeling myself again after more than a year of nightmare. I was much better for the last couple of months in Korea & the voyage has restored me to physical well being & to joie de vivre (is that the way to spell it?)

We have happily established an illusion that Rachel is an obedient & well traveled child. The difficulty will be how to maintain the idea.

Much love
your brother,
Charlie

11th Nov. 1926

My dear Mary,

Thank you for your letter. I am sorry not to have written sooner to give you particulars about the consultant's opinion of Jessie's case. I intended to telegraph the good news and then was told that you were to be called up on the phone this latter arrangement miscarried as your P.O. closed at 6 p.m. Anyway we have the best possible report – incidentally our diagnosis and treatment during the earlier stages have been confirmed and approved.

Dr. Turnbulls view was that there had been a partial blocking of the coronary artery – (to the heart) – a condition of the utmost gravity but that having got thro' the earlier part & recovered as far as she has done up to date that there is now no danger of a fatal termination to one of the attacks.

Further that she may look for so much continued improvement as to make her almost a well woman. He indicated that but for her specially good physique (and I may add the wonderful care Mrs. Denan gave her thro' those many months) that a fatal termination would have been very easy. The electrocardiogram confirms the clinical opinion.

I need not tell you we are pretty thankful happy people. We have been in difficult places and the Lord has been good to us.

Jessie is getting about more freely but still needs to go slow.

I have been having a topping time meeting lots of old friends and receiving a specially cordial welcome from such a lot of kind folk. Saw George Harper in Sydney. Just the same old critic of all but he appeals to me. Hope John is better.

Love to all

Charlie

16th Dec. 1926

Mondo [?], Woodend

My dear Mary.

Mother and I are enjoying a very happy holiday up here in Woodend. The boarding house is comfortable and the people are considerate and differential to Mother – a combination from which Mother is not averse!

Incidentally the owner is Mr. Beveridge – you remember them at Kilmore. This is the boy with whom I used to go out riding now alack he is a middle aged man.

I am having the best holiday I have had for years. Plenty of outdoor exercise. tennis & golf.

The Andersons are still here and are very kind and friendly.

Jessie had a somewhat unpleasant time just before I left but is better again now. She is still working on a very narrow margin and sometimes even with apparent exciting cause is quite "off". Still we may hope and look for improvement.

Very glad to hear you are all coming over. By the way I am to be at Student Summer Conference at Ballorat about 8th to 15th Jan. Will you pass thru Ballorat in the motor?

Brotherly greetings to Charlie. It was nice to hear his voice over the phone.

Love to the huddie & to yourself.

Your brother,

Charlie

1927

†

Sunday, 23rd Jan. 1927

St. Leonards

My dear Mary

It was a great pleasure to renew acquaintance with your family. I am very much looking forward to the opportunity of getting to know your man better. The trip back to Blackwood ought to be very worth while.

Mary, dear, I think your children are delightful. I don't know yet how bad they may be inside, but they are most attractive to meet and a sheer delight to the eye, they are so fresh and clean limbed and well looking. I can scarce keep my eyes off them.

We are having a very nice time here. Marjory & Ted are very kind and giving me a very good holiday. There is lots of life and action with all this brood.

We are in the middle of further investigation about Jessie's condition. I am getting two other consultants opinion: am going to see the second man next week when I go up to town. We have not got as far as we would like in unravelling the business (torn) alternatives but I do think we are on a worth while line if enquiry.

Mother was progressing when I left, but Forsyth wanted her to be careful not to exert herself for some days more.

I am feeling quite a different person from the one who endured that long nightmare in Korea.

Bless the Lord, Oh my soul & forget not all his benefits.

With love

Your brother,

Charlie

7th Mar. 1927
St. Bernard's Hospice

My dear Mary

Have you ever been in these parts? It is very wonderful, range on range of mountains in every direction. You will have heard that Marjory & Ted invited me to join them on their holiday trip. On account of Marjory having been not very fit they modified the usual procedure: made the daily journey in the car shorter and after 3 days reached here as a place of semi permanent stay. We are to be here a week then go slowly down on the Gippsland side of the mountains, stopping for a couple of days at a Rest house on the southern slope.

The holiday here is just the sort of thing Forsyte recommended. Ted & I go walking in the mornings & climb the adjacent mountains! Then in the afternoon we have a gentler walk (and afternoon tea out) with Marjory and Aussie (who is also of the party) Today I tried my hand also at some woodchopping – I felled a tree & cut it up. It was not very large at all but the unaccustomed strain on my wrist has left my hand somewhat shakey & my writing worse than ever. I retire early & eat & sleep a lot.

Any plans as to when you are to be over? How are all the family? Has Charlie recovered from his social exercises due to missionary brother-in-law. By the way has he (and you) read Lamb's essay on the Scotch. If not I can recommend it. I cam across it today. It may serve to infress? some inarticulate impressions.

I am due back in town in a bit over a week speaking at a meeting when I am to meet a number of ministers in town for Quarterly committees then another weeks holiday (to indulge myself & pacify Forsyth) then take up work for which I begin to feel ready & eager.

Brotherly greetings to Charles & love to the children.

Yours affectionately,
Charlie

[Side at top] Will you please tell Mrs Scott that Rachel much appreciated the gift she so hurriedly sent. Remembrance to Dr. Gautt Mose please.

29th Mar. 1927

10 Mitchell St, St. Kilda [Scotland]

My dear Mary

Thank you for your letter and the very kind invitation; if your logic were not sufficient surely Johnnie's drawing (in which some hereditary influence from his father seems to appear) would bring us promptly over to Blackwood but I have done my duty by the doctors and have now started work – about time too, it seems to me. This latter opinion may be best evidence of the improved judgment which you so eloquently warn me of (quite a period that in your letter!) I am encouraged to believe that I am not such an idiot as you fear.

Now if you wan to see a really appreciative opinion about my humble self read & re-read this weeks Messenger. It reminds me a good deal of the dear old lady who thought she would like a certain commodity. "It was so highly spoken of in the advertisements".

Seriously I am fit: have had a good rest and change: am doing work which I find not a strain but quite interesting: so, much as I would like to be with you all again, I really don't think I ought to.

About Jessie: she continues to improve but has some set backs. I don't think it would be wisest for her to go over to Adelaide: So all this serves to point to you trying to get over here sometime.

How are all your family. Hope little John is not finding school too heavy. My love to Marnie & Mac & to the other Charlie.

Affectionately your brother

Charlie

5th Apr. 1927

The Manse, Sale [Australia]

My dear Mary

There was one question in your letter which I inadvertently overlooked when I was replying: about the Korean pottery. I shall tell Jessie about it when I get home & either she will write to you (this is however improbable!) or I shall let you know. I am sure she will be glad to fall in with your idea.

I am as you may see at Sale and staying with Bill Marshall, I think he is a very worth while sort of chap.

I was at the P.L.C. one morning before I left town. They gave me a perfectly wonderful reception. I don't know that I have ever spoken to quite such a delightful audience.

I expect to move on to Bairnsdale (George Brodies parish) tomorrow; Maffra on Thursday and back home on Friday. I am speaking at Scots Church on Sunday morning and am to be at the Bible Class Union Camp over Easter.

I have started work at the University and Hospital.

Jessie goes on fairly well: a vast improvement indeed on how she was in Korea but still so easily bowled over. Poor lass it is very hard: the more so that now I have all the busy interests and activities. Still we have much indeed to be thankful and glad about and I hope for continued improvement.

Marjory has been upset with a painful inflammation under the arm but is better now.

Mother complains of feeling very easily tired and threatens to dismiss her doctor!! so I take it she is not in extremis.

Love to all the family,
Affectionately your brother
Charlie McLaren

6th Jul. 1927

10 Mitchell St, St. Kilda

My dear Mary

Sorry I have been so very long in writing. I have had a good deal on. It was very good indeed of you to send the dear little watch to Rachel. She is delighted with it but has been persuaded to leave it in her mother's safe keeping for a while. Rachel goes to school now. They report that she is a young person who likes her own way.

It is too bad that you are having all the upset with house & appointment. Any chance of your being over here before the 20th when we leave (by Akie Maru) ?

*Note: Japanese mail steamer

I enclose ticket for a lecture I am giving. I expect it will be a surprise for Frank Paton & a number of others are praying about it. I am hoping to tell the folks who come (doctors & others) what they have read lots of times in the bible, but I say it for them first in terms of science & philosophy.

Sorry you won't be there to pass comment. I think your good man would be quite impressed. I am getting a stenographer so hope to be able to let you have most of it later: also while I am talking about my own doings I add that I am to be on the wireless at P.S.A. Wesley Ch. [Church in Melbourne] on Sunday afternoon 26 July about 4 o'clock. (I think)

Jessie takes No 6 in shoes.

About business. Mother is (I think) prepared to make the trustees executors of her(crossed out) Fathers estate during her life time. To do this she will need to get consent from us three. There is I suppose no difficulty about this. At the same time shall we consent that they be trustees also after her death. The amounts involved are you & Marjory a sum of £600 and 1/3 of Bruces share. It seems to me perhaps safer (crossed out) easier for the trustees to do it. Ted would be entirely reliable & might get a better price for the house; on the other hand the whereabouts of individuals is uncertain. It would cost the estate about £120 altogether. mine the larger share of that.

Later : Have seen Ted. The sale of the house comes under mother's will & therefore goes to Trustees pay anyway. Ted says he thinks the money that would go to the Trustees pay for administering Father's will on behalf of the original executors (children in Victoria) is in his opinion mostly very early earned by them but he thinks it wiser that they should do it and so avoid all possibility of family friction. I am perfectly agreeable to either arrangement. I would trust Ted to do it both honourably and with business sagacity for all concerned. Please let me have your final judgment as soon as possible so that we can have the deed made out saying that we three agree to trustees(crossed out) executors however for Father's estate passing to the company for (a) Mothers life time and or (b) altogether.

Love to the children & fraternal greeting to C. D.
Your brother
Charlie

26th Jul. 1927

10 Mitchell St, St. Kilda

My dear Mary

Thank you for your letter which I was very glad to get and first of all to answer it.

I shall cherish a hope that the deportment may yet move quickly enough for us to see you all before the 20th.

I shall have the form made out for your signature in the (crossed out) accord with your decision that the executrix ship should pass merely for the time of mother's life.

I was not so impressed with the Entail except that (especially later in the book) it is such an amusing caricature – but more than half true – of a type of Scottish thought.

Jessie is sold right out of Korea ware though she has a good deal in Korea which if her love for the YWCA become warmer even than her love for the ware, she may bring herself to sell.

I enclose a synopsis of my lecture. I am probably having the whole thing printed. I was given an attentive hearing by a representative audience. I expected it to be a rather remarkable meeting. for I had enlisted the prayers of a number of folk for it: and it really was a good demonstration that prayer works.

Hope you were able to hear all right on Sunday. I spent rather an unhappy hours while the musical & other items were going on from 3 til 4. The more so that I knew I was going to say something about a "White Australia" and that that could not fail to attract attention in the press. I had intended to say more but my time was up & what I said was probably enough for the present. The Argus gave the lecture a good notice.

May I appeal to Charles Davey about a matter he can advise on. We are getting a new stove and a coffee coil is to be fitted in for hot water. The coil is quite simple shaped as in diagram I had the coil weighed and it weigh about 7 lbs. The cost of material is not more than 15 / – but Chambers & Seymour are asking about £4-10 for the fitted article. How much is a fair thing & where could I get it reasonably made. A very early reply would much oblige as our time now is so short & we must push on with our arrangements.

Jessie continues to improve but get some nasty turns still. Rachel flourishes.

Please give my much love to the children & fraternal regard to C. D.

Your affectionate brother

Charlie

1st Aug. 1927

Casterton

My dear Mary

Thank you for your letter and many thanks to Charles D for his advice about the coffee pipe. Sorry you could not hear the P.A.S. talk distinctly. I was rather on tenter hooks having to set out that long programme before the more so as I knew that what I was going to say about a "White Australia" was bound to figure in the papers. As a matter of fact I got on pretty well. The Argus (in spite of the fact that I had had an offensive – though not mentioning the name of the paper – on two articles they had had on previous Saturdays about the Chinese) gave me a very good notice Wednesday and commented specially on remarks about White Australia.

I thought I had enclosed synopsis of lecture. Please find here with. It is pretty sure to be published in full later. I don't know yet where I am having my last 'holiday' in the country.

It has been a good time this furlough all through The Lord hath done great things for us whereof we are glad.

Mr. Campbell thinks it is not necessary for us to sign any permission for mother to turn over trusteeship during her life time only.

Love to all

Charlie

8th Aug. 1927

10 Mitchell St, St Kilda

[at topd] Many thanks for powerful[?] reply & odural[?] about coffee coil. C.

Dear Charlie

I wonder if by any chance you can could help in a situation like this – don't be alarmed it isn't anything dreadful. I am interested in a man – he was referred to me as a patient for poor vision the failure being due not to any physical cause but to the pretty bad knocks he has had from "the slings and arrows of outrageous fortune".

If I could find him a job somewhere it would be the best tonic he could get. He is an ex naval man of good family – related to Bishop Boyd Carpenter. He was six years old when he lost his father on that war ship that capsized off the Isle of Wight (you can calculate his age – about 55). The loss of his father meant hard finances for the family and he could not go for a commission: served as engineer and saw service in 4 wars.

I had occasion to go very closely into his history and to learn his character. He is I would say, thoroughly straight, sober, hones and a Christian gentleman and capable withal I enclose a note giving his qualifications & what he is willing and able to do. If there are any of your friends to whom you cold put in a word it would be (as the Koreans say) "a very thankful work". I don't thing(crossed out) think big wages mean so much as some steady work. The English firm in which he was employed for many years in Australia has closed local branch, thence unemployment.

Time draws on with us. It has been a good furlough many kind friends, restored healthy & much happiness.

Love to all

Charlie

I shall consult Marjory about help for music lessons for George Cramb. I favour Mary's idea £25.

30th Aug. 1927

S.S. Ahu Maru

My dear Marnie

Thank you for the picture which you sent to us for our journey. I think you are very clever to be able to draw and paint like that. We were so busy that we were not able to write before we left Melbourne.

Please thank Father for his telegram which we received safely.

We had a nice trip to Sydney and saw our friends there. Then we came on to Brisbane and saw there the most glorious flower show I have ever seen: and now we are at sea again getting near to the Barrier Reef.

There is only one other little girl aboard for Rachel to play with. Her name is Cela. She is three. She is Russian and her mother is taking her back to Harbin in Manchuria to see her grandmother. Her father is working at Broken Hill in Australia.

I am sorry you did not all come over to Melbourne before we left: it would have been so nice to see you all again. Auntie Marjory tells me that you are going to the P.L.C. That will be very interesting for you and I am sure they will give you a very warm welcome. You will be able to see the picture of Grandfather.

I am so glad to have got to know you again Marnie, dear, and I shall look forward to the time when we meet again. You will be quite a young lady then, won't you?

With much love
Uncle Charlie

30th Aug. 1927

S.S. Ahu Maru

My dear Mary

We are well started on our journey and have had good times
and kind friends and fine weather. Already we have had experience
of one of those glorious sunsets which make this trip so wonderful.
We were quite busy in Sydney and our short stay in Brisbane was
filled with kindness and good offices by friends there.

Freda Boge took us out in her care and to see a very special
display of bougainvillea a South American flowering vine? which
has been cultivated here in Queensland. I was telling Freda about
your satisfaction that "the world was gradually beginning to realize
the truth of what you had been telling them 20 years ago." She
laughed and agreed that that was very delightful! By the same
token I am becoming quite a literatus myself. The Australian Journal
of Psychology & Philosophy is going to publish (adapted by me
for publication) that lecture on Body & Mind. I hope what I say
isn't as incomprehensibly high brown and remote from usefulness
as much of the stuff they publish. I would rather have published
in the Medical Journal (they need that gospel more) but the M.
Journal have already published a good abstract and don't care to
publish now as expected. If you can get the "Medical Journal of
Australia" for Aug 13th have a look. It is a gracious coincidence
that 13 Aug, the day of Bruce's death is also the day when his
thought lives again in a special way in the Medical Journal. I had
hoped & prayed that there might be found an interpreter to tell

of & carry on his thought. It is better than I had hoped that the interpreter should be found in my person. Sir John MacFarland expressed himself as specially pleased with the way in which I interpreted Bruce's thought and agreed with me that the philosophical reflections of his work were the ones that meant most to Bruce. He spoke to me very nicely about Bruce. Said he was just "at home" with ideas which to most men were beyond comprehension.

We have on board a Rugby football Team from Waseda University Tokyo. I spoke yesterday with the Professor in charge. He is a young man – only about 35 – but was very informed about Father. Spoke of him as having had a reputation as "speaking Japanese better than a Japanese". He knew Father's students Dr. Ibuhia & Dr. Yuemura two eminent Japanese Christian & altogether gave me the most cordial of receptions on the score of whose son I am. It made me feel very pleased.

Thank you for all the sisterly & loving kindness we have had from you & thank you & him for the good brother I have in Charles Davy. Will he please take this letter to have as well as to you.

Your brother,
Charles M'Laren

1928

†

12th Jan. 1928

Seoul, Korea

My dear Mary

I was both pleased to receive and amused to read your letter. It is a real King Charles' head this evolution business with you: nor do I blame you. I don't mind taking a tilt at it (to change the metaphor) myself occasionally. To discuss first these weightier matters and leave till later such trivialities as to whether your family and mine are still alive and in health. You say it is impossible to believe anything so overwhelmingly incredible as that man came from monkey. Man may or may not have come from monkey but the fact that a thing is are the fact of it overwhelmingly incredible is no reason at all for failing to believe it. We have to believe what there is evidence for and some of the things that there is evidence for, such as people being morn or more monstrously incredible still that they die are so attested by evidence that though they are obviously absurd one has to believe them. So don't base your disbelief in evolution on anything so flimsy as that argument.

You ask me to tell you any books that I have been reading that I can recommend. Fact is I have not been reading anything – even my Bible – except some abnormal psychology. It by the way – the last thing you would expect to be – is very interesting and very illuminating in enabling one to understand ones worse and other folks foibles.

You say you hope I have felt in good spirits. After I was back about 6 weeks I got into a trough [depression]. It was worse than horrid. I felt – and was – literally disabled in mind and soul. By the grace of God I am through with that. It just was by the grace of God. I realised that one did not need to be good to be happy and useful. If one waited till one became and made oneself good it was too long a wait: I realised that one was invited to be happy in God's amazing grace and in His love, moreover that a realisation of that grace & love promised the surest way to make one good. So that is what I am going on at present, and it does make wheels that were stuck before go round.

Jessie has had lots to do: too much, too much. She has come through most of it very well.

Rachel is a nice kid and not so badly spoilt - considering she is number one & only. She has a rich share of affection, and a quite staggering assurance in the way she directs the life life and destiny of those of us who are near her.

How of your family. Please thank Charles again and much for a pencil he gave me. There was no reason or excuse why he should give me a pencil but I find it exceedingly useful. and it is a pleasure to look at and handle every time. Please give my loving greeting to the young folks. I wish they could be here to enjoy the snow and the snowman Rachel had & to learn to skate and to have delightful slides and tobogganing down hill sides. The country is beautiful now with its winter coating of snow.

I am looking forward to later news of you and of the move from (crossed out) to Melbourne. I have not heard from Mother lately.

It is difficult for her now to write regularly.

I wonder has my article been published yet. I expect to hear what they have done with it within the next couple of weeks.

This will reach you about your birthday. Many happy returns of the day and may the years go quickly to our meeting again.

Your affectionate brother
Charlie M'Laren

31st Mar. 1928

Peking

My dear Sister Mary

That's an address of romance isn't it? and quite as romantic as it sounds for this is an marvelous city. My reason for being here isn't quite so romantic for my further address is c/o Union Medical College.

I feel a bit ashamed of myself for being here. I don't think I was exactly running away at worst an orderly retirement under duress. Honestly I not merely wouldn't but couldn't do my work. I think all I need is a short rest and a bit of re-orientation. (no pun intended) to be fed and eager for my job again. They are making all sorts of emanations here (which are of course quite negative) and I meanwhile am taking stock of my soul a bit and by the time they have finished I'll be about ready for work again.

The real fact is (well a bit of the real anyway) that I thought the wall of Jericho would fall down flat with a bit of enthusiasm whereas even Jericho had to be circumvented seven times and there was quite an amount of detailed arrangement necessary to organize the band. Reason number one said the bi-coloured python rock snake.

Reason number two: I did burn up a shore of nerve energy during the latter part of my furlough & there is always the bill & the devil to pay for prodigality.

Reason number three: I began to recognize that I am endowed with a – recognised – type of brain cell and mind which has cycles of free play of energy (and that's FINE as the Americans say) and sequent cycles when there is "nothing doing", and that would not matter if there were nothing to do, but is sheer misery and desperation when there are decisions to make and patients to treat and patients to be treat and lectures to give.

Well after my troubles had gone on for several months I suddenly took advantage of between terms to come over here for an opinion & advice. So that's that I do nothing to worry about. I am getting back as soon as may be: I don't like to leave Jessie for long: it means she is ever so much better that I can leave her so. I hope when I get back to her I shall be a good deal better company than I have been these last few months.

The railway journey takes 48 hours: by travelling 3rd class on the Japanese side & 2nd class over here & with my teachers concession ticket the total fare amounted to about £3-3 and that included a sleeper on one of the two nights. So there is no special financial reason to bar my way to Peking. Of course the family could not quite travel like that.

Peking is wonderful and vastly interesting. I am glad I don't like shopping for I would have no money left. On my way back I hope to stop off for a day at Tientsin to see the Stuckeys.

Do you see the 19th century? There has been a controversy between Keith P.R.S. & a couple of literary & philosophic gents about evolution Keith (who is one of the Grand Moguls of anatomy & evolution) struck me as being unconvincing and his philosophic opponent (in the last round at any rate) as beating the air.

There is a book by a Frenchmen "American Comes of Age" I have not been to American but it helps me to understand what

I have seen of Americans & heard of America. I suppose you have read Lindbergh's "We". It is unaffected and mighty interesting.

Love to all the family.

I always like to hear from you.

Your affectionate brother

Charles

27th May. 1928

Severance Hospital, Seoul

My dear Mary,

Last time I wrote to you I explained rather fully about what they had told me in Peking. I hop you have not been unduly concerned. I am glad to report that I am feeling better. I have had a bad time for six months so I am not halloing till I am out of the wood: but I hope and begin to feel as though I am getting through with the bad time. To change the metaphor it just feels as if the tide had been far out and now was beginning to come in. Of course I'll vow all sorts of wise vows (and keep them I hope) not to go the pace too hard if I do get better. I am not yet up to strenuous work but I can contemplate it in quite a different way from the horrid nightmare one that has been upon me.

I am just back to town after a 3 weeks absence at the Mines where I went in an emergency – the usual doctor being ill. I felt rather bad about taking on the job because I recognised I could not do it justice, however I got through somehow with the medical situation and I was all the better for the change. The mining community (about 40 foreigners including children) I liked very much.

There is one old chap there who has been in the East 50 years or more. He was a sea faring man; was for a time in the service – as Captain – of the N.Y.K. He knew about the Themistocles & Captain Matheson. His opinion of me went up when he found I could establish a connection there.

Thank you for your last letter with its amusing account of the situation anent Mrs. Holmes & the children.

Love to all
Charlie

Jessie about the same: still carrying the burden of that heart condition.
Rachel very well.

1st Jul. 1928

Severance Hospital

My Dear Mary

Thank you for your sisterly letter of the 29th of May. I very much appreciate your affectionate solicitude for me: also I valued very much the little "P.S." from Charles D. with its nautical simile about "reefing down and beginning to prepare for picking up the Pilot.

I am glad to say that I am feeling well again and taking lots of interest in life. I was not at any time sick in body – no aches pains weakness indigestion or any such troubles. Nor had I anything on my mind in the way of disappointment or dissatisfaction; only one thing – distraction – because the wheels would not go round and there was not any oil in the works. Now the wheels are going round and it feels good.

You say you will see how I react to analyses of my case and its finding of "ambition" as the deadly root cause. Do you have Chaucer's seven deadly sins. a very interesting analyses and the root of all is Pride. After reading your letter I looked up "ambition" in the small Oxford Dictionary: a) Ardent desire for destruction. b) Aspiration to <u>BE</u> or to <u>DO</u>. a) Not guilty b) Not a crime. "You may charge me with murder or lack of sense, we are all of us weak at times but etc." Really I think you are a bit off the track. I remember our amusing quotation from G.K. Chesteton. "The maddest of all is the madman who tries to get the universe which is bigger than his head into his head". I plead guilty of an intense and growing interest (much better that word than ambition) to understand the meaning. In that intense interest I sometimes take too little exercise and neglect a bit doing practical things but the thing itself is an – rehearsal and a recreation – to me. Also I console myself sometimes by reflecting that in the history of the race the most theoretic things have proved the most useful and practical. Your man will tell you that the ships are navigated by the help of Newton's theories and the modern world rests to a large extent on Clerk Maxwell's thinking about electro-magnetism. You will doubtless having read so for, say. There he is self condemned in his own letter as he argues. But (when I am in decent health) I just love these thing & thinkings for their own sake. Is that ambition, and if ambition wrong ambition?

You say "ambition". I am relieved to think a periodic disturbance is (perhaps) calcium metabolism of brain cells! Perhaps both right. How are the two things to be expressed one in terms of the other. I would like to know for my own sake for the sake of others and again for the sheer interest of how God has made things.

We were to have gone to the seaside this month: but that is off as far as the family as a whole is concerned. It became just a burden to think of all the arrangements we would have to make and Jessie was not up to it: however Rachel and I are going for a week or ten days. We will be staying with our friend the Kerrs. Jessie will have our elder Korean daughter staying with her. I think the sea bathing will be a very good thing for me. If possible also I shall fit in a walking tour somewhere in the mountain, because I recognise I ought to increase other parts of my anatomy beside my head.

The garden under Jessie's vigilant care is looking more and more beautiful. It really is a beautiful home we have; the house not large but all the setting & surroundings almost ideal. Rachel's swing is a great joy and we are getting a few animals to wit 9 white rabbits and a cat that walks by itself, – but one needs to be a bit careful with children's pets in this country; they carry disease. For that reason we have never kept a dog.

I was chairman at out recent annual mission meetings and managed to conduct things to an orderly if somewhat delayed conclusion.

With much love to yourself and all the family
Your affectionate brother
Charlie McLaren

I think I am still a bit "wobbly" in the way my head works and in fact I may have periods (I hope they may be short) when things don't go too well. For that reason I would like to get a physical upbuilding holiday.

31st Jul. 1928
Severance Hospital

My dear Mary

Your kind letter with its enclosure from Dr. Forsyth came along. Thank you for them both.

For the last 3 months I have been on an irregular schedule; I was given leave but had not the opportunity of complete change. I am not complaining about that on the contrary I am extremely grateful both for the Providence of God which circumstanced me so that I got relief so incomparably greater than most folks can afford: I am grateful too for the unusual consideration of my colleagues and my friends. I could not but be rather relieved, too, that I was not entirely on the shelf but was able to do work from time to time. I resume regular work tomorrow and hope things will go on satisfactorily. I don't suppose it will be all just easy but I am hopeful that I may gradually get into my stride again.

Dr. Forsythe's letter appealed to me as being wise. He spoke of "as a doctor", of course, playing for safety & advising a return home on that score. He went on to relieve your anxiety by stating the two alternatives either that I was not better in which case I would be turning up at home soon or I was better & present anxiety was uncalled for. I am exceedingly desirous on almost every score of carrying on there. There are problems on the solution of which depend (as I know of my own better experience) not merely happiness but the very tolerability of life of those involved. I have emphasised in my interpretation of life and of mental disease moral & spiritual factors. If life has not that meaning it is worse than nonsense. On the other hand personal experience impresses it on me as a fact that moral & spiritual abnomality appear to be causally determined by chemical & similar disbalance from a norm. How read the riddle I and especially how bring relief to sufferers? Both missionary ideals & professional opportunity call me to stay in Korea if I possibly can & be effective: on the other hand if the wheels don't go round I am not doing the things I came here with the desired intention to do. Under those circumstances I would surely be a purgatory to myself & a burden & care to others and would come home.

I don't intend to continue writing all the time about myself but for your information what (when I am "off", I feel like) is as in one of those paralysing nightmares when one desperately needs & wants to do something – perhaps escape from danger – and yet just can't: the best scientific description is I think "an extra-psychic paralysis". Personally I think it is dependent upon some abnormality of function of cortical cells analogous to the abnormality of some other cells which would reveal itself say by the weakness and the pain of a neuralgia.

I am just back from a very pleasant holiday of about a fortnight which I had at the sea side. At first we planned to take a cottage at the seaside; then Jessie felt the burden of preparation & travel made it unwise for her to go. Next Rachel became feverish and off color so finally it resolved itself into my have a short time as guest in the home of our friends the Kerrs. It included a beautiful & restful place & besides bathing & boating there are opportunities for golf & tennis. I borrowed a club and had some amateurish but none the less interesting rounds of golf. Jessie has been moderately well but still with all too frequent heart attacks. I think there are perhaps a few folk who don't know anything about it, who are inclined to think there may be some element of hystria about the attackes. As a matter of fact she faces them with an unusal degree of courage & fortitude & in an attitude of objective curiosity to the march & manifestation of symptoms.

Rachel is in very good form again. She was out of temper & off her food for a while.

I think Jessie's mother might care to have the information this letter contains about us all. Would you mind letting her see it also as much of it as may interest Dr. Forysthe.

Love to the family

Affectionately your brother

Charles M'Laren

28th Oct. 1928

Severance Hospital, Seoul

My dear Mary

Thank you very much for your kind and sisterly letters: the one written Gask conveying Mother's so more than generous proffered help when the proposal for my return to Australia was mooted. The other written later from Strathdon.

The Lord has been very good to me. Where things were sore troubled with me He gave me kind friends to help and now – oh how good it is the stress and strain have gone and I am happy and busy with congenial work. I hasten to assure you that I am being sensible too: am taking a fair amount of out of doors and exercise & am joining in various social things. There are various scientific and philosophic things that I badly want to read but am rationing myself; when my head gets thick I don't read any more!

I am sorry to note this anti-rationalistic and anti-intellectual attitude of mind into which you have fallen. I am consoled however to reflect that probably as of old "what she preached she did not practise". I note your prescription of a dull country practise. If Charles Davey were to offer me a job manual labour – under supervision & no intelligence required – on the orchard I might consider that but not I think a country practice. If I went into the country in Australia it would not I think be as a doctor but as a parson. But I am better so don't expect it will be one or another. I learned quite a lot from my experience.

Your diagnosis was all wrong. The thing was quite simple. Mrs. Clerk summed up much of it in her famous aphorism "You go home and are lionised everywhere and you come back and immediately you have your bubble pricked." Another important part of it was I think I took brain cells a long time to get over that assault on them which my Pneumonia involved: the biggest and most important factor was I am sure the old story of Peter walking on the water. It is a tremendous adventure in this stormy threatening world to propose to be Christian. I came back to my work with that proposal and then I got frightened. I learned as I say from the experience.

Rachel is a pretty good commentary to me on myself. She is very clever (I am not saying I am that) but judgment & common sense go to the winds when as so fatally easily she does she becomes overburdened with a burden and anxious about a responsibility. I feel towards her, poor little beggar as Dickey Stowell used to say to us: "I know I know it is very difficult but we must work it out together".

Jessie is fairly well: sometimes able for a whole lot at other times the going is difficult and powerful. She is very pleased because she has been able to arrange and collect so that her closest Korean friend is to go as Korean delegate to the W.S.C.F. conference in India. Rachel is going to school and a very industrious little scholar.

Please give my love to Marnie & Mac & John. It was so nice to get to know them. I shall always remember Marnie's shining eyes as she saw me off for the last time. I am sending a little book to Charles D. I was immensely interested in it. Modern Scientific Ideas by Oliver Lodge.

Good by Mary dear – your not a bad old sticke.

Love

Charlie.

1929

†

9th Jun. 1929
Vienna

My dear Sister Mary

It is an interesting circumstance to be able to write to you from this wonderful city of Vienna. I have been here three weeks today and have just as long before I turn my face once more Eastward. I can't say how great a privilege and education I find it to be here: education not only in the specialised field of my own work but in the broader one of culture and life also.

I had a note from Jessie the other day in which she told me of a letter from you which arrived just after I left. She told me of what was in it but I'll have to wait my return to Korea to read it in full. You warn me I understand against "new ideas" in Vienna. As a matter of fact I have got quite a lot: It seems to me a missionary of all must ought to learn to think not just in the terms of the conventions of one race or country: and that he must leave to see what is contingent and conditional and what vital in matters of faith and morals. Theoretically you know I never was quite a Puritan. In Vienna I like Puritanism both less and more; also I never was quite a Protestant; in Vienna I am definitely more a Catholic.

Prohibition I have had my misgivings about, but I think Vienna proves one thing that is that you will cure the evil of alcoholism by having the good wine of Catholicism running through the life of a people and drinking places everywhere & where all respectable and good people may go. They have those two things in Vienna. They also have an inordinate number of overfat middle aged men (too much German beer) and an alarming proportion of the admissions to their insane asylums due to alcoholism.

I am very much struck with the friendliness and general amiability of the Viennese people; also by the very obvious amount of "natural affection" there is here. Tell Charles Davy to send you and any other McLarens who are in need of a course of treatment for a stay in Vienna. One ought to absorb it here thro' ones pores. The Viennese character has (listen to my generalisation after 3 whole weeks!) its very great attractiveness and I imagine its own difficulties with itself and for others. From the apparent assumptions of some of our lecturers I take it that there is quite a loose sensual moral standard among the people. On the other hand I think one can look at the face of the people and say that they are not coarse or licentious looking. As one interesting young Englishman in the class with me put it. "In Vienna love excuses everything". As a matter of fact of course it doesn't, but sex fault due to affection is not so degraded a thing as sex gone wrong through animalism or bestiality. N'est-ce pas?

The lectures and teaching and demonstrations have been excellent. It is going to be invaluable to me. The Freudian stuff I resent (which the Freudian will tell me is my complex) as a matter of fact I think it is they who have the complex, and I have come to a mighty interesting conclusion that the complex is about: and tho they talk about sex all the time that is not their complex.

They are Jews (or pagans) and it is a Messianic complex. I have got on the trail of another line of thought from Freudianism. There is a strong current of new Kantian thought running in German and a leading alienist has come forward with a philosophy of Psychology. Our lecturer (who does not believe in it) warned us against it but of course I just lapped it up and am sending for the books in English if translated and in German if not for I'll make it my business to know about it.

I have said a lot about my new ideas. I want to say about the one which grows upon me more and more: the one on which St. John based his ultimate conception of the divine nature. "Herein is love not that we love Him but that He loved us and sent His son to the propitiation for our sins". Other things seem so small and evanescent which don't relate themselves with that marvelous thing.

What a person I am for writing all sorts of screeds about all sorts of opinions. How is the family. I don't hear often from Mother these days. Please share this letter with her also with Marjory and Ted. My chin-chin to Charles D. I was very glad to see that Dicki Stawell has his K.B.E. I wrote and congratulated him. Give my very kind salutations to your family physician Les Forsyth. I very much appreciated that wise and kind letter of his to you about me when I was sick. I passed it on to Dr. Avison whose comment was "your friend seems to have good sense and good religion".

I think the diagnosis which I offered and indeed thrust upon the man at Peking was not quite sound. Further knowledge and experience make me modify it from "a manic-depressive psychosis" to a "cyclo-thymic constitution". There is a certain instability but with a bit of common sense perhaps recurrence may be avoided. Anyway the treatment is quite simple (tho' not quite so simple to arrange – leave off work for 6 months at such a time) Of another with a constitutional state it was said "Neither the man sinned nor his parents but that the works of God should be made manifest in him". I pray it may be so in my case too.

With love

Your affectionate brother

Charles M'Laren

P.S. I ought to write articles for the Messenger of the F.M.C. Do you think they might use some of the more personal parts of this letter.

C.

29th Sep. 1929

My dear Mary,

Thank you for your long and interesting letter. It was good to get news of the family: your own: Mother & Marjory's. I am glad to hear Marnie is happily suited at school and is getting on so well. It will be a satisfaction for you to have her under Mrs. Jobson's supervision. What you say about schools for boys in Sydney doesn't sound so encouraging; but I expect their original mental endowment & the help they are able to get from you and Charles will stand them in good stead & bring them out all right. It is too bad when you have that house & orchard in Melbourne that you should be wanderers up and down Australia like this. But two years is not so long & you then may hope for a return to Melbourne mayn't you?

I am so sorry to hear that Charlie is not well. A diagnosis and treatment at this distance is difficult. "Depression after influenza" you tell me the doctor pronounces it. When I have seen him he has been so singularly well and happy that I can't quite fit him into that picture: but I remember you telling me how very much off he was before the war & then how well and happy he became. I just wonder whether he is suffering from a malady similar to my own where there came cycles of upset: in my case the only trouble is that my mind doesn't work: in Charlie's body symptoms predominate and he is concerned & depressed by them. In such cases the original trouble is not bodily except (and it is a most vital exception) in so far as our nerve cells & brain cells are part of our bodies. I don't minimise either the reality or the distressing nature of the symptoms by saying this. I know too well how depression my own (which have far less physical basis and physical experience than Charlie's) can be.

It seems to me the thing to do (if my guess is right) is to hold it before ones intellectual mind (though one can't very well before ones feeling mind) that one is not seriously ill bodily and that one will recover where they cycle runs its course. If things go on and on with Charlie & the doctor cannot put her finger on anything definite would it not be possible for him to get 6 months leave and get back to the sea for a while.

Having read this please discount a lot of what I say and advise, for this good reason. I am sorry to say I am feeling very off again myself. Very well in my body & only one thing in my mind – this nightmare of inertia that paralyses me. Have had it all the time since return from Vienna but enough of that.

I am glad to report that Jessie had six days recently with only one lot of strychnine in that period. Her longest time with so little medicine for a year.

Rachel continues to be very well. She enjoys school & plays very happily both with the other foreign children & with various little Korean playmates.

My love to all the family

Your brother

Charlie

I have written to Mother by the same mail but have not troubled her by saying about about not feeling fit.

3rd Nov. 1929
Seoul, Korea

My dear Mary

I wrote you about a fortnight ago and I gave you not such cheerful news about myself and gave advice about Charles which was only 1/2 good. Perhaps this letter will be more useful.

Last Sunday I re-read a book which I have studied and profited by before, but when I went through it before I was feeling fit and not needing personal help in perplexity. The book is by a leading medical psychologist: A Viennese (I did not met him personally though he was lecturing while I was in Vienna): Alfred Adler and (of course) a Jew. The book is very valuable. "Individual Psychology".

Adler ranks with Jung and Freud in point of recognized eminence. The principle point of difference between Freud & Adler is that Freud's stuff is much of it worse that useless whereas Adler happened to teach the truth. What he said to me last Sunday was that I was mistaken (and deceiving myself because I didn't want to take the consequences of the implications) in supposing that I had no mental and nerve energy. That in fact I had abundance but was misdirecting it to securing and making out a good case for self. He further said something very like what those old medieval chaps like Chaucer say – and I did see that it at all applied to a diffident humiliated individual like me – that the root of all the deadly sins is Pride and Adler adds the rider that the root of Neurasthenia is vanity.

Well I saw the truth: admitted it: got a thrust from Jessie and felt all the better for it. I think what has happened is quite important.

A week later Sunday 10th Nov.

This letter has lain unposted. I did not have your Sydney address.

Yes I think quite important. I class it with the two other really important things that have happened to me in my life: to wit where as a child of nine at Portarlington I resolved in my childish soul to profess and follow Christ: the second a young man in my prime at Doylesford where I resolved to follow the leading of His Spirit to witness to others of Him. This time now energy for work has come to me. "Let not him that putteth on his armour boast himself as him that taketh it off". Not withstanding even at the beginning of a battle one can at least go into it with the resolve that one is going to make some attempt to see it through.

Jessie has been away this week. I am so glad that at length she has become well enough to go for a bit of a jaunt. She went with a friend (an American teacher lady) to Shying ju the interesting old capital of Korea. The Macrade's were going to meet them with their car & taken them round. I wrote her the other day please not to think we didn't appreciate her when she was with us but we were getting on famously without her. We are doing so well that I tell folks that if she doesn't come back soon she'll find herself out of a job.

Rachel's little soul we have filled up with some enthralling new interests: a horizontal bar in the garden (she has longed for that for months) and a visit to the Women's Hospital at Earl Eale where she saw 8 new born babes in a row & was allowed to nurse one of them.

Love to all

Charlie M'Laren

Had a note from Miss Nopeer. You seem to have softened her heart. She is not given to gush (just about as much as the typical Scot) but she let herself go. "Mrs M is such a dear; one admires and love her the more one sees of her. The children too are delightful"!

1930

†

12th Jun. 1930
Seoul

PLEASE RETURN

My dear Mary

I have very much enjoyed and appreciated the 3 letters from you which have come to hand written the last couple of months. Very many thanks also for the photograph of the children. I am proud of it. I have reason: I showed it to one of our friend with the remark "Don't you think these are good looking children and so like their dear Uncle?" "I don't know." she replied "about likeness to their dear Uncle but they certainly are an attractive group." A few days later another friend looking at the photograph volunteered the comment "How like they are to Dr. McLaren." No wonder I am well satisfied.

Thank you for all the maternal news about the children. I am interested both in the news and in seeing you so commendably maternal! Perhaps – from Charles – you have some natural affection after all!

For some paternal news from me. Rachel having been away from school for the prescribed time with mumps is now having a new vacation from Chicken Pox – which she calls chicken Pops. There are now no "pops" left. She has a very happy time in this beautiful garden. We are going away to the sea side in July the first summer holiday Rachel will have had. I am looking forward to her joy in the sea & the companionship of all the other children who will be at Sorai.

We sent Mother a telegram for her 90th birthday. I hope it arrive all right & that she was able to take pleasure in receiving it. I am sorry to know of the breathlessness. As you say it is a problem about Mrs Haig. Her devotion to the care of Mother has been very wonderful. If only Mrs Haig will allow it, expense should not be spared, to lighten Mrs. Haig's burden.

Thank you for the offer to send Chesterton's book. I get a bit impatient with him at times but think some of his writing is very fine, indeed his writing is – in this respect – the pattern of what I want to do; namely to bring the truths of vital Christianity as naturally and frankly into writing about the problems of psychological medicine, as he has done for the general problems of life and literature.

I hope I may publish some day. I have about 1/2 of what I might say in a small book but am held up for the present.

I have had a very happy useful time for 6 months. I think about as good a 6 months as I have enjoyed.

Just at present I am flat which is unpleasant but that won't last.

Love to all.
Your affectionate brother
Charles M'Laren

Jessie is busy but rather much pain.

28th Aug. 1930
Seoul, Korea

My dear Mary

I was glad to get your letter of 29th July and the letter to you from Marjory forwarded with it. First of all I hasten to assure you before I am arrested by Japanese secret service agents for lese majeste that I <u>did not</u> attend the Mikado. I do not move in those lofty realms now so familiar to my old study mate T. P. Dunhill (from whom I got a very nice note the other day ve a very ordinary patient I referred to him) Where the late ex-Korean Emperor was dying some of the Koreans wanted a foreign doctor to be called; so my friend a man near to the en-Emperor) Mr. Min told me. The Japanese refused to concede this. That is the nearest I ever got to "attending the Mikado".

Sorry for all your wandering up and down but some of these days Charlie will find himself in a settled and exalted position at the head of the department.

What you tell me about the girl with the sore eye & its cure by raw carrots & thumps on the back is interesting & instructive. I am quite a believer in all forms of quack remedies: they yield such excellent results.

So you have "Depression" in Australia. We have it in Korea too. I think perhaps the Koreans would not quite recognise the Australian variety. All the same it must be very distressing.

What is this reference in Marjory's letter to you and Maud Roydon. Did you attack her? Is so I hope it was possible to pick up the pieces.

We did not get away for the summer. Personally I was glad because I was dull & didn't want to move, but I was sorry for the reason – Rachel's whooping cough. We had a cheap holiday – only expense sixty yen for the rent of a cottage we didn't set eyes on. Saved lots of money on railway fares etc.

Term begins in about 10 days. I have got some new ideas and am rather looking forward to applying them in my work & passing them on to my students. Thoughts of preparing things for publication are again occupying my mind, but not I think before another year & after I have given another course to my students.

Love to all the family,
Affectionately your brother
Charles M'Laren

12th Oct. 1930
Seoul

My dear Mary and Charles

I'm awfully glad you didn't get killed in the motor accident. I don't doubt Heaven is a best place and we'll enjoy it very much when in due season we get there, but I think that would have been out of season and it would have made our next furlough (tho' perhaps not the most important aspect in the situation) a distinctly less interesting experience than I am looking forward to it turning out to be.

What an unusual incidence of deaths in so small a service it is that you tell of. I am glad to know that there at length seems prospect of you all getting back to Tinstall.

Jessie is having a little holiday at present. It is a wonderful thing that she is able to have as much liberty as she has – wonderful when I think of those times when I was waiting daily and some times momentarily for the pulse to peter out. She has gone up – under good escort who can care for her suitable in case of emergency – to the diamond Mountains. They are one of the wonders of Korea – and indeed of the world lovely beyond description (I am told) in this time of Australian foliage. They will be a special joy to Jessie because of her rather unusual knowledge of and special interest in Korean vegetation. She is only away over the weekend, so Rachel and I think we'll survive that long. I helped the survival on Saturday afternoon by arranging a little party for Rachel with 4 little friends. We had shuffing & croquet & musical chairs and

"Priest of the Parish" & of course afternoon tea. It was altogether a highly successful party.

We have the Borlands staying with us for 2 months during language study – since last year little Robin has added herself to their family & they seem ever so interested in that circumstance. Rachel still has a rather paroxysmal cough but is very well. She has all her mother's interest in babies: I am sure will want a dozen – including twins – of her own. I don't see her as much of a convert to birth control.

I am very well. I recognise it is a slippery path on which I walk, but within the last year or so I have understood much better the cause why I fall down, and the way to go forward. Sometimes I am afraid but increasingly I am eager for life and its adventure. My thoughts are increasingly occupied and my desire turns to understand & achieve what our Lord revealed and enjoined – Love. As Dickey Stowell used to say (in another connection) "I know, I know, its very difficult but we must work it out together". It is sure too that the Christian way of love isn't sentimentality for its so bound up with discipline. I confess I like that word... the discipline of thought; the mathematical discipline; and so on... and "the fruit of the Spirit is Love – and self control".

My works at the school and hospital are going on well. I am teaching Neural Anatomy: Neurology and Psychiatry. Even the Anatomy has I find become living? & I hear the students express-ing satisfaction & interest. I am much indebted to the anatomy department at the Melbourne University for several hundred excellent lantern slides they donated to me last time I was on furlough.

Next term I go over again my course in Psychiatry. In preparation I expect to go up to Pyeng Yong during the Christmas holiday & read with Dr. Engel any important German books there are. After that I may get my own thoughts more in shape for publication. There are some things which I do badly want to say.

I am sending my assistant to Peking for 6 months to study under De Vries‐son of the famous Dutch Botanist. He is the keen Neurologist in charge there. Later I would like to send Dr. Lee to Vienna & American for a year (month crossed out). He is a very worth while chap & will I hope ultimately have something worthwhile to contribute to Korea & to medical though.

Will you please share this letter with Mother & Marjory & her family.

Your affectionate brother,

Charles M'Laren

1931

†

29th Mar. 1931
Seoul

P.S. Have sent three photos to Mother – One for you & Marjory

My dear Mary,

Your letter of 10th Feb came and was very welcome. First of all thank you for the books. I had not known till I got your letter to whom I was indebted; I certainly did appreciate so delightful a gift. "Death comes to the Archbishop" I had read though I did not own a copy. Both Jessie & I were very interested in it & are glad to have it on our shelves. I had seen the Times review of Hancock's "Australia" & very much wanted to read it. I think it is extraordinarily well done &, living as I do, an Australian among Americans I am specially glad to have it for purposes of reference and exposition. Thank you again for a present which has brought very great pleasure and satisfaction.

I gave myself a present recently which also has pleased me a lot. Jean's two books "The Universe Around Us" and "This mysterious Universe". He writes with arresting interest and wonderful clarity on a subject that is fascinating. How marvelous it all is: some take out of it that a scheme so vast can have no concern for the little hopes and plans of our transient human being; it seems to me the human mind shows by its very grasping of the poets (ever foretelling how the inventor of nebulae must pattern themselves as size and shape) that it is in tune with the nature and structure of the creation & its unfolding purposes: in the realm of the intellect that seems to me some real quality of Sonship with the Spirit that has determined these manifestation of Wisdom. If Sonship is possible in the mental sphere, why not as the Bible & the Church has always said in the higher spheres of sacrifice and faith & humility and love.

Whether or not – I come to believe more & more – is a matter of experiment and no amount of destructive reasoning to the contrary or even of jealous apologetic in the affirmative can answer a question which does I think receive its answer along the lines the Lord laid down where He said Not everyone that saith... but he that does... Or those other words "He that willeth to do God's will shall know of the doctrine".

This sounds very like a sermon but your own letters are not just gossip and chatter & I like them for it. I was amused at your comments on my "Hypothesis" The final important argument a man has is not with another but with the perplexities in his own mind & soul: so please excuse me if I wrestled in my paper with some of my own materialism.

I have at length done what you have been at me about for long enough – Had Rachel's photograph taken. It is quite nice. I'll send copies.

Have your read the Popes Encyclical on Marriage. The English newspaper which the Japanese here publish printed it serially.. the whole thing. I was very glad to read it. It seems to me it contrasts very favourable with the advice which some of the Protestant

Mission Boards give to their young missionaries – advocating contraceptives. The Pope in one sentence claims that the Catholic Church alone stands erect amidst the moral ruin. Thank God for the Pope I am inclined to say. The others' advice is perhaps not moral ruin necessarily but it isn't exalted or exalting. Chesterton's "New Jerusalem" has not yet arrived. I await its coming with special interest.

Australian news isn't very inspiring but I hope there is enough vigour & honesty in Australia to ensure her recovery – there seems to be lots of less worthy qualities. The F.M. Committee is in a difficult place; difficulty in getting money & apparently even great difficulty in sending what they do get to carry on our work. We are making all sorts of efforts to devise means. I find that the local Chinese store keeper buys about £800 of Australian butter. He is willing that the F.M.C. should pay for that in Melbourne & he pay a like amount to our Treasurer here.

I wonder if you and Marjory would help out by arranging with Miller & the Church Offices that Miller sends your money to the Mission Treasurer here & that the Church Office pays the Australian value of the money to you in Melbourne.

Our long winter is over & glad I am. Today is Sunday of Passion Week: next Sunday Easter.

Much love to all

Your affectionate brother

Charles M'Laren

15th Jun. 1931

Severance Union Medical College, Seoul, Korea

DEPARTMENT OF NEUROLOGY
AND PSYCHIATRY
CHAS. 1. MCLAREN. M.D.
C.C. LEE. M.D.

My dear Mary

You have been specially good in writing to me lately, and I can assure you I have appreciated hearing from you. Don't apologies for giving considerable measure of politics in your letters. I am interested in the news and interested in your contents. If it's not too much trouble, please cut out some more pages from the Argus and send them along from time to time.

I was touched by your very generous purpose of sending me English value for Australian money. As I have already told Marjory that it is a form of robbery to yourselves to which I can't be an altogether consenting accomplice; but if you are so generous then we shall put the unearned profits to some form of help of our work or interests. Thank you very much indeed, but in future lets make it a business transaction, which would have this advantage that I would feel freer to appeal to you in case I wanted at some later date money from Britain.

I am impressed with what you say about the wrongness of this whole debt business. Personally I hope an arrangement can be come to so that the F.M.C. send us what money it has and does not go into debt. Old Confucius once took a man to task who desiring to show ample hospitality to a friend borrowed that he might provide well for the friend. A fortiore we missionaries ought not borrow that we may be the stewards of the Lords providing. If we really gave what we have to give I expect the Lord would find enough to go round.

We go down to Masan to the annual meetings of the Mission this week. We have some urgently import questions to discuss.

I am rather bucked with the annual report I have prepared. As is apt to be the case with my annual reported it does not say so much about what I have accomplished, but I have a fine old time setting forth my theories. I have some fine theories too: I'll send you along copies of the report; in spite of hard times I have splashed enough to have had a few hundred copies printed.

At length I am to get a ward for my mental cased. I had Y2000, and needed another Y1000. We Have a prayer meeting each week I told the fork when subjects for prayer were asked for that I want Y1000. They gave a little laugh; however the nest time we met I was in the position to tell them that the Y1000 was assured. It had been promised me (this was not for broadcasting) by a quite impecunious fellow missionary who however is apparently what St. Peter told poor people they were too "rich in faith" After she told me of her intention I told her of my request at the prayer meeting. I also suggested that perhaps she was not a free agent in the matter. I told her how I had known Jessie for years and was quite heart whole; then Frank Paton butted in unknown to me of course and I fell in love a very serious responsibility for any man to take. Suppose Jessie and I have not been able to make a do of in what would Frank Paton have been able to say for himself and his matchmaking.

Did you read the Pope's Encyclical on Marriage? It was published in full by the Japanese produced newspaper here in Seoul. I was interested to discover that I had something to do with its publication. At the Empire Day garden party I was speaking with the French Catholic Bishop with whom I am on friendly terms. I told him how interested I had been in the Encyclical He the told me that it was he who had sent the Encyclical to the edition; he went on to say that in contemplating offering it for publication he had thought specially of me and that I would be glad to see it. Have you seen the findings of the Federated Protestant Churches of America. It seem to me they indicate what looks a good deal like a strange moral declension. The whole tone of the thing seem to me unworthy of the more than human standards which church is due to proclaim. Could not some of the old pagan moralists and ascetics have done a bit better than that. But it is not for me to set myself up. There is a pretty strict warning about pride leading to a fall, so perhaps instead of criticizing my fellow Christians I had better occupy myself cultivating a proper humility. I have reason enough to think modestly of my moral achievement.

Glad you were interested in Rachel's photo. We'll get another which perhaps may show less of "ferocity" I notice that you say she is "all Jessie" now. Perhaps with a gentler expression on her face you may again see something of your dear brother in the child.

We had a very Jewish party last Saturday afternoon. I was the only Gentile there. Jessi, Rachel. Mr. Dieters a full Russian Jew who is now an American missionary in Seoul and his two sons Reuben and Richard. Where did I come in with all those children of "faithful Abraham".

Love to all the family please

Your affectionate brother

(handwriting) Charles M'Laren

9th Aug. 1931
Seoul

My dear Mary

The first news – it is really assertive at present – is that it is a jolly hot day: but as we are well on in August and almost no hot weather till the last few days we have no reason to grouche.

Next news: Amy Johnson arrived in Seoul last week: The plane passed close to our house: she circled round the city and made an elegant flight towards the aerodrome. A picture of her which looks very charming appeared next day in the Seoul Press. As far as the mere physical marvels of it are concerned the apocalyptic saying of Our Lord have in these days become almost accomplished facts. "The sign of the Son of Man in heaven" and "as the lightning cometh from the east and is seen even into the west". It won't be long before wireless & television will give universal audibility and visibility.

I think this week has been chiefly notable to me for some further light on a subject I have wrestled with for years. I have not by any means got all the practical implications of it worked out, but I have seen something very simple & commonplace which I hadn't quite understood in that light before. "Blesses are ye poor". What does it mean. I reflected that the poor are those who are without possessions: who are owners of nothing. That I think we ought in practice & in fact realise ourselves to be. In strict accuracy we don't really own things: we are due to recognise ourselves as the stewards of God's creations. Of course all this has been seen and said many times: but I think it is very important and not acted up to very well ever by those of us who have "professed and called ourselves Christian". Self, which disturbs our minds with greed and anxiety seems to me to make us close down out grasp in possessive spasm upon things and so prevents us opening our hands to receive the whole wealth of the Kingdom of God. It seems to me from my experience in so far as we really are good stewards there is given to us all we need, either of salutary scantiness or abundant overflow. This all seems a good deal more like a sermon than a letter but the text has got into my system. I don't despise material tings. "Your heavenly Father knoweth that ye have need of these things."

If I can get the money and economic problems straight I think it will be much worth while. As I point out in that report of mine (I hope the copies arrived safely) the biggest cause of nervous breakdown is – pace Freud – not sex but livelihood.

Talking of money the £25 from you & from Marjory arrived this week. I told Jessie that in accord with what I had said to you I proposed to use the difference between Australian and British exchange on some special non-personal business. Jessie said I had better wait & hear from the donors before I did anything with the balance. Perhaps they might say use it on yourself and if you haven't a use for it there you had better return it to someone who has. To which I somewhat uncivilly replied the money had now been given to me & I would jolly well use it as I thought fit! and so the old Adam comes out in one way if not in another. Anyway the destruction between personal and non-personal ceases to have any very great validity if one really has learned the spirit of stewardship.

Thank you for your political news which I follow with interest. I think I told you that I am seeing (through the courtesy of a Salvation Army officer!) the Sydney Bulletin & the Weekly Times.

I sent copies of that report of min to a number of places: have not yet had time yet to see what, if any note is taken of it, except that there was quite a huff in the Japan Chronicle which gave a leading article: Picked out what I said about the satisfaction that comes to us from seeing successful Korean control: also what I said about the "biological unity" of Ease West: they spoke of it as a conception upon which depends "very large matters of justice and policy" I had a note from the Editor. I shall try and get a copy for you folks.

We are all well. Love to all

Your affectionate brother

Charlie M'Laren

4th Oct. 1931
Seoul

My dear Mary,

The letter you wrote at the time of Miss Ellis' departure has arrived as has Miss Ellis as has the parcels she brought. It is indeed a very loving family I have who have always done a great deal more for me that I have ever done for them. That you and Mother and Marjory should all have remembered Rachel in this way is very kind and loving of you all. I wish you could have shared in watching Rachel's eager expectation after she hear that a parcel was coming till it came, sent up by one of the folk from Matau. Yes the thing fit. You (naturally) ask us specially to let you know that. They don't any more than fit, for Rachel is a very big child. One thing "doesn't". She has an enormous head & the cap where with difficulty adjusted looks like Charlie Chaplin. The things are very nice & becoming. Rachel is thrilled: the gaiters are a special delight: the blue coat from Marjory very becoming & the broche from Mother very attractive. Thank you so much.

I am back at work after the time off which my operation involved. Unhappily though I am quite recovered in my legs and were my abdomen I don't seem to have the requisite amount of energy in my head yet. Perhaps it hasn't spread up as high as that yet. If there is delay in writing to Mother & Marjory direct to thank them for their gifts to Rachel, will it please be understood that not lack of appreciation on my part is the cause, but that counting you will share the letter with them & feeling as I do quite an effort to set myself to writing at present. I may allow this letter to do for the present.

Who sent me the gloves and scarf. As useful as elegant and most appreciated. I parted with the scarf I wore last year towards the end of the winter. There was a poor cold leper whose need was very much more than ming. How is it that I am always so abundantly provided for? So very many thanks for whosoever's love it was sent me these gifts.

I saw something in the paper about the wonderful skull that was such a marvelous & important find. Somehow I have exceed-ingly little confidence in Sir Colin MacKenze or his judgments.

He seemed to me a very strange "cat who walked by himself". I imagine he quite deserved all Wood Jones gave him.

You ask "does Rachel squint?" She certainly does in that photo, and they say the camera can't lie, but it is the only time I have seen one so don't be too distressed about that.

Love from

Charlie

20th Dec. 1931

Seoul

My dear Mary,

An unanswered letter from you has been on my desk for about a month. I am sorry but I have been quite busy. You give me some advice as to what to do when depression and impatience come upon me. I am frank to state that the advice is quite misguided: but I am better off than the many many people who pay for advice they get and sometimes even follow as useless advice as this of yours! I at any rate did not have to pay anything & I didn't follow!

My troubles lasted about 2 weeks. Since when I have had one of the most useful terms work I have known. I took some of my own medicine (not the Calcium & Vitamin D which I absorbed under duress from Jessie) but some sensible & appropriate therapy such as I recommend to others. I went to two persons whom I trust, told them I was paralyzed in my mind & I believed it was of spiritual origin – fear & unbelief – and asked their prayers. They said they would pray for me & they did & I lost my spiritual impatience & mental paralysis within about a week or so.

It is fair to say that Jessie contributed something besides the duress which made me accept the Calcium & Vitamin D. She gave me some loving & spiritual advice. which helped quite a lot in untangling some spiritual knots.

They reported at the lab that my calcium blood content was down to half. I don't know whether the observation could be trusted; and as I got my head above water before the calcium content went up. I don't think lack of calcium had much to do with my souls distress & mental paralysis.

Have you seen Wood Jones lecture reprinted from the Australian Medical Journal on "A new outlook in Biology". It is one of the most interesting and stimulating things I have read in years. If you have not read it, there is a treat in store for you: you will be absolutely delighted with it. I am thinking of reviewing it at our "Book lovers League". I spent a particularly interesting evening a few weeks ago, reading the article with two of the younger men on the staff as Severance: one my assitant a very intelligent young man & one with philosophic as well as scientific interest. (I sent him last year to Peking to study: he wrote back telling me of his work & the books he was reading there. He wrote in quaint English about his work "I very much enjoy this metaphysic life, especially in the evening")

Well I invited him to supper & we had some "metaphysic life especially in the evening" after supper reading the article. The other man was our Korean professor of anatomy, but not just the old dead bones anatomy of my student day. He is also a very experimental biologist & made clear to me lots of things in the article that my own knowledge of biology did not suffice to elucidate.

My page is up & I must write to Marjory.

Love

Charlie

1932

†

19th Mar. 1932

Seoul

My dear Mary

During these four days that have passed since Mother fell into that last sleep, you must have had many calls upon you. I would that I might have been there to share in person, as I have shared in spirit, in this time & in those last rites for that which was mortal of our Mother. Folk here have been very kind; my assistant asked me to take time off, but with the exception of a social engagement I have sought to carry on. It has meant that I have not had both the time & the quiet so as to write to you till this afternoon. I have just finished writing to Marjory; & have told her how I received the cable & some of my thoughts.

Last night we read with Rachel at family prayers the 23rd Psalm. I remember away back in Coburg days Mother teaching me that Psalm; as I went over it with Rachel yesterday evening it all seemed so fitted to Mother's life & then the closing verse "And I shall dwell in the house of the Lord for ever". The more my experience of life (& of death) grows the more convinced I am that our faith is no foolish mirage, but is indeed God's marvellous truth. God is not the God of the dead but of the living & all live unto Him. How Mother steeped her mind in the Psalms. As a youth I couldn't understand it. Now I begin to realise how one can & must. Do you remember that - for her - so characteristic quotation which Mother used to write in the address books of the girls at the P.L.C. "Whatsoever things are true.. honest.. just.. - pure. lovely.. of good report; if there be any virtue & if there be any praise, think on these things." I come more & more to realise that it is Spirit & the things of the spirit that are eternal, formative & creative. We were taught by our parents of the things of the spirit; for themselves, as for us they dealt in that which passes not away; & spirit forms & takes body; here a body terrestrial, & (with St. Paul) I believe later a heavenly body.

I remember a conversation with an officer (a China missionary) whom I met in France. He pointed out how simply & consecutively our Lord, after His resurrection, took up problems again with the disciples, just where they had been left off before the crucifixion.. "Simon son of Jonas, lovest thou me?" There are those who have gone before with whom, in that larger, holier life (& following on that pure & steadfast love she bore towards them here) Mother's spirit will be knit with exceeding joy. She & Father in that "world that is to be" where "they neither marry nor are given in marriage" will I doubt not find a deeper bond even than the deep blessed one between man & wife. They were well matched & true yoke fellows. What a yearning there was for the "little Maggie" & how a mother's love went out & on & on toward that first born son. How it pained her that life was hard for Bruce. "Poor laddie" she used to say. "Why was he so unhappy sometimes?" What joy to find his spirit moving unfrustrated & untroubled in deep thoughts of God' deeper than any that have been plumbed by men here below. There as one of the redeemed meets the Redeemer & "knows even as we are known" what joy! And those other blessed ones among the redeemed. I remember Mother saying once, that next to the Saviour Himself, it would be her greatest joy to meet St. Paul. I like to think too of the downward look & interest of those who have gone before. I referred to that in my cable: "Seeing we also compassed about.. so great a cloud. of witnesses.. run race set before us".

Mother looked forward with complete equanimity to her passing. I remember her telling me she expected death would come to her as it had come to her sister – a sleep prolonged. And so it was. I remember too how she wrote of the passing of her sister Isa. She quoted in a letter those wonderful words of the tinker of Bedford at the end of Pilgrim's Progress "I looked (into the Holy City) after them & behold the City shone like the sun.. streets.. with gold, & in them many men with crowns.. & harps to sing praises withal; which when I had seen, I wished myself among them".

I shall be writing again soon; there will be matters of business no doubt arising but they can wait & they are well secured by the good offices of you in Melbourne on whom that burden falls. I am sorry I cannot take my fair share.

With much love

Your brother

Charles McLaren

28th Mar. 1932
Seoul

My dear Mary & Marjory

Your letter telegram came on Saturday & I am replying forth with. I am sorry not to be able to take my share in the tender, but also tedious offices concerned with the disposal of the family effects. I am pleased that the trustees are keeping Miss Haig on for a couple of months; there will be enough for her to be occupied in part & it is eminently fair that she should have some time to rest & to make her plans.

There would, I suppose, be little profit in the sale of effects; you two are likely to be able to find place & use for many things in your homes. Bulky things it would not be worth our transporting to the ends of the earth. If they could be given house room till then we would like to take back with us after furlough a couple of armchairs & settee (Chesterfield) & a 3/4 bed. There was a little stool Mother used we would like (but not till furlough & this applies to anything else we might want such as some books or pictures). Yes, books: I am increasingly interested in good commentaries (not specially in the Expositors Bible which I think you, Mary, like). Books on Japan; books on languages (for Jessie). After you two have picked what you specially want, could the rest be kept till I can see. I think Mother's thought was to give away to ministers & others rather than to sell.

We have guests & the weather is sometimes cold, so a share of blankets, sheets & rugs. The electric heater in the sit ting room (perhaps). The lawn mower (if you folk are provided & the thing is worth transporting).

The family pictures (portraits) & mementos will of course be kept as also the prizes. If there are any I specially want I have no doubt we can make a fair & mutually satisfactory division. I would like the trustees to act on the bases that I trust you two to represent my interests to them. (I enclose statement.)

I would like that the Japanese picture roils be kept & I would like a share of them. Ornaments & those lacquer rice boxes, though interesting, are more interesting in Australia than here.

If carpets are not worn out, one of them might come in useful.

I would like Miss Haig to be treated liberally if there are things that she can use.

If the trustees have a sale, please use your discretion to buy on my behalf the things I have mentioned.

I have already written to each of you since hearing the news. You will I expect have received those letters. I expect to write again soon, to Mary, in answer to a letter received after news of Mother's passing, written end of February.

Love

Charlie McLaren

10th Apr. 1932
Seoul

My dear Mary

Within a day or two I expect to receive letters from you & Marjory telling me about Mother's. passing & of the funeral arrangements. Last week I received a letter from Forsyth. Evidently he had written it so that I might be prepared. It was very kind of him & I shall be writing to him soon. The last letter I have received from you was dated 26th Feb. It speaks of the difficult situation arising out of Miss Haig's ways & of your contemplating doing something to "find a way". Well that difficulty was met in ways other than we humans could devise.

I think I wrote you in a former letter that my financial situation was quite all right & that anything I thought to fix up could wait over quite well till furlough when (I planned) if need be to speak with Mother. That also is now a different situation. You refer to Mother saying she had sent me £500. No that was not so; one of those mistakes into which apparently Mother sometimes fell latterly. I suppose over the years, helping towards the house etc. & when I was on furlough I must have received as much as that, but latterly I think only 2 gifts £50 (which cost her £65 or so to send) last year, & the gift of the share of Bruce's estate. I note that you & Marjory plan to ask Miller to send your shares of Bruce's money; it is very good of you, but please do not feel any burden for any personal help to me, for already we have more than we need for personal expenditure. Of course there are ways that I can use it, & I think wisely. I intend to follow Hoover's advice (& the teachings of a greater than Hoover) to avoid hoarding. I don't think I am crazy & hope not to be thoughtless & improvident, but I have come to a place of considerable peace & confidence about money & the wherewithal. I think one may take it as a "lore of nature" that if one is devoting oneself & one's all to the Kingdom of God, provision is secure for one's real needs.

No there was (as far as we could find, & we enquired) no duty for Miss Ellis to pay on the cardigan. Thank you so much. I was very glad to have it to give to Dr. Lee. Please draw from the Church offices the money to pay for it.

Jessie is better again & very happy (as are also Rachel & I) to have back from furlough her friend Moneta Troxel. Moneta was a patient of mine once & at that time we had her for a while in the home. We were repaid by making a dear & congenial friend.

Today is Sunday. I have not been to the hospital & have had a very restful day. I have been reading & thinking much on the sayings in the latter part of St. John's gospel. It is a great simplification & clarification to me to realise what is made plain there that the Holy Spirit is just the Spirit of truth. I think it is a debt beyond all measure we owe to Mother that she taught us to regard the truth. How wonderfully simple too is that promise our Lord gave when he said "if you keep my commandments you will catch my spirit, the Spirit of truth". I have been thinking a great deal today about the implications of that saying.

I sent to Mr Matthew 2 articles; if he does not publish ask him to let you see them. One was on "My beliefs" (Quite interesting!) The other was an "open letter" to my Japanese friends. It is very significant that no paper in Japan, whether foreign or native owned, would publish the letter, though the foreign owned ones wrote & told me that they thoroughly approved.

Please share this letter with Marjory.

With love

Your affectionate brother

Charles McLaren

19th Apr. 1932[1]
Seoul

My dear Sister Mary

I have just finished reading your letter about Mother's passing. What a beautiful thing love – family love is. Your loving letter meant very much to me. Our dear Mother. How the memory of her love & care & solicitude for me over all these years came surging over me as I read your letter.

The pain of Mother's distress those last couple of days came upon me as I read; & then I read of the peace & beauty of the expression which remained. Miss Kerr wrote to me & said a thing I was glad she was able to say & did say: She wrote of an expression of holy calm – & added "there was a glint of humour round the mouth". Forsyth wrote of Mother as his friend & said that even on the last afternoon she was humourous.

It is so good to hear from you of the loving care that surrounded Mother to & at the last. It comes out how helpful Charlie D was. I do appreciate what he did & his letter to me. Miss Haig gave so much of herself. And those other kind friends who showed their love & honour for Mother by the flowers & letters.

I am sorry Rachel must have so slender a memory of our Mother. For your children & Marjory's there will be many many memories, but it has introduced them to death within the family in a way we as children did not know. I do get so much pleasure out of

---

1   이 편지는 4월 19일에 작성되었지만, 정리 과정에서 1932년 9월로 표시되었음. (역자 주)

that photo of your children which you sent me some time ago.

Thank you so much, sister of mine, for telling me at a time like this a thing so sweet to read that (as you saw it) "I had been the best of sons". I was deeply moved by that thing you say Father once said of me – scarce I dare to repeat it – about the Holy Ghost. Not that – but a Mother's & Father's faith & love &prayers must surely bring great blessing to a son.

I have already written something about a few articles of furniture I might want. I am so glad you & Marjory are interested in the rice boxes & are to have one each.

Marjory to whom I am writing tells me you & she had been wanting Mother to send along some money & had been concerned that she was too tired to face even small business, but I have had ample money. The only money cares I ever have is that sometimes I take on responsibilities for needs I see. You & Marjory have been so very very generous in your care that I should be well provided.

If this letter isn't quite all it ought to be, forgive me. Not because of Mother's death & not for any trouble, anxiety, responsibility or ill health that I have had, but quite suddenly (since about week ago) I find myself going through one of these mental paralyses which come upon me. It is I think the one & only trouble I have in life. I suffer quite an amount while it is on, but I know full well it will pass – in weeks or months. I have only had 2 spells in the last year.

With much love

Your affectionate brother

Charles McLaren

15th May. 1932

Seoul

My dear Sister Mary

Thank you so much for your letters & for keeping me informed of what is going on & what is to do in business affairs. Before I deal with business I must write personally. I do so much appreciate that loving sisterly affection, which always, & especially at this time, comes in the letters which pass from you to me. I wish we could be near & talk of Mother & the family & the past & of the days to come. I am so glad to read of the "sweet & happy recollections besides that of the last evening". I was moved by what you tell me Mother said so short a time ago "If I live another 18 months I shall see my dear son again". Both you & Marjory make it clear that these last years were "labour & sorrow". No, I do not grieve too much. The body had aged & that illness of six years ago left results that, as you & Marjory tell me, left Mother not her fullest self. It was testimony I think to how good & pure & loving her true self was, that even to those 92 years & even with those marks of damaged circulation in the brain, there was still displayed so much of the dear Mother who loved us so & set us so good an object lesson of a life well lived. Her love for me was deeply, strangely tender. I suppose because I was the baby when Maggie died, a very special share of Mother's solicitude went to me.

Before other business matters I must thank you & Marjory for the £100, which beyond all due, you arranged to be sent to me as from the estate. Mother had made no promise to me to send such a sum at that time, though it is true that out of her generosity she had from time to time sent money in the past. This gift came at a time when more than usual I had need & call for money. My income had been cut by a small reduction in salary & also by the fact that, with the F.M.C. in such deep waters, I had surrendered house rent which they had been paying me because they had never been able to provide me with a house. Also – perhaps beyond my means & perhaps not altogether justifiably – I had promised to help Severance in the difficult place we found ourselves with a cut of Y23,000. Foreign & Korean members of the staff were asked to do what they could. The Korean staff offered 10% of their salary. I could not do it out of salary but remembering money I had in the bank at home I promised Y1000 this year. It was not a motive that actuated me when I made the promise, but this fact has subsequently made me the more satisfied to have contributed rather liberally. I don't quite think it is my fault, but it is a misfortune that from time to time I have these spells when I can't do my work properly & therefore feel I am not "pulling my weight". It does not make up to give money, but I don't feel quit so bad about it, if I have been able to make a contribution of another sort than work. I am sorry to admit that the last month has been pretty distressing to me personally & very barren for my work & patients. For all these reasons you can understand how great a boon it was to me to have this extra & unexpected money. I shall of course write to Marjory also but will you please pass on this detailed explanation to her.

You ask me about the length of time for post-graduate study

which I am seeking to arrange for my assistant. I think now a comparatively short time in Vienna with later post-graduate study in the Imperial University in Seoul is the most feasible arrangement & would give him both the training & the degree he needs. I am awaiting answers from Europe to letters of enquiry I have sent.

You speak of Mrs Reeve wondering whether our furlough could be advanced & of Mrs Reeve's idea that the climate is hard on Jessie's heart. Jessie does find the winter trying, but she is really very much stronger than she was; so on ground of Jessie's health we don't think there is reason. The normal time for furlough would be from Sept 1933 & we very much indeed would like to return via India, so that we could be with Jessie's Father for a while. It seems to me that to do so would be not only a wonderful interest & pleasure, but a duty we owe. Not only is there father & daughter, who after these years of separation should see one another but (& especially now that my parents are gone) I want Rachel to have opportunity of meeting & remembering her other grandparents.

17th Jul. 1932

Yuchemsa, Diamond Mountains

My dear Mary

It is Sunday afternoon & we are in the heart of the Diamond Mountains having a very wonderful summer holiday. The party consists of our three selves of the family; Moneta Troxel, missionary teacher in the big girls' school in Seoul, lately returned from post-graduate work in Chicago University; & (for a few days) 18 year old Donald Kerr of the family we have been most intimate with during our time in Korea. Donald is over for a brief visit to his parents during summer vacation; he has just finished his freshman year at Stanford University, California.

The mountains are a place of rare scenic beauty & grandeur & of very unusual historic interest. They are the centre of Buddhism in Korea & the place where the first Buddhist missionaries from India landed in Korea. Tradition has it that this was about A.D. 5. Probably it was some 2 or 3 centuries later, but in any case the history of the monasteries dates back to a great antiquity. Everywhere thro' the mountains, in deep hidden valleys & away up in almost inaccessible mountain heights there are found Buddhist monasteries. The one here is the largest & oldest of all; with it are associated numberless striking & fanciful traditions.

Our time has been devoted to walking (hiking as our American friends call it) & we have had some long hard days, all day in the open air & covering some quite arduous distances. Jessie has stood it marvellously – I won't say that she is not going to have any more heart attacks (I think various circumstances such as close & hot atmospheres, sudden jerks etc will still offend her, but she is extraordinarily restored). Rachel has proved herself a real little mountaineer. She tires us all out; jumps from rock to rock; scrambles up & down all sorts of boulders & is as lithe & active at the end of the day as at the beginning.

For myself I never had any misgivings about my physical fitness but was very mentally "stalled" & gone in the head when I came up here 2 weeks ago & with a horrid feeling of alienation from my own soul. I am glad to report the mountain air & the primitive athletic life I have been living seems by way of restoring my soul & I am quite looking forward to taking up my task & my problems again after another couple of weeks.

Besides the scenic & the historic interest of the mountains Jessie finds another & endless one in the flowers & plants. Miss Troxel is a science graduate who "majored" in Biology. She & Jessie have been very busy with specimens which they collect & Botany books by which they verify or identify their collection.

I have seen more of Rachel these days than probably ever before & am glad to have been able to give the child something of interest & companionship. My special contribution to her joy in the mountains is to have started her swimming & floating; she just loves it & insists on taking me into these cold pools twice a day. Fresh water is of course more difficult to negotiate than salt. I expect when Rachel gets to the sea, she will float without any difficulty & be able to make a few strokes of swimming. She is a sweet dear child; thoughtful & considerate of others. She has a good appetite but any greediness with food or sweets just doesn't seem to be one of the temptations to which she is exposed (I think with humiliation of times when it was more than a temptation to me & that too when I was much older than Rachel). The one incompleteness of the holiday is that Rachel has been without children companions. We hope to make that up by staying for a few days at Wonsan Beach on our way back to Seoul. It is the popular summer resort where very many of the missionary & other foreign families in Korea spend their summer holiday. Oh as I recount our summer doings I must not neglect to mention that we had 10 days in the latter part of June at our annual mission meetings – this year held in Chinju. Rachel broke down & wept when the time to leave Chinju came; she has some very loving "aunties" among our women missionaries – Miss Clerke, Miss Ellis, Miss Dunn & Miss Leggatt – also & especially she was enthralled by being allowed to nurse little Douglas Borland (6 months) & look after Robin at 2 years. Rachel has a strong motherly interest. She has told us there are 3 things she wants to be when she grows up: "A mother, a teacher & a missionary."

I have been running on about ourselves & our doings – I judged you would be interested, but your affairs also affect & interest me. I have not your last letter at hand to answer. I am so sorry to hear that Johnnie has been sick; I hope relief from the poisoning of the antrum has by now set him up again. The conditions under which you live at the orchard & the food available seem so nearly ideal that I would think you would scarcely need to bother much about a change. I shall wait with interest & concern to hear of Johnnie's progress.

Since coming to the mountains & since losing the horrid dysphoria which paralysed & harassed my mind I have been freer to think about the past & the future & think about Mother; especially I have been thinking of the many summer holidays we spent together as a family. I have been looking forward too with increasing desire to seeing you & Marjory & your families again. We hope almost expect to return via India. Mr Reeve has invited us to stay with him for a while in Poona. That will be a great joy & satisfaction to Jessie & a great interest & education to Rachel; it will also be rare privilege to me to be able to widen my experience of life & of race in such a way. One of the things I desire for Rachel is that she should have an international & interracial outlook, interest & culture; both by heredity & environment & training she is, I think, on the way to some such feeling & viewpoint.

I have not had any recent news of progress of business affairs. I expect when I get back to Seoul letters will be awaiting. Everything seems to be going smoothly & as expeditiously as could be expected –thanks I suppose in considerable part to Ted's knowledge & helpfulness. Poor Miss Haig; I hope things are straightening out somewhat with her.

I think it is very wonderful how in these day of such widespread depression we have been freed so from financial troubles; personally I have only one real financial difficulty – but it becomes a very urgent one with me, one from which I am never far removed – i.e. to apply practically the principles our Lord lays down so often & explicitly with regard to money. I would like to avoid being a fanatic but I do desire to achieve a vital Christian faith & practice about worldly possessions. More of this anon, for I have to think about it & I usually write about the things that occupy my thoughts.

Please give my love to Charles Davy & to the children.

Please share this letter with Marjory for it is written for her as well as for you.

With loving & brotherly thoughts.

Your brother

Charlie McLaren

23rd Oct. 1932

Seoul

My dear Mary

Your last letter of admonition & counsel came recently. You remember, I hope, being versed in the Scriptures, the words of Bildad the Shuhite when he remarked of individuals who "know nothing". Far be it from me to say such a thing of my elder sister, but the quotation came into my mind & I am just mentioning the fact. Anyway I am very well now, & different from what I was when I got back from the Diamond Mountains which does not at all prove that there is anything in your assault on that very excellent & well timed holiday I felt at the time & still feel that the holiday was very opportune & did me a lot of good. It did not solve the fundamental problems in & on my soul, but it gave me rest from the burden of work which at that time I was unfit (because of conflict) to carry. It gave me physical interests & ACTIVITIES WHICH I was happy to enjoy & undertake e.g. food, exercise, physical recreations. Towards the end of the holiday I felt (& said) I have come now to the place where I am free to face those soul problems & turmoils which instinctively I felt underlay all other problems. Things were more difficult than ever for about a month after I got back. Then I got relief. I got help from a man much junior to myself, a C.I.M. missionary who was passing through Seoul. I knew him in Melbourne. Jack Robinson. I told him I was "gone in the Head." He didn't say much but did not hesitate to suggest that "gone in the head" might be a spiritual malady; the other thing he did was to leave with me the impression of a man living near to reality. He & his wife had just come from the pain of parting with their 3 little boys who are to be at Chefoo school while the parents go back to inland China. "Bind the sacrifice to the altar" he quoted. Then he added: "it is hard, but He is worthy" It was himself, not his children, that he was willing to sacrifice. He spoke in a letter later of the fact that because the children were too young to make conscious & willing choices the necessity of putting them to school in this way was a specially difficult thing for the parents. By the way Jessie is constituting herself a sort of minor providence for the tempering of winds to shorn lambs: she is having all three boys for 2 months over here at Christmas time. My experience of life is that people usually in the end get what they want & more if they go on wanting it hard. Jessie has always wanted twins & this Christmas she will get these triplets (& well grown at that!)

You will have seen in the papers that one of the American missionaries (of the Korean mission) has been shot over the border in Manchuria. Henderson by name. Such a fine chap & a nice one too. It is a grievous thing to have happened, but I cannot but believe that from the glory of that martyr crown some new power will come to the Christian witness here in Korea. Protestant missions in Korea, considering their considerable number of years & their size, have been almost strangely exempted from the supreme sacrifices which in other fields have proved inevitable.

I don't expect it will be by physical violence (though assassination is a weapon from which they do not shrink) but I would not wonder if the issues became very sharp between the militarist (who already have to considerable extent possessed themselves of the reins of government) & the Christian church in this empire. Increasing pressure is being promised to obtain conformity to the more exacting requirements of the nationalist cult. I hope & pray that we may be prepared to see the issue between us & to accept it. Because I count myself a lover of Japan I am not prepared to conform in a policy which – unchecked – would I believe be her downfall. But I don't believe all the faithful loyal work & sacrifice of Christians in Japan will be allowed to go for nought. I think I quoted in a former letter – if for 10 righteous men the Lord, through Abraham's faith, could have spared Sodom, much more through the many faithful in Japan. Japan will be saved; tho' not, I suppose, without sacrifice.

Viscount Saito the Premier is, I think – to use the words of Augustine – "a natural Christian" – fine benevolent sailor & gentleman. We missionaries in Korea (& the Korean people) owe much to him. I think we ought to support him with our prayers. Of course he is in an almost impossibly difficult situation. A brave old man & a real patriot in this hour of his country's need.

Much love

Your brother

Charles McLaren

Please share with Marjory & her man.

Sunday, 27th Nov. 1932

My dear Mary

My writing as you know is always regrettable. It is not improved by my present circumstance. I am seated in the comfortable diner of the express to Fusan. I am on my way thither this beautiful Sunday afternoon on a professional errand for Mrs Mackenzie. I went down to Fusanchin on Thursday & found Mrs Mackenzie quite acutely ill with what I more than suspected was Typhus. I took a specimen of blood back with me to Severance & my provisional diagnosis was confirmed. Happily the case seems (for Typhus) to be a rather mild one & I expect Mrs Mackenzie will get through.

The journey has given me several pointed reminders of the situation in which Japan finds herself today. One compartment of the Pullman car in which I travel is a tragic little box, adorned with flowers & in front of it food & fruit – the ashes of a soldier being sent back from the Manchurian adventure. We have just passed a train going North. From its windows are seen being waved the Rising Sun of Japan; carrying these paper symbols are more troops on their way to Manchukuo. The train is greeted with real enthusiasm by the Japanese on our train; it is also saluted with a constrained & required enthusiasm by some hundreds of Korean school children who have been marshalled at the railway station by the authorities.

Naturally we & all Japan are following with great interest & eagerness the proceedings at Geneva. It looks as if Japan would succeed in alienating the sympathy of the whole world; yet they are a people with so many admirable & lovable qualities; their present Premier Viscount Saito is, I think (to use Augustine's phrase) a "natural-Christian". A man of good will & of broad sympathy; one of those fine gentlemen that the sea helps to make finer. He is a real patriot too, assuming these tremendous burdens & responsibilities at his advanced age. It seems to me: the prayer we need specially to pray for the Japanese is that the Lord might redeem their loyalties & save them from the sacrilege & idolatry of the worship of their national ideal. I wonder sometimes that, so long, open conflict has been avoided between Japanism & the Christian church; for some of the things that present Japan has agreed to make sacrosanct are, to my Christian conscience at least, sacrilege – & between those two conceptions there can I think be no middle way of compromise. I don't believe that either battleships or economic pressures are strong enough or fine enough to compel or to convert Japan. I do look to the Christian church as able for the task. A vicarious loving sacrifice made inevitable by a witness to the truth was the thing that began to transform the world. By no lesser method, it would seem to me can the transformation be completed.

Thank you for your recent letter. I shall answer the business part of it later when I have the letter by me to refer to. Meanwhile I can only thank you & Marjory (& that means, I know, Charles & Ted as well) for the wonderful solicitude & generosity towards my interests which your proposals & arrangements demonstrate.

I am glad to report that I continue to be very well. I have had a very busy time in my assistant's absence but have been very well under considerable pressure of work & responsibility. I am glad to say that Dr. Lee is now back at work & with a clean bill of health.

You mention having been interested in my "Open letter to my Japanese friends". I promised to let Matthew have a copy & thought to have done so. Apparently he never received it. He mentioned my promise but said the article did not turn up. Could you let him see the copy I sent you if available.

Much love
Your brother
Charlie McLaren

1933

†

3rd Jan. 1933
Severance

My dear Mary

The Japanese have a very excellent custom of several days holiday at New Year time. Today is one of such holidays & our hospital, gladly rendering to Caesar the things that are Caesar's, is not seeing patients this afternoon. There is I trust peace in my home but with 3 young males of the species in addition to the girl whom Providence assigned to us, the peace is apt to be rather turbulent & I am enjoying the calm & quiet of an empty building, & sit writing this letter in my office. That same office is quite nice too, with an attractive little waiting room attached. I am sure it is good for us doctors & good for our patients to come into a building which has within the last few months become so incomparably more bright & attractive than it used to be. That is what the depression did for us rather paradoxically.

Have I thanked you before or got mixed up & thanked Marjory twice for the generous arrangements you have made about finance. Anyway it certainly does not come amiss if I recur in appreciation to an arrangement the tangible benefits of which recur to us with the passing of the days. Strange what "easy street" I am in financially; moreover I have a lot of peace of mind about money; a peace of mind which I hope depends on something more substantial than money in the bank. I do come to an increasing conviction that the providing mercies of God are for those who are seeking to do His will & putting their trust in Hirn. I only hope I don't fall into the error of keeping too much for my own pleasure & security.

It becomes quite exciting to think that this is furlough year. How I look forward to seeing you all again. What a delight it will be to see Rachel making friends with her cousins. I am reproached to remember no photo has been taken yet. Rachel has a cold at present so I can't promise immediate reform.

Have recently read with interest "Lasseter's Last Ride" & "Flynn of the Inland". Flynn has done a big job. He has proved himself a fine builder both for Church & State.

I have 6 patients in the 4 rooms of my mental ward; & money for their support. 6 into 4 won't go, not in this sort of mental arithmetic, & things get lively. I had a sporting offer from a foreign mental case to marry me. She is getting better. Is this much better that she explained to her husband yesterday, that as she wasn't quite mad when she made the offer, she supposed it was her duty to keep her promise! What do you think of that for logic?

Happenings at Geneva continue to claim attention. I expect it is a good thing that everyone has the Christmas & New Year holiday to think over the situation. The Japanese attitude is to use description of Commander Kenworthy a "persecution complex". It doesn't look that way to the rest of the world, but apprehension whether personal or national is not to be cured by threats.

Much love to you & yours

Your affectionate brother

Charlie McLaren

19th Feb. 1933
Seoul

My dear Mary

This should be a birthday letter to you but should have been written about a month ago so as to arrive on the 13th Feb. Many happy returns of the day. I don't know that I would choose to be younger than I am. I hope as I grow older I grow wiser & happier. I remember Father saying to me once that as he grew older he grew more convincedly Christian. A growing prejudice some would say. It doesn't feel that way to me. Did he ever tell you of that remark of his father when a long life was drawing to its end (not that I am suggesting, God forbid, that that time is drawing nigh for you!) The old gentleman was quite composed, "Where the shell breaks, there let it lie" were his words.

Rachel is now in double figures. 10 years on the 16th. On birthday Sunday (for the children whose birthday falls within any week) those children come up in Sunday school & count as many pennies into the plate as they have attained to years. Then the other children sing "Happy birthday to you... dear so & so." A very pretty & pleasant ceremony & when the recipient of the good wishes is one's own dear child it moves the parental heart very much. Rachel & I are very good friends. I think she is a dear child – I am looking forward very much to the happy times of meeting & friendship there promises to be between herself & her cousins.

I dreamt an interesting dream last night. Its essence was this. Araki (the Minister for War) tried to make me bow down to the

Meiji shrine. The dream needs no interpretation. What is needed is prayer that we Christians in Japan & out of it may worship (or compromise with) neither Mars nor any other false god. Moreover I am convinced that something more dynamic than either battleships or bombs is needed to bring a new mind to Japan. Araki & his group are the sort of fanatics who would, I take it, do what they say & accept extermination rather than coercion. But who can stand before that Man who bade his followers put up the sword & faced & conquered Imperial Rome (& ultimately all Imperialism & militarism) from a cross.

Love to all

Charlie McLaren

P.S. I have recently had a letter from Colina Maclaren, who is sort of cousin of Father's. She came from Comrie. She is nurse in the Civil Hospital in Hongkong. We have seen her several times passing through & she has stayed with us twice in Korea. She has been exceptionally generous & kind ta many members of the Mission passing through Hongkong. She is going for her "leave" to Australia. The special reason for her so doing is to get into contact with & help her sister Mary who has been trying her fortunes in Australia for the last 6 years & has, I think, been having a rather difficult time.

Colina is one of the most generous & warmhearted individuals I have known; like the rest of us she has spiritual longings & at one time thought to go to China as a missionary. She is impulsive & scatterbrained & not altogether my sort. (It would be a strange world! recognise & not one I would care to live in if everyone were my sort!) I have given her your address & Marjory's. I think the P.W.M.U. owes her something for her great kindness to its agents while in Hongkong. Please do what you can for her & please show this to Marjory.

14th Mar. 1933

Severance

My dear Mary & Marjory

By this mail I have sent a letter to the F.M.C. telling them of the step I have taken by which (I am sorry to say) our furlough will be delayed 18 months. The copy of the letter I have sent to Mr Matthew will explain why.

These recurring incapacities of mine have brought me to a place where it becomes imperative for me to arrange for the continuance of my work. It would be a tremendous relief to have a qualified man to whom (when I became sick) I can turn over my work. Dr. Lee is a very good fellow & has proved himself real friend in help he has already given me. I spoke with him very frankly. He wants to stay in Severance with me, but if it is to be his life work he must have some post-graduate training & degree. His two years' study will cost about Y4800. The school will find Y1400. He himself will sell his house & find Y1000. I am to find the balance Y2400 (Y100 a month for 2 years).

In compensation Dr. Lee & the school are to agree, after his qualification that at times when I am sick I am to be entitled to have it recognised that I must take time off & Dr. Lee is to be ready to step in. The arrangement (if somehow I can get through these next two years) will be of advantage to myself, to the school & to Dr. tee. Nor could I delay. It would not have been any easier to fit in after furlough.

I am so sorry for disappointment to you & the children & especially to Mrs Reeve – that is hardest of all. Jessie agrees to the plan as being the most feasible one in a difficult place. She will write.

I have had 5 such very happy months. But several weeks now I have been in mental pain & disability; but it will pass. Please put this very inadequate letter down to that condition & be assured of my loving thoughts & desires to see you all just as soon as may be.

Your affectionate brother
Charlie McLaren

P.S. I have also written to Mrs Reeve. I enclosed to her a copy of my letter to Dr Avison & asked her to let you see it.

24th May. 1933
Seoul

My dear Mary

Your letter written just after receipt of my proposal to postpone furlough just received. It does not lack vigour of expression. I'll take (part of) it seriously. This part that I owe an urgent obligation to Jessie's mother that we get home as soon as possible. Dr. Lee has been away now for about 6 weeks. I am encouraged by the way things have gone in the Department during his absence. Shortly before he left, at the time when the decision to send him was made, I was in difficulties & didn't know how things could possibly be managed. Shortly before he left the wheels began to go round again & things have gone well & without any strain at all. Part of the reason I wanted to get his study completed was that (contrary to what everyone thinks about furlough rehabilitating me for work) it is just the time after furlough that I was most apprehensive about & I felt that, unless I had a man ready to step into the breach on my return, that return would appear to me not justifiable.

In view of what has happened now, I do not now entertain that apprehension & am ready to plan that Dr. Lee does only half his study now & leaves me to complete it on my return from furlough.

I can't make promises yet, but what I shall work for is to recall Dr. Lee after a year (that means only 6 months' delay on the regular time of our furlough) & finish after we return.

I am due at the Hospital now so wont write more nor attempt to answer your letter in detail. Some of what you say is well founded;

some of your misapprehensions will need the personal contacts of a furlough to clear them up.

Love

Charlie

I appreciate & return your love & affection.

Please show this letter to Jessie's Mother.

16th Jul. 1933

Severance

My dear Mary

Tempus fugit, both in the present time & in the past. I think I have not written to you since our Mission Council Meetings. As for the special personal matter about myself in which you are interested. Dr. Martin gave me a certificate saying it was O.K. for me to stay till March but that he did not approve indefinite delay in my furlough. The Council recommended permission till then with the understanding that the matter could be reconsidered later if need be, but I shall endeavour to get away without unnecessary delay. I plan to go over to Japan & see Dr. Lee & his professor over there & arrange if I can for him to come back after a year, for a year's clinical work while I am on furlough. In some ways I see real advantage in this arrangement over the unbroken & continued research plan & this not only from my side but from his also. Meanwhile he is getting on well with his studies & I am well served by the keen young chap who is working with me. He has signified his intention of staying on for two years which is a great satisfaction to me.

We had a friendly cheery council meeting. We think the church at home has been courageous & generous in the way it has carried on & supported us. After Council we went up to a cottage in the Diamond Mountains: Jessie & Rachel & I had a week together; then I came back to town for 10 days & Jessie & Rachel were joined by Miss Troxel & two of her friends from‐China. I have been batching

& am well looked after by the servants. The psychology of a servant is I think a very interesting & quite moving thing. I said I was going to do exactly what I liked when Jessie was away but this was an empty dream. I tell old Chosi "No, you are not to buy this or that; I don't want it; give me such & such" (naming some simple menu). She says yes & when the next meal comes there are 3 or 4 courses & about enough for 3 persons, nor is it so in order that she may live off the left overs. Part of the time I had a couple (newly married C.I.M.) staying with me. I think they were quite well pleased with the entertainment provided.

Rachel is a dear kiddie. I received such a nice amusing letter from her today (the humour was a child's & unconscious for the most part, therefore the more attractive). When I was in the Mountains with her I took the opportunity of giving her some fundamental physics & philosophy! explained how that the world was made of atoms, & these were electricity & went on to Bruce's idea that in turn this is thought so that "all the world is made of thinks". After I got back to town I wrote to her & in my letter said "And what is the world made of?" In her reply she ended up her letter: "The world is made of XXOOOXX Rachel" She is a great believer that "Sarang". (the Korean word for love) is the main thing. "Of course it is" she says. "If it were not for sarang then the farmers would not sell their crops & we would have nothing to live on". I think it is a pity they don't understand a bit more about that at the World Economic Conference. If they had, it would have gone a bit better.

I have recently finished two articles: one for the Chinese Medical Journal of 'The Psychopathic & Physicopathic Incidence of Disease'.

[Have just heard that Dr. Lee wants to translate into Japanese for a Japanese medical journal.] The other – which interested me intensely to work out – on "Some Medical & Scientific Implications of the Christian Faith". I sent it to Tom Dunhill; asked him to try the medical journals & if they would not accept (It is more frankly Christian than they are accustomed to print) then "The Atlantic". I would rather have it published in a secular paper; in a religious paper it would be more or less disregarded as "another sermon".

I note what you say about the rich people in the New Testament. I have not yet succeeded in doing anything to put myself out of their class as far as money is concerned. I hope I may be in it as far as singleness of purpose & devotion goes. As a matter of fact I perhaps begin to see my way through these money difficulties; but I have found it & still think it extremely difficult & I have not "yet attained".

I may go to Japan for a couple of weeks. I want to learn all I can from leaders there about what folk are thinking there.

I was very moved with what you wrote about the proposed inscription on the tombstone with the prayer "God of our fathers be the God of their succeeding race". Yes I think that is the only thing I really care about for those dear to me. May all our little ones be gathered into the safety & glory & loveliness of that fold.

With love Affectionately your brother
Charlie McLaren

I think the last verse of 23rd Psalm & then your suggestion "God of our fathers etc".

15th Oct. 1933

Seoul

My dear Mary

Here I am again after a rather long interval, but this isn't going to be a long letter, only one to assure you that I am well & expecting to write at some more length shortly. The family also is well though I am a bit concerned about Jessie; the heart has been misbehaving a bit again latterly. Jessie got as far recently as suggesting staying in bed for a week. The suggestion seemed to do her such a lot of good that within a day or two she took a long walk & stayed out over a strenous business till about 10 o'clock!

We have Louie Clerke with us. She, poor lady, is painfully seeking to readjust herself to a situation where all her activities are sorely restricted. She finds it very hard & while not rebellious is very loath indeed to accept such a future.

Miss Kerr is back in Korea & was up in Seoul the other day. She is very appreciative both of yourself (& your family) & of the generous help & support which you have given her. It was nice to hear about you & the children. She had not met Charles Davy.

We have had several Australian visitors. Miss Tope & Miss Maxwell first & last week 4 tourists: a Dr. & Mrs. McLean from Brighton & a Mr & Mrs Thompson from Cowes. I devoted most of the day to these latter guests, including taking them to a Korea hotel for dinner in the evening. They enjoyed the dinner & were I think quite impressed with the missionary work we were able to show them.

I am glad to report that my assistant in Japan is making a good impression & doing well. I hope – even though as I expect we leave in March, not to recall him but to let him go straight on with his study. The young man I have as temporary assistant is doing very well.

Had letters from Tom Dunhill lately. Sir Thomas now, & he has earned & merited it. He was most cordial in comment on my reprint, but he sounds quite overworked & distracted.

Increasingly I count the time till furlough & meeting you all again.

Love

Charlie McLaren

P.S. Another of your generous gifts from Mother's Bruce's estate. I have paid it in for Dr. Lee's post-graduate study. Again & many thanks to you & Marjory.

26th Oct. 1933
Severance

My dear Mary

Your interesting & sisterly letter came this morning. I have been feeling like letter writing to you & this stimulates me actually to do so. As you sensed I had an interval (happily a rather short & not so severe one) when brain & mind were clamped down on, but happily release has come & I can hope now for months of well-being. Perhaps I shall get to furlough & beyond without further trouble & I do become convinced of this (after the thing is over) that it is not in vain. I learn lessons & understand things concerning which there is no other place of study than just this sort of school. Also what I learn works for the benefit of others in my work.

I am glad you value what I have tried to get at & express in the paper "Some medical & scientific implications of the Christian Faith". You say it seems to you the most important thing I have written yet. There is not any room or place for small conceits & vanities if it is given to one to think on so vital a subject, & so I venture to say that I do count it very important: but even more important than seeing & saying something is to live that way. Above all things it seems to me we need individuals (& individuals brought together in the New Society, God's Society & family) who are pre- pared to live & die in the faith & trust of a re-creation & resurrection in & out of death. To what madness is this "first law of life" – the law of self-preservation leading all the world. Everyone demands security & the only thing the world has secured is a match & a mountain of dynamite. I would like to win the faith that can re-nounce one's (admitted) right to self-preservation & security & so gain for self & others.. what? Well let's find out, along the lines of Kipling's "Explorer" – "Beyond the ranges, something.." What a marvellous word that in Hebrews "We see Jesus.. for the suffering of death crowned with glory & honour.. Though he were a Son, yet learned he obedience by the things that he suffered; & being made perfect he became the author of eternal salvation unto all. them that obey him".

I am not wanting to make a martyr of myself, but these are great & dangerous days; an hour of destiny may come to any one of us (especially if we really are seeking the Christian way) at any time. I think we all need to remember that saying of our Lord "in such an hour as ye think not the Lord comes" & Will He find faith? Will He find faith? That I think is the crucial question. I pray that all these hard experiences through which I have been may work faith in me – faith whether to live a happily sheltered comfortable useful life, or faith to bear witness & scorn security. But who is sufficient for these things?

You write of the Angus case. I think if his teaching is not contrary to the faith of the Presbyterian Church we need a more vital faith. I would hate to burn him as a heretic; if a brother is weak in the faith I don't think punishment is the first thing to give him; "receive him but not to doubtful disputations" is perhaps applicable. I hope this is not "superior" & "spiritual pride" on my part to write so of a learned & able man; but his teaching is more than unsatisfying to me; on the other hand those who know him & himself testify that he has faith in & loyalty to our Lord.

This is all very – what shall I say – for a letter, but I am greatly interested in these things so I write of them.

Thank you so much for what you have done for Miss Kerr & her work. I think it is a fine work & Miss Kerr a woman of rare enthusiasms & abilities. Like myself she is a bit of a crock & goes out of business from time to time, but her crocking up is more respectable than mine – it is mostly in the body, though I rather think conflicts of faith & non-faith perhaps may have to do with it too. With you, I believe her work is to & for the glory of God & to the great help of many stricken tragic girls. What they have done with almost no money is remarkable.

I admit I am surprised in what you tell me about Sewell. With you I think he proved himself misguided & tragically ill fitted to be a good physician & counsellor to the poor youth Bruce.

So much for this letter. I am writing also to Marjory & will give her the personal & family news. Will you share letters.

Rachel sent little Korean chest (money box) to Marnie. She is sorry her letter of thanks to Marnie miscarried & has written again.

Love
Charlie McLaren

24th Dec. 1933 Christmas Eve

Seoul

My dear Mary & Marjory & all the family

It is Christmas Eve & the end of a very happy Sunday with us & we are looking forward to a happy & joyful day tomorrow. Next Christmas I rejoice to think is due to be shared in bodily presence as well as in spirit with you all. If Christmas is as full & happy as it is with one little daughter in the home how very good it should be when shared also with all the cousins. I doubt me tho' whether even Australia & the family could bring a fuller & richer Christmas joy than comes to us in this community here in Seoul. In a very wonderful way we of the Faith do become all members of the one big Holy Family & even those who refuse adoption into the Family cannot but receive something of its overflowing gladness. It is quite remarkable how the Japanese stores "feature Christmas"; of course there is commercialism in that, but there is something else as well.

This Christmas season will be a specially happy one for our Japanese friends. The birth of the little son to the Empress means so much to them. I am specially glad for the sake of the Royal Lady who has waited so long for the heir.

I am glad to report myself continuing very well. Plans for furlough will need to take shape soon. I think it is fairly sure that we will not go to India. I have written so to Jessie's father & asked him cant he arrange it that we meet in Australia. Jessie's health recently has not been such as to suggest the advisability of more travelling than is necessary.

I assure you I begin to get quite excited at the thought that within a week I shall be able to say "This year Australia & all the family there". Of course with that thought comes the other "No Dear Mother now to whom I may go" but I come to have an increasing & very lively hope in the realities of the other life & of our meeting again – so with the apostle I can say "O Death! where is thy sting?"

Rachel begins also to turn her happy expectations very often to "Aussie".

The carpets nave arrived & are adorning our floors. We feel ourselves no end swells. Many thanks.

I saw in cuttings from the Herald the tributes paid Little john. He was a fine man & a fine Headmaster. Even in the small contacts had with him I was drawn to him & impressed by the generous interest & sympathy he gave out.

I see it is suggested that Latham visit Japan officially. If there were any way in which I could serve in helping to give to the Australian people a proper respect for & appreciation of & sympathy with the Japanese people, I would covet the opportunity of such a service. Superiority whether Anglo Saxon or White or Nordic (or Japonic for that matter) is out of place. In point of sober fact we are brothers & as equal as brothers & oh the limitless & liberating implications of the Christian good news that there is a Providing Father.

With love to all from us all

Your affectionate brother

Charlie McLaren

1934

†

17th Jan. 1934

Severance Union Medical College, Seoul, Korea

My dear Mary,

I hope it is not going to be so long until we meet, and the more I think of our furlough in Australia the more I look forward to it. Rachel also is becoming very full of interest in the matter. Especially she looks forward to meeting her cousins, one and all, I need not say that Jessie is equally looking forward to meeting the family and friends in Australia. We shall probably leave by the N.Y.K. boat early in April. I have recently returned from Chinju, where we had Mission meetings in consultation with the Moderator. He made a real contribution to the meetings, and will also, I am sure, carry back to the church at home a message which will stimulate them to further hope and zeal for its work in Korea. One of the most important matters which we discussed was Miss Kerr's project for farm school. Miss Kerr made an outstanding and masterly contribution to the whole discussion. Her analysis of the fundamental causes of the distressing situation in which the women who come to her are, and her wise and practical plans for dealing with the matter commanded the confidence of us all. Of course, we cannot hope ourselves to establish an institution large enough to take in one tenth of the needy cases, but what Miss Kerr proposes to do is vital, and her work will grow. Moreover

I believe it will come to be an example to the authorities so that they will be stimulated and provoked to do something to remedy the evils and bring help to the victims. Already in Tongyeng the Japanese Mayor of the city has expressed his great interest and appreciation of what Miss Kerr is doing. Indeed, I understand he showed a genuine surprise that there should be anybody interested to do such work as this. That, I think, is another example of what always happens when demonstration is made of the working of the Christion spirit. Such work is a matter of genuine surprises and admiration to those who have not been privileged to know what most fundamental Christian spirit is and means. That is, I think, as it should be and about [illegible].

Macrae made an interesting comment to me about Miss Kerr after the meetings. He said he had always recognized how able and capable a Christian compassion and sympathy.

I myself was impressed with how much better she is in health. I think there has been a good deal of conflict in her mind, and she did not quite know what she wanted to do, nor how her ambitions were to be satisfied. She now knows quite clearly that this is the work to which Good has called her, and she has, I think, no other ambition than to hear His call and follow it.

I hope to write you more about personal things at some early date, but I wanted to give this much knows about our plans, and also to pass on these comments about this work, in which I know you are especially interested.

I am,

Affectionately your brother,

Charles McLaren

1935

†

16th Jan. 1935

Maloja

My dear Mary

It was so nice to see you all at the boat yesterday. It was a wonderful send off we had; a pain of parting of course, but with so much of joy and satisfaction both for the past and for the future. That was a good word of Plato's about his city "the pattern of which is already in heaven" I like a translation I saw suggested instead of "world to come" – "the future civilization" and we are part of it and are helping to usher it in are not we?

So many tokens of affection & regard we had. The presence & words & looks of dear ones, sweets, books, fruit & most beautiful flowers. It was very wonderful. I do not fear for the future. Difficulties will come: just possibly danger & quite possibly much kind helpfulness & appreciation from a people who exalt 'sincerity' as cardinal of virtues. I shall definitely seek & pray to avoid fanaticism and rashness. & ask for good humour & sweet reasonableness with those whose outlook is necessarily different from my own.

We saw the signal flashing as we passed Rosebud. The position of sun did not enable us to signal in return.

I told Mrs Reeve that you would be sending for the piano and for our 'occasional' chair.

I gave my card of introduction to Madeline Crump – daughter of Arthur Crump. She does not remember him & is hungry to pick up anything about him she can – The mother is 'nervous' and unable to talk of her husband.

I called on Sir John the day before I left. He almost broke down in appreciation of your help in his sickness. He said you had been a [stout] anchor. My love to Charles. I do appreciate the photographs.

Love to Marnie, Mac & John & to my dear sister Mary

From Charlie

29th Jan. 1935

Maloja

My dear Mary

A brief note as we approach Ceylon. I have written also to Marjory. you might swap notes. Please tell Charlie that we were so happy to meet Captain Clarke. He seems a very nice chap indeed, and was very good to us. He put his car at our disposal & drove us up by the scenic way to Perth. I thought all the more of his kindness & cheeriness when I heard later that the poor chap was suffering from Lumbago & when he had finished with us went off to bed. He spoke very cordially and appreciatively of Clarke: both of his unusual ability (outstanding in the service) & of his worth as a friend. We met also a Captain Childers who told us that he had 'swallowed the anchor and bought a farm.'

Thank you so much for the loving telegram we received; we were all touched by it, not least Rachel. Rachel has been having a fine time; though since Perth she is the only child (2nd class) under 12. but she does not lack friends & those with whom to play.

One of the people I have been happiest to meet is a Dutchman, knighted for his services to the country, - from the Dutch East Indies - & now returned & living in Geneva. He is a delightful fellow: broadminded & tolerant and good humoured. He is also very intelligent & well informed both as to Nature & to affairs. Told us also interesting things about the League of Nations. I gave him to look at that proof of mine about "The Faith & Medicine." "Now" he said "I understand you. I had not understood before". He inquired for the address of the Messenger; indicated that he intended to write something to it. Pass it on will you if something from his pen appears there. Also will you inquire from Dr. Forsyth or another medico if the Australian Medical Journal published any comments or extracts from the article I sent them a copy before leaving Melbourne. I am planning to send my Beattie Smith Lectures to the British Medical Journal. I hope they will publish.

I can't say what a joy and refreshment my time in Australia & with you all has been. It was good – so very good. & I hope more than a holiday – though all that too – in that I hope to carry back from it new faith & new courage to meet the problems that Korea may bring. They will be difficulty problems but never before have I gone back with such hope & readiness to meet them. Nor do I fear the problems. They are soluble. I do misdoubt me that my faith may waver but 'though I fall I shall rise again' and I don't think it was meant to be a unique experience which was able to say 'In all these things we are more than conquerors through Him that loved us'.

Please give my love to one & all. & from all

Charlie McLaren

You will I know show what kindness you to Dr. Lee.

2nd Mar. 1935

Lloyd Triestino, Conte Rosso

My dear Mary

I got a letter off to Marjory from Colombo. I hope it has arrived in due course. India was a very interesting and educative experience. How shall I attempt even impressions of so big a subject? About the smaller & domestic affairs – We had the happiest of visits with Jessie's Father. He is a quite remarkable man – the works of his hands about him declare him a man of exuberant energy and out bursting initiative. He told us a story of avisit to the Quarrier Homes in Scotland (he had previously visited the Muller Homes in Bristol). He compared the two: he found that Muller had had faith enough for plain buildings, uniform dressing & simplest fare for his charges. Quarrier's Homes took him aback with the unstinted manner of all their construction & conduct. He said he decided Quarriers was the truer & better faith & that he would try for that sort. That & a natural disposition to do things to a broad design (but not for ostentation) explains a lot. It is a fine stone bungalow with a flat roof & broad porches & verandahs: real Oriental building. The garden is quite wonderful: & literally created out of a desert & a wilderness.

It was very delightful to see Rachel & her grandfather together: such a collection of mature wisdom, stories of life & of adventure as came to Rachel's eager listening ear. If ever your Charlie has an opportunity of India, I am sure he would find Mr Reeve extraordinarily congenial, but I don't think Charlie could keep pace with the cheroots; they are about a continuous fumigation (this is an Italian ship & that is – or nearly – Italian for smoking).

The Kingdom of God has not yet come with power to India – not I should say by a long way. Things of the Christian Faith have a mighty hard time here. Some day, I doubt not, something wonderful (and big also) will happen; indeed folks say that there is great change from what has been, but prejudice & preconception are strong & militant; but that can't last against the truth, and many of these folk are not attempting to square their life & ideas with truth; they are rationalising terrifically to twist truth into that which they & their fathers have chosen. Individual profession of faith & its confession in baptism is one of those things, for many only possible because all things are possible with God: Perhaps not in our lifetime but some day not very far distant I can't but think that, as the Northern ice fields before the heat of summer, so that which is false in these Indian systems will break up & great spiritual movements stir India – for the Indians are profoundly religious.

Indian News Papers (English) are no happy reading. It is an unhappy country – with crime, violence, intrigue, faction, ignorance, superstition corruption: unrest & pestilence & poverty. We don't know how well off we are – in Australia – or Korea! Bombay, I think you have seen. Magnificent buildings and horrid poverty & beggary thronging its streets I have not seen anywhere such a street of magnificent private homes as that in which the wealthy Parsis and Hindoos live on Malabar Hill. The opulence inside I am told matches the splendour without.

I was amused at a notice in a Parsi Hotel in which I stayed

when I went to visit a mission station at a place called Miraj. The English of the notice matched anything I have read in Japanese - English attempts. I rememberone requirement from the guests was that they were to refrain from 'tortuous or vicious conduct' The proprietor was not responsible for rain, fire or act of God which injured guest's luggage. The guests were all to behave in a quiet and gentle manner and not be offensive to other guests. The proprietor would not take in guests with virulent small-pox or similar infections. I tried to avoid tortuous & vicious conduct and got away without (I hope) being offensive to my fellow guests.

The little I saw of such things as railways in India increased enormously my respect for the cleanliness efficiency & high standard of what the Japanese have done in Korea. It is not just a matter of it being a bigger (and therefore more difficult) problem in India. The Japanese just have standards an urge from within, & things have to be absolutely clean 'up to the knocker' & indeed aesthetic with them. In India - it's hot and there is a tremendous inertia & rough & ready is able to go side by side with lavish magnificence. The fact is,we British are much inferior to the Japanese in natural aesthetic appreciation.

I think I have never seen two more beautifully and gracefully dressed ladies than two Hindoo ladies I saw coming out of a store in Bombay. The material was no doubt costly (they were wealthy) but the Grecian beauty of the folds of their sari seemed to me about perfection of human attire.

I had some very happy contacts with 2 Parsi gentleman friends of Mr. Reeve. They accounted themselves deeply in Mr Reeve's debt for help & kindness shown. He had helped them onto their feet in business and in his business relations had been, I take it, more than generous. They showed their appreciation in being very good to us. The Parsis are a fine people: among the best in India. They are very successful in business & give munificently to various charities. They and the British get on quite well together, through Mr Modi (the Parsi) did say that there was a saying in India that the Englishman left all his courtesy & breeding behind him when he got as far as Port Said. India is hot & that is trying, & the Indian for the most part puts up with it when the Englishman forgets himself. This is apt to lead to more of the same.

We are well on our way to Singapore. Expect to arrive tomorrow. For the size of the passenger list it is the most cosmopolitan of any in which I have travelled. Dutch Spanish, Italian, Australian, Esthonian, Swiss, French, German, American, English, Parsi, Hindoo, Chinese, Japanese. We get on quite happily together with no place for national or racial superiority feeling to assert themselves. This line used to be Austrian, now Trieste has passed over to Italy & the line flies the Italian flag. The cooking is a poem (the Austrians are supposed to be the best cooks in the world). We are treated to a fine concert every afternoon.

We look forward to getting back to Korea, and for news from you all which we hope will be awaiting us there. I got the material for my hoped for book prepared & posted to the Student Movement Press in Britain. I hope they accept. I also posted my Beattie Smith lectures to the British Medical Journal & shall wait with interest to see if they accept it.

Love to all
Charlie McLaren

7th Apr. 1935

Seoul

My dear Mary.

It was good to hear from you: I always appreciate your letters and this furlough has bound us closer & brought all those new intervals and attachments with the young people. I read with interest the account of Marnie's enrollment at Ormond. I doubt not she will have a very happy time at the university: there will no doubt be some of her fellow students whose parents were fellow students with you. There was not special news of Mac or John in the letter. They will be back at school almost a term, and Mac quite a senior this year. Has John made a spurt of growing yet? Rachel has; I scarcely recognize her she is quite suddenly become such a big girl. What excellent play mates she and John were. John was very nice the way he introduced her to boating & cricket and the rest.

I gather from your letter that Charlie is or until recently has been in Sydney. Please give him my regards & my thanks for his many kindnesses to me. How are you dear Mary. I pray that peace & joy may be in your heart.

Thank you for your news of Dr. C.C. Lee. He is a good & able & hardworking fellow. I doubt not he will do well in Australia & make a good impression.

Rachel is back at school & Jessie back in her garden & back to being a helper of many. The garden is beginning to burst with the spring time.

All the new folks in the Mission have just arrived in Seoul for language study. The Australian mission has I think more recruits than any of the larger missions, which says much for Macaulay's visit. We are not having any of them with us this time.

One of the interesting things that has happened since our return is a visit to Seoul by John Mott. Quite senior men who have heard him often & who heard & conferred with him this time say they have never been more impressed with the man and his message. I always had the deepest admiration for him in my youth & now in my maturer years I find the same feelings. He spoke on Sunday about "All joy when ye fall into trials"; emphasised the enormous difficulties of the situation but found in that cause of gratulation!

> With love
> your brother
> Charlie

The draft from the Westminster bank from the Trustees Executive in London came last week, since my letter to Marjory. It contains that share of mother's interest in Bruce's estate which you & Marjory so generously ordered to be sent to me. I appreciate it very much especially at a time when there are a good many claims. Thank you again.

21st Jul. 1935
Seoul, Korea

My dear Mary

It is Sunday night – the rainy season, and without it pours and pours: what it may have washed away the morning will show. I am alone – batching. Jessie and Rachel are away in the Diamond Mountains. I was up there too for 10 days but came back to my job the day before yesterday. I am trying to persuade Jessie to stay on with Rachel there for another couple of weeks. I don't know whether she will do it: she is so solicitous for me and so selfless about her own enjoyments or advantages. You said I was mistaken in representing Jessie as a 'super-woman'. I don't know about super woman. but I wonder at how far she achieves in her life, to the Christian way.

Thank you for your letter. It was good to get the news. How very generous of you and Marjory to be responsible for Dr. Lees extra expenses in Sydney. I hope it was not too big an amount. He is due back in Japan in two days' time: and will be in Seoul early in August. I naturally am eagerly looking to meeting him & getting his impressions about Australia.

I was glad to know of Marnie's great joy in the S.C.M. Conference. You and I know how deep that satisfaction can be. I look back on conference times as of the most wonderful experiences in life.

Sorry to hear of the gallstones: but so glad to know that 'the sap has risen' again after a difficult time. Oh this wretched mental pain and disability. What is to be done about it? Endured I suppose and with as little discomfort to others as can be managed. I often think my spells are jolly hard on Jessie.

Rachel is having a good time in the mountains. She is quite an active little 'hiker'. Her heredity has come out in a proneness to 'hives' or urticaria. I left her pretty uncomfortable but recovering. Fortunately that is not the only thing her heredity has endowed her with. She is a dear sweet child, and she has some very nice cousins, who also evidently come from her heredity.

I was chairman at our annual Council meetings this year. It is not a very conspicuous honour as it comes round in rotation of seniority! I always appreciate the fellowship of our Australian Mission: they are a lovable group of people. Miss Kerr is pushing on with her job. She is very capable.

I was so glad to hear that Sir John MacFarland is able to resume work. Sir Richard's death I felt as a very great and personal bereavement.

Please give my love to the family, as to Charles Davey.

Your affectionate brother

Charlie McLaren

22th Sep. 1935
Seoul

My dear Mary

Thank you for your letter: as you know I am always very happy to hear from you and am setting about reply without delay. Yes, as you truly say it was ended a happy holiday I had with you last year: indeed all my time in Australia was just a delight – I think one of the very happiest years of my life; I was happy every day and usually all day long as well – as well I might be considering how good everyone was to me. It would not do though I imagine, to live just that way all the time.

I was glad to get your news of the family. I expect Marnie is having a fine time at the University. I am very glad the family tradition is being carried on there. As I remember it, you were in rather poor health during your first year and too tired often to get as much pleasure out of it as if you had been fit. I always look back on my first year in Ormond as one of the very good years of my life. Some time when Marnie has the leisure I hope she will write and tell me something of her life at the University. I was glad to hear of Mac & John their running and their studies. I once ran in a Medical Students Society 10 miles (supposed to be) cross country. I trained quite hard for it, but I can't remember that I took any very forward place – but at any rate like Mac & John I finished – they apparently finished quite well. Has Scotch quite accepted its new head – these things happen so quickly that almost they will have forgotten that he is anew head. How is Charlie

Davy, his work and the Navigation Department? I hope his family have been wise enough to inherit from him some of those practical abilities, which perhaps were not too developed in ours. I remember poor Bruce used to lament sometimes that he was only a mathematician and 'unpractical.' Please give my very special and brotherly salutation to Charlie. I certainly did appreciate his friendship and the talks we had together. Melbourne has become a poorer place to me of recent months, with the passing first of Sir Richard and then of Sir John. In different ways I owed very much to each of them: and both of them showed me unusual kindness last year. Sorry indeed to hear that Sir John had a hard time towards the end. He was very much moved when he spoke to me just before I left of your kind and encouraging letters in that illness. How very strange a co-incidence that he and Sugden should have passed on the same day.

Thank you for the cutting of Tom Dunhill's photo I admit it is not beautiful, but am not prepared to judge a man on the evidence of his newspaper photo. Tom's a good chap, and has done a good job of work. What an amazing drive of energy he always had.

Jessie has deserted us and Rachel and I are keeping house. Jessie has gone down to Chinju to teach for two weeks in the mission language school which is going on there. I think she will make a very good and interesting job of it: she probably knows as much about the literary side of the language as any foreigner in the country. Rachel has been surprisingly good in her mother's absence. Has buried herself with work and play and has not shown any signs of moping though I am sure she is going to be overjoyed to see her mother return in a weeks time. I have been seeing a bit more of Rachel than I sometimes have done, and, as you say, find her a very sweet child. Very appreciative, very polite, very loving. I have been helping her with her lessons. When she came back first she was in a bad way with her English Grammar. because school in Australia & school in Korea had left a gap where the elements of Grammar should have been acquired and the thing – at the place where she looks it up – just had no meaning for her. She failed at the end of the term but Jessie coached her during the summer vacation & now all goes smoothly. She is not particularly quick at her lessons but in the end is going to make a very respectable showing. It is very nice to see her with her Korean playmates: just the best of open friendly equal relations – and how idiomatically she converses with them. Apparently it does not strike her to be shy – self-consciously so – in her contacts with any one either child or adult. Rachel has grown surprisingly: is almost as tall as her mother now, and I think even other eyes than the parental would see her as a very bonny child with beautiful eyes.

Rachel's special music teacher is away at present, so I suppose her progress will be held up somewhat but she is doing very nicely with her musical studies. One of Rachel's special interests at present is a bird we acquired 2 months ago. It is an oriole they are very beautiful birds with a wonderful note. Rachel has been feeding this one since it was just a fledgling. It knows her quite well; quivers with pleasure and excitement when she begins to feed; & chirps up as soon as she returns from school. This is a long screed about Rachel, but you asked me to write about her and it is a theme pleasant to the fatherly heart.

Sorry to hear that you have been having an inhibited time. I understand so well about the man who 'eat well, slept well, but got in a tremble about work' It sounds trivial indeed quite amusing: and in point of fact it is a quite desperate feeling. It is not hysteria and it is not imagination. Some day we shall no doubt be able to control it: not yet unfortunately, so one must endure & wait for the return of nerve cell energy, which comes again as sure as the revolving years.

Much love to all.
Your affectionate brother
Charles McLaren

Sir John Macfarland - Master of Ormond Colledge

22th Dec. 1935
Seoul

My dear Mary.

It is a long time since I have written, not on this occasion because the wheels have not been going round, but because I have been going very busily and happily with a number of works and interests. The gratifying well being and capacity for effort which came with the use of the insulin has continued and I have had three very full and happy months. Rachel I am glad to say made an uneventful recovery from her operation: there is not any considerable scar and such as there is, could if necessary, be dealt with later so as to become practically invisible. Rachel is doing rather well at school: shows an intelligent interest in her science: likes algebra (I found her working at some for amusement, it is not part of their course yet) and has quite a surprising aptitude for French. She is not any admirable Crighton, and there are others in the class who make higher grades, but it seems moderately certain that she is not an imbecile.

Jessie has had an unusually good run of health – not quite so well for the last three weeks – but till then quite remarkably fit and vigorous. The house has been made good use of latterly for members of the mission. Miss Woodward stayed with us when in Seoul. Be sure to see her to get family news, also news of happenings here which might not go too well in letters. Miss Hocking came up to Seoul sick: we were able to help her medically at Severance and had her staying with us. After her, Artur Cottrell came along. I advised an appendicitis operation so Mrs Cottrell came up to be with him. I was quite pleased with the operation – the sort of pleasure that the professional about anything gets out of seeing a thing well done. The whole conduct of the operating room & staff & the easy efficiency of the surgery was very creditable to the Koreans in charge of the business. Cottrell made an uneventful recovery and is now convalescing – almost well – in our home.

We said good-bye this month to our friend and leader Dr. O. R. Avison & Mrs Avison. It was a wonderful scene when he left: the railway station just thronged with friends and well-wishers – old students and others by the score and hundred whom the Avisons had helped and served. Dr. Avison just about broke down on leaving, not I think so much from sorrow at the parting as from overweight of joy. We hope they may be back; not to an assigned office, but to place of counsel and friendship I am deeply attached to both Dr. and Mrs Avison. We have seen things differently sometimes and I once took it on myself to state my difference very plainly, but always we have been warm friends: to Mrs Avison I have felt almost as a son.

You ask me about my Beattie Smith lectures. They were too long (and not quite the thing) for the British Medical Journal S. W. Patterson (to whom I had entrusted them) then tried the journal of Mental Science, but I have not heard, so imagine they are not using. Does not matter. My thinking has advanced and clarified since then and I am writing a shorter, clearer & I think more useful article. In fact I am very much taken up with it! One thin much taken ug is certain the new ideas have clarified & made much more practical my own thinking. This article I am going to make of shape & material suitable for the British Medical Journal. I hope to have it finished in a couple of weeks. It modestly (!) attempts to interpret mental disease in terms of brain physiology, at the same time relating generally matter & soul and goes on to show how Word of Truth (both thought & deed) makes men "of a sound mind" and free. Of course it is the same old problem I have been at for years but flood of light has come to me these last weeks.

Christmas is upon us. All our thoughts go to that happy time we had with you last year. I posted to you & to Marjory copies of a photograph of the South Gate (just near Severance) all lit up for the little Prince's birth. It looks very well.

Love to all.

Affectionately

Charles McLaren

1936

†

13th Jan. 1936

Severance, Seoul

My dear Mary

Jessie tells me a mail goes out in a few days, so I shall get this off. Have been glad to get good news recently from both you and Marjory and of your families. I am glad to report that I continue very well: the last 3 months I count as among the most useful and constructive that I have spent; they have naturally therefore, also been happy and satisfying months. Jessie has been a bit upset but is on a more satisfactory level again. The cold weather is always trying for her. Rachel is very well. She really is a very love able child; I think her mother is wise with her and the child's life & soul unfolds in a normal happy Christian atmosphere: I think she shows herself one of those whom St. Augustine describes as 'natural Christians'; though far be it from me to deny the blessed doctrine of the total depravity of human nature and Rachels share therein. By the way here is something you may like to pass on to your Methodist friends. The difference between Presbyterians and Methodists is that – 'Presbyterians believe in the perseverance of the saints and Methodists believe in back sliding!'

Did I tell you of my visit to Miss Kerr. It is a very splendid piece of work she has put her hand to, and it is being done with unusual executive ability and in the spirit of Christ. It impressed me immensely. It seems to me just the sort of thing that we missionaries ought to be doing & it is giving the best sort of demonstration of the Good News in action, that one could see anywhere. Incidentally there is high efficiency, and what is likely to go with that, much interest for all concerned. Moreover – and this also is not unimportant – it is attracting the attention of the Government as well it may. The pigs are very well mannered pigs: almost one might support they wash their hands and spread their table napkins before meals. I am going to try and get some sheep for Miss Kerr. The Government would be tremendously pleased with that, I think, as it is one of the pets schemes of the Governor General to raise sheep in Korea.

You ask me about my book. The Student Movement Press in London turned down what I offered. I see their point. To the ordinary reader it was not a unity – only reprinted addresses on diverse subjects, and very few people would happen to have the particular set of diverse interests which brought these together for me. I hope to separate & publish separately. I am getting together about 8 religious interest articles. I thought to call it 'The Faith of a Physician.' I am going to submit them to the Student Movement folks in Australia. My Beattie Smith lectures I am going over and think to try them also with Australian publishers – possibly the folks who bring out the Australian Medical Journal as with the Melbourne University Press. I have been busy on an article for the British Medical Journal. Hope to get it off in a week or so: it only requires re-typing. I call it 'An interpretation of the Psychoses in terms of brain cell Physiology and its implications for treatment.' Parents are apt to think too highly of their own babies; and I think this is quite a fine baby I have brought into the world. My relation to the progeny I regard not as of accoucheur but parturient parent. I hope the Editor of the B.M.J thinks as well of my offspring as I do. I admit I find it difficult to keep theology out & Medical Journals are shy of theology.

I have plans for the progress of my work here. The building of an institution, outside the city, to accommodate 50 or 60 patients: & fitted up with facilities for treatment on best lines – including occupational therapy and outdoor work.

See Miss Woodward when she gets home: she will have lots of things to tell you, including some that might not carry too well by the post. If I did not send you a copy get her to let you see a letter of mine to the Seoul Press. Thereby hang many tales.

Love to all.
Affectionately Your brother
Charles McLaren

15th Feb. 1936
Seoul

My dear Mary

Your birthday time. It is not quite certain is I whether you are or are not a Valentine? I think it is fine to be getting a bit older. Am quite prepared to agree with Browning. Personally I am entirely comfortable physically (with of course not as wide a range of physical capabilities as at 20‑30, but quite comfortable) and some sense of maturity in my mind, which brings a sense also of satisfaction. I have had this sense the more in the last few months; I have been able to bring to, what looks to me like, a conclusion‑or at least a stage‑years and years of though. Some such feeling of satisfaction as I imagine Bruce must have had when he felt he had seen into the nature of physical reality. It sounds rather presumptuous but I sort of feel as though I understand in a general way what mental disease really is, and how it is to be dealt with. I have written up my ideas for the B.M.S. I shall have to wait a couple of months to see what they will do with it. I am sending my Beattie Smith lectures to the Australian Medical Journal, but they are not as simple and straightforward as the article I am sending to Britain.

Thank you for your letter and its news of the children. It seems to me very much history repeating when I hear of Marnie at a summer conference in N.S.W. I was interested to know of Mac's plans for the I.C. course at the University. Mac will make a go of that. I wish I knew more chemistry. Itand electricity are to be the proper material bases of our civilization. Good for John that he has outgrown you & is about up to his Father. I expect the keeping together of the home was really worth more than some promotion in the service for C. D.

About maturity of thought. I notice you say you have seen farther into the use of money I think I too have got into some quicker (and I hope not less worth-while) waters than I used to be in about finance. I dare say I shall meet some more squalls before I make the home port, but for this far on the voyage much thanks.

I wrote to you about Miss Kerrs work. I have a practical promise from the Governor General that if I get some sheep for Miss Kerr, they may have free passage with the next lot of sheep that the Japanese buy in Australia. I am thinking of writing to Willie Shaw: you might keep the matter in mind.

I think I told you that the S.C.M. Press in London to whom I submitted my material a year ago did not find it suitable. It was too diverse. My interests no doubt but not to be expected that someone else should have just the same set. I am thinking of re-selecting & writing some new, and shall try again when I have time to get the stuff together.

We have been having a very important issue of policy before us for the last five months "Are we to comply with the official requirements to send our schools to bow at the national shrines?" The authorities have said very frankly and accommodatingly that the act is not, & is not to be regarded as, an act of worship: never the less the shrines are dedicated to the sun-goddess said to be the first ancestress of the Ruler, and acts of worship are done there, and actually at the ceremonies we are asked to attend. You will hear no doubt of the action our mission took – the decisions arrived at. I have written at length to Frank Paton, Mr Matthew & Frank Borland. I went and conferred with the French Bishop the other day. The Catholics are also uneasy about the business. I doubt not in the end it will work out for the greater glory of God and also (and I pray) for the good of the Japanese nation.

This is a great job – this missionary one. It does more I believe for 'security' than a navy & ultimately more for peace than the League of Nations.

Love to all

Charles McLaren

17th May. 1936
Seoul

My dear Mary

The smiling picture of your three which hangs above my desk should be prompter enough to me to have written ere this: as I look at the picture it makes me want news of you all. The last I heard of Charles D. was that he was not accepting the Directorship in another state. With so nice a home and so many roots actual and metaphorical in Melbourne it would scarcely seem worth while. Please give him my very cordial greetings. When is Marnie going to write to me? She ought to have attained to the amount of literacy which makes a letter possible by this stage in her University career. She is now what the Americans call a sophomore. I should like to hear something of the University in these latter days. Did they make Barrett Chancellor? How is the new Vice-Chancellor functioning? Is the ambitious club house that was projected for the student body in being yet? Also, of course, I want news of Scotch & of Mac & John's doings there.

About ourselves Jessie has had a big job out at Ewha College, and had a marvelous access of strength for the job. You may remember she was assigned the task of laying out their grounds & making their garden. They have an unusually beautiful site with an impressive group of buildings and they had the right gardener in Jessie. It seems to be real high pressure gardening for within a month she worked wonders, planted scores, hundreds, I suppose, of shrubs & flowers & had a couple of ready-made lawns laid down by bringing turf from the hills. There was a very appreciative "write-up" of her doings in the Ewha College paper.

We have Miss Napierstaying with us. She has not been at all well since shortly after furlough; we have the more sympathy for her because it is a heart condition and we have had experience of that in this home.

Sorry to hear that Miss Clerke has had to resign. It will be a terrible wrenchto her not to come back to Korea. Miss Clerke had a real and first hand love of her Korean friends and an attitude of genuine warm heartedness and sympathy to the whole people.

Our Japanese friends as you will have seen have had a pretty bad explosion. They are all very concerned about it, and many of them not a little ashamed. Some have even dared to criticise the army. There is quite a lot of tension on the Mongolian border. The Japanese proposal of security & stability is the usual military one - more troops. A mad world isn't it?

Have you heard from Miss Kerr? I see you sent an extract from my letter about the Farm to the Chronicle. I wrote recently to Willie Shaw asking if he would donate a ram and 3 or 4 ewes. The Governor General is very keen about sheep. I approached him through the Foreign Secretary and he promises to give free passage with the next lot of sheep that the Japanese buy in Australia. If Willie Shaw does not come up to scratch do you know of anyone we could approach?

How are you? Did you pass on my suggestion to Dr. Cooper?

Affectionately your brother
Charlie McLaren

5th Jul. 1936
Seoul

My dear Mary

The news has not yet come direct from you or Marjory but at
our Council meeting at Fusan chin someone had a better telling
of the passing of our dear friend Annie Dawson. I suppose it was
perhaps the oldest & closest friendship in our family. My memories
go back SO VIVIDLY to the time at Portarlington. How very good
Mrs Dawson & Annie were to us there. It is all the more vivid
to me not only on account of Father's illness (I was too young
to enter very deeply into that) but also because of Mr Macneil's
meetings. They meant a new thing in my life, the effect of which
have stayed with me till this day. Annie's thoughts & influence
on an older girl were very wise & helpful & sympathetic with the
little boy entering on that spiritual journey – and ever since how
kind & more than generous & loving her friendship has been. She
was so ready to enter into the successes & the joys of others and
so ready to share in their sorrows. Her love and loyalty to our
Lord was SO PIVOTAL in her life, and with it she could be so
very tolerant of others. The details we have had of the passing
was that she was staying over the weekend with you: did not feel
up to Church service & that you came back to find her in most
urgent distress & that she passed that evening. I am glad she was
spared long illness with the knowledge of impending death – it was
a river of which she had one instinctive dread. I am glad dear
Mary your home was hers as the place from which she was called

to the Heavenly Home. There was I think something very gracious in that arrangement of Providence. Walter & Douglas would want to help but we men can't do the special things in a home as you could do them. I don't know who it was but someone here repeated a very nice thing that had been said of the relationship between the sister & the two brothers "That neither she to them nor they to her had ever given cause for minutes of anxiety." Will you please on to Walter & to Douglas my very deep sympathy, and tell them what they already know of my honour & deep affection for Annie. I hope to write direct It was so pleasant so sort of comfortable at all times to meet with Annie. She was very nice to me when I became engaged & then & always afterwards took Jessie very much to her friendship. Each time too when we have been back in Australia there has been such a warm welcome waiting from Annie. I remember she said a very nice thing to Jessie after that talk of hers at the farewell meeting in the Assembly Hall – that she had "seen her at the announcement of her engagement, seen her at her marriage, but she had never seen her look more attractive than at that meeting"

Annie shared with her mother some special gifts as a raconteur & the story did not lose anything in the telling! I don't know how many times engagement & amusement have come to me at recollection of Annie's account of her visit with you to the boat when Charles Davey came sailing back over the seas!

We are just back from the Mission Meetings. We had representatives of the state sitting at all our meetings. We were told no meeting at all would be allowed if any discussion about the shrine business was attempted. What will happen when next we are required to send our schools to a ceremony I don't know – if we stick to our decision perhaps deportation for some. One happy result of having the guardians of the law at the meetings was that one of them seems to have heard the call of the Faith & said he intended to go to Church. We treated them very courteously.

Jessie has not been well for the last 10 days. First a bad throat & then something that I thought might be appendicitis. I was quite anxious for a while, but she is definitely better the last two days & indeed insisted on getting up today.

Rachel 'graduated' as the Americans say – from the lower school this year and next year will be a 'freshman' in the high school.

I have had well over a month free from those unkind inhibitions. It was such a relief after several months of mental pain & effort that did not get me far. At any rate I know enough about myself to know now (what formerly I did not in the least understand) what the conditionis and to be able, even when it feels as if the thing could not possibly clear off, to assure myself & believe it that its passing fairly soon is to be confidently expected, and life is so very satisfying & the Faith so sweet & communion with God seems so real, when the bad time passes.

Love to all

Affectionately your brother

Charles McLaren

13th Aug. 1936

My dear Mary

Two letters from you recently. The first was largely about Annie's passing; It was a very wonderful – because true – testimony you were able to bear about her. Was that also yours in the Chronicle about Annie? The way the XIII of Corinthians was used was very moving.

You tell me in this letter about Charlie's prospects for a D. D (not the theological sort!) appointment. I am very happy to hear it, and think he richly deserves promotion. If I may say so I was much impressed both with his ability and his zest. If there are many Civil Servants like that Australia is very well served. Please give him my chinchins.

You write in some detail about Mac. The manifestations are real enough, as poor Macwill well know, but I do not regard them as of grave import nor should they be difficult to deal with. About Dr. White's opinion – I understand your feelings when you say that it does not seem to you that he 'got very far'; All the same he is a well trained and careful physician and he says nothing organically wrong. That is negatively important and I think you can rely on that opinion. We must recognize this for worse and for better, that Mac inherits a sensitive nervous system. In such cases a relatively mild stimulus – whether physiological or of the 'soul' – may spill over into the body. For instance in an adolescent youth the stimulus of the sex organs associated with e.g. a spontaneous seminal emission might be followed by general upset the next day. Again the attitude of mind to life which is anxious & in doubt about ability to meet life works out directly & indirectly in just such symptoms as you describe. It is simply true that 'Faith is the victory that has overcome the world' and conversely Doubt invites defeat. The corollary – "Get Faith" I think it is a good suggestion to see Dr. Cox.

We had a very good holiday in the Diamond Mountains; as in other years renting a cottage, we have become quite habitue's of the place. Jessie was not at all well when we went up: she had had a nasty tonsillitis at our Mission council meetings and then developed what looked very like an appendical condition. It affected her heart & (still unrecovered) she set herself to pack up and go to the Mountains It about killer her, but she managed to survive & finally benefitted greatly.

The business about attendance at national ceremonies has died down for the present. Whether or not the sky will fall next time the demand is made I don't know. The Pope & the F.M.C. agree in saying that it is not a denial of the Faith to go. I am inclined now to go, dissociating myself by frank statement from the sacrilegious claims associated with the business.

We are in the midst of a serious row at Severance in which I am forced into a rather unenviable major role. Dr. C. C. Lee charged the Superintendent with accepting bribes. The President & Vice President threaten to resign unless one of the Professors (who they say has kept on stirring up the business after a board of enquiry had given a verdict of 'not guilty') is dismissed. I do not see ground for dismissal nor do I approve that the President and Vice President should seek to force the votes of their Board of

Managers by threat of resignation.

Love to all

Charlie

18th Oct. 1936
Seoul

My dear Mary

I am ashamed to realise how long since last I wrote: since before my birthday & wedding day. I said in my letter to Marnie my thanks for the cable, which we were so happy to get. It was good of you to remember us in that way. We had a very happy day, – the easier perhaps that we did not have to have a function & receive gifts of our friends – even so a few dear & intimate friends here did insist on showing their loving kindness, in a couple of small gifts.

The reason I have not written is not, I am glad to say, that 'the wheels have not being going round.' On the contrary things have been very good with me. I have been busy all the time, and happy and in the midst of very stormy times there has been, by the grace of God, complete peace in my heart. In my letter written a couple of months ago to Bruce I told him of the remarkable cumulative effect upon my mind which had come from my re-reading – during my summer holidays – the Gospels & the Book of Acts. I think I never have had a more productive 8 hours in my life than those hours given to the rapid review of those books. It brought an accession of faith – that this thing is true and miraculous, miraculous and true. That God came into our human history and that He is in it now. That He came with words such as never man spoke, deeds of power, a death of unimaginable magnanimity, and – as He surely had declared beforehand – resurrection from the dead. This Faith is indeed the victory that hath overcome the world, and I am glad to have some real place in the struggle which is securing that victory.

31st Oct.

Another two weeks have slipped by since I began this letter.

Jessie has been very busy out at the Women's College, laying out their site and landscape gardening there. She is so happy and enthusiastic about it and there is so much to do that she is apt to overstep the marks of her heart [reserves] & then there is trouble - for the last few days she has been quite uncomfortable with heart symptoms and is compelled to rest.

Did I tell you that Rachel is taller than her mother now. I think it is not only parental bias which makes me think she is a beautiful child - with especially lovely eyes: she is also a very sweet good girl.

I received recently from Ted a letter quoting from Miller re the Cramb estate. I am glad to learn that there is a Housing Act requiring hygienic conditions for tenants. I would gladly agree to any necessary repairs, alterations or additions which will bring our properties up to requisite standards - if rentals would not meet the necessary expenditure I would find the necessary share of capital required. I would rather have less income than overcrowding. Sanitary provision seems to me inadequate (from the description); if so, I should like to see this remedied.

Your recent letter enclosed Dr. Gault's statement about Mac. It seems to conform the general sort of opinion I formed about the "twins" you speak of the overwork & overcrowded program. Students certainly may be overworked but even then the dictum of Osler has much force "It is not work that killsbut worry".

Very much love

Charles McLaren

1st Dec. 1936

My dear Mary

A long letter from you last week which as usual, I was happy to receive. You tell me of Marnie's 1st birth day celebration – and sot he years go by! When her commemorations are over I hope Marnie may find time to write to me. Sorry I wasn't there to join in the interesting party. you tell me about at that time. I was glad to hear that Moe is feeling much better: it is worth it – waiting back a year – as it has so improved Moe's health. I gather that he was never really sick but such a condition may involve a great deal of discomfort & uneasiness of mind. And to be relieved of that is worth a delay in study. Has he any special line he wants to follow? So the DD(nontheological) is off!

I have continued in excellent health since the Summer and have found life very interesting. it grows more interesting for me as I grow older. One interest I never expected to have has come to me – actually language study and I am having lots of fun with Japanese. I go once a week to class where a group of us have taken it up. An additional reason why I found that I wanted to have a bit of use of the language is that I have been appointed 'Fraternal Delegate' from our missionary body in Korea to the Federal Council of the Japan missionary body. We in Korea & they in Japan annually send back a representative to the others. The meetings are held at a summer resort in Japan and it will give me an exceptional opportunity to get to know people and conditions in Japan. I was not a little pleased when the opportunity opened up for me. I watch with fascinated interest what is going on here in the Far East: it certainly is a drama full of breathless suspense. The changing relations between Japan & China: the contest in Japan itself between the army rightists & the liberals. with also the deep underneath forces of communism: the shadow of Russia and all the other actions & interactions produce a situation with almost every day new & significant developments.

The German Japanese treaty will strengthen their military, but I will consolidate the forces against them. In the midst of it all I see one clear sure unchanging thing – the working out of the purposes of our Lord. I am full of optimism, but not an optimism which thinks there is not to be difficulty & disaster. I think the opportunity of the Church is incalculably great but she must be prepared to sacrifice herself. The words of our Lord 'the son of man must suffer & die and on the third day he shall rise again' seem to me the focus of history not only for that time but for every time of crisis. I am impressed very deeply with what the Faith has already done for Japan. The number of Church members is quite small but the leavening influences of the Faith on Japanese life have been incalculably great. If she is saved both from communism & fascism I believe the biggest factor will prove to have been the vital Christianity there has been at work in Japan. Wesley – they say – saved England from revolution and as important a service may well be rendered to Japan in our day. I am glad to be in it all.

You wanted to know about our row at Severance. I don't understand it. It looks to me that a man was wrongly & unjustly dismissed when rather he should have been commended for attacking what was wrong. A charge of accepting bribes was laid against one of the staff. (In this countrythere are many more applicants for College than can possibly get in. Bribery of admissions committees is a notorious fact) In this case what seemed to me an unsatisfactory & incomplete investigation pronounced 'not guilty' & later after a big battle in which I had a much larger part than I appreciated the man who was pronounced & persecuted among those laid the charge was [discussed] as a '[mischief-maker]'. One thing is sure – right & truth will in the end be vindicated. If I have been mistaken in my judgments I desire only that I come to realize my mistake. If a man has been wronged I trust that somehow restitution may be done. If the administration has done wrong I sincerely desire that they will become wiser and better men. I am at the place where unless issues are forced upon me I do not intend to battle farther. After all the Lord is a great deal more interested & more able to set things right than I am!

I have written you from time to time about the Shrine issue. Some time ago there was, I understand, a statement on the Diet in Tokyoto the effect that the issue was settled. Not, I pray, on the present basis. As a matter of fact the statement I think is an example of 'wishful thinking.' I hope to send you when I get it typed copy of a statement I made as a member (acting for Dr. Engel & representing our mission) of the Board of the Pyeong Yang Union Christian College. It says most of the things I have to say, so I won't repeat them here. Sometimes I wonder am I a bit touched on this subject and sometimes I am sure that the issue is clear and simple and that I see what ought to be said and done and by what action of ours our Lord may be glorified and Japan served.

I see from today's paper that Japan & Australia are by way of settling their differences. I am glad.

Have your Australian papers had any word of King Edwards reported infatuation with an American woman Mrs Simpson. It is not a very pleasant story. She is just through with her second divorce – apparently a framed up affair where the husband provided such evidence of unfaithfulness as the English law requires to enable the wife to get her divorce. The American papers are making much of it.

With love to all

Charles McLaren

박종철

장로회신학대학교 신학과를 졸업하고, 캐나다 요크대학교(York University)에서 서양철학과 프랑스어를 전공했다. 고려대학교에서 동양철학으로 석사 학위를 마친 후, 벨기에 루벤대학교(KU Leuven) 중국철학 박사과정에서 수학했다. 연세대학교 상담코칭학 박사과정을 수료하고, 현재는 연세대학교 가습기살균제 보건센터 연구원으로 근무하며, 연세대학교 상담·코칭지원센터에서 상담을 진행하고 있다. 역서로는 『제임스게일 선교 편지』(보고사, 2023)가 있다.

내한선교사편지번역총서 16

한국정신의학의 길을 연 맥라렌의 선교 편지

2024년 9월 13일 초판 1쇄 펴냄

지은이 찰스 맥라렌
옮긴이 박종철
펴낸이 김흥국
펴낸곳 보고사

책임편집 김태희
표지디자인 김규범
표지사진출처 연세대학교 의과대학 동은의학박물관

등록 1990년 12월 13일 제6-0429호
주소 경기도 파주시 회동길 337-15
전화 031-955-9797(대표)
팩스 02-922-6990
메일 bogosabooks@naver.com
홈페이지 http://www.bogosabooks.co.kr

ISBN 979-11-6587-754-5
      979-11-6587-265-6 94910 (세트)

ⓒ 박종철, 2024

정가 22,000원

〈이 번역서는 2020년 대한민국 교육부와 한국연구재단의 지원을 받아 수행된 연구임.
(NRF-2020S1A5C2A02092965)〉